궁금해서 밤새 읽는

일본사

궁금해서 밤새 읽는 일본사

초판 1쇄 인쇄 · 2018. 6. 10.
초판 3쇄 발행 · 2019. 5. 30.

지은이 · 김희영
발행인 · 이상용 이성훈
발행처 · 청아출판사
출판등록 · 1979. 11. 13. 제9-84호
주소 · 경기도 파주시 회동길 363-15
대표전화 · 031-955-6031 팩시밀리 · 031-955-6036
E-mail · chungabook@naver.com

ISBN 978-89-368-1126-6 03900

* 잘못된 책은 구입한 서점에서 바꾸어 드립니다.
* 본 도서에 대한 문의 사항은 이메일을 통해 주십시오.

* 이 책은 2006년에 출간된 《이야기 일본사》를 압축 정리해 만들었습니다.

이 도서의 국립중앙도서관 출판시도서목록(CIP)은 서지정보유통지원시스템 홈페이지(http://seoji.nl.go.kr)와 국가자료공동목록시스템
(http://www.nl.go.kr/kolisnet)에서 이용하실 수 있습니다. (CIP제어번호: CIP2018015262)

궁금해서 밤새 읽는
일본사

| 김희영 엮음 |

청아출판사

우리는 흔히 일본을 가리켜 가깝고도 먼 나라라고 말한다. 이 말은 일본이라는 나라가 거리상으로는 가깝지만 마음으로는 거리감을 느낀다는 뜻일 것이다.

일본은 근세에 이르기까지도 세계사의 주역은 아니었다. 활 모양으로 구부러진 일본 열도는 중국과 서양이라는 두 거대한 문명의 영향을 받으며 그 문명권 속에서 장점과 개성을 발현하고 재능을 발휘해 왔다.

6세기에서 19세기 중엽에 이르기까지 일본은 중국 문명권 속에 잠겨 있었으나, 1854년 미국인 페리에 의해 개항된 이래 서둘러 근대화를 추진함으로써 아시아 여러 나라 가운데 제일 먼저 정치적, 문화적으로 급격히 발전해 높은 성장을 보였다. 일본은 중국으로부터 여러 가지 우수한 문명을 모방, 흡수하면서도 독자적인 문화를 창조했다.

그러나 조선, 만주, 중국에 대한 무력 침략과 대동아 공영권 건설이라는 망상은 결과적으로 동아시아에 있어서의 서양의 이해관계와 충돌했고 마침내 태평양 전쟁을 일으켰다.

전쟁은 일본의 참패로 이어졌고, 군사적 파멸은 당연한 결과였다. 그럼에도 일본은 놀라운 경제적 고도성장을 이룩하면서 선진국을 압도하는 경제 대국으로 부상했다.

그동안 한일 관계의 역사는 우리로 하여금 반일反日이라는 감정의 벽을 쌓게 했다. 그 때문에 일본 역사에 대한 이해의 폭이 더욱 좁아진 것은 불가피한 일로 생각된다. 하지만 일본 역사를 파악하는 데 있어서는 그 감정의 벽을 허물어 버리고 냉철한 객관성을 가져야 할 것이다.

《궁금해서 밤새 읽는 일본사》는 수많은 사건과 역사적 변천을 체계적으로 정리해 일본 역사의 대체적인 흐름을 쉽고 흥미 있게 파악할 수 있도록 배려했다. 이 책이 일본사를 이해하는 시야를 조금이라도 넓힐 수 있는 밑거름이 되기를 희망한다.

김희영

1

아마토 정권

야마토 정권

일본 열도에 흩어져 씨부족 형태를 이루던 일본은 강력한 지배자가 나타나면서 차츰 국가 형태를 이루게 되었다. 4~5세기에는 이러한 나라가 다시 통합되어 천황을 중심으로 한 강력한 지배 조직을 형성하게 되었는데 이 나라가 야마토 호족들이 세운 야마토 정권이다. 그러나 천황을 비롯한 호족들의 갈등으로 야마토 정권은 6세기에 이르러 서서히 무너지기 시작했다. 그 결과 소가 가문이 황실을 능가할 정도로 강력해졌다.

7세기 초 섭정을 시작한 쇼토쿠 태자는 12계급의 관위 제도와 17조의 헌법을 제정해 천황의 지위를 높이고 국력을 강화하려 했으나 소가 가문의 전횡은 더욱 심해졌다. 이에 나카토미 가마타리가 소가 가문을 타도하고 모든 토지와 인민을 국가 소유로 한다는 다이카 개신을 추진했다. 다이카 개신을 계기로 율령정치가 시행되었으며 천황의 권위를 높이고자 수도도 건설했다.

대륙과의 교류는 이전에도 있었으나 쇼토쿠 태자 이후 본격화되면서 대륙 문화가 도입되기 시작했다. 이로 인해 천황과 귀족의 생활이 크게 향상되고 불교가 보급되어 8세기에는 불교를 중심으로 한 덴표 문화가 나라를 중심으로 꽃피었다.

다이카 개신 이후 천황 혈통인 황자가 세습해 정치를 담당했으나 얼마 후 승려와 후지와라 가문이 권력 투쟁을 벌여 후지와라 가문이 실권을 장악했다. 이들의 권력은 헤이안 시대까지 이어졌다.

야마토 정권

기원전 660년 일본의 제1대 진무神武 천황이 천황 자리에 오르기 전, 형제와 아들들을 한자리에 모아 놓고 말했다.

"우리 선조가 하늘에서 내려온 지 어언 179만 2,470년이 되었소. 그동안 이곳은 잘 다스려져 백성들이 태평성대를 누리고 있으나 멀리 떨어진 동쪽 지방은 아직도 신의 혜택을 받지 못하고 있소. 그래서 나는 동쪽으로 수도를 옮겨 이 세상 곳곳에 평화를 심어 주고자 하오."

진무 천황은 추운 겨울날 동쪽을 향해 노를 저었다. 배는 기타큐슈北九州를 지나 세토나이카이瀨戸内海를 거쳐 오사카大阪에 상륙했다. 그곳에서 휴식을 취한 후 이코마산生駒山을 향해 발길을 옮기려는 순간 이 일대에서 세력을 떨치고 있는 반도叛徒가 위협을 가해 왔다. 그러자 갑자기 하늘에서 검은 구름이 몰려와 앞을 볼 수 없을 만큼 컴컴한 밤으로 변하며 심한 폭풍이 몰아쳤다. 그때 어디선가 날아온 황금새가 진무 천황의 활 끝에 앉으며 온 세상을 밝힐 듯한 광채를 발산하자 이들은 두려움에 떨며 무릎을 꿇었다. 그로부터 얼마 후 진무 천황은 가시와라를 수도로 정하고 제1대 천황이 되었다.

이 이야기는 712년에 편찬된 일본 최고最古 사서인《고사기古事記》와 720년에 편찬된《일본서기日本書紀》에 기록된 진무 천황의 동방정벌기다. 이 두 사서는 일본의 중요한 사료임에는 틀림없으나 편찬자들이 1,370여 년을 소급해서 기술한 것이다. 두 사서에 의하면 진무 천황은 고대 야마토족大和族이 숭배하는 태양의 여신 아마테라스 오미카미天照大神의 자손으로, 하늘에서 내려와 제1대 천황이 되었다. 그가 즉위한

메이지 시대에 상상으로 그린 일본 개국 신화의 주인공 진무 천황(가운데)

것이 기원전 660년이라고 하지만 고고학상으로 입증할 만한 자료는 없다. 일본사에서 《고사기》나 《일본서기》는 매우 중요하지만 원시 일본의 우월성을 극단적인 민족주의자들이 과대 포장했다는 평을 받는다. 엄밀히 말하면 기록된 신화는 지나치게 미화되었고 때로는 유치하기까지 하다.

역사의 기원은 비단 일본뿐만 아니라 모든 국가의 공통된 과제로서 과거에도 이에 관한 연구가 있었으며 오늘날에도 심층적인 연구가 다방면으로 진행되고 있어 이 문제의 사실적 해명이 기대된다.

야마토 정권이 통일 정권을 수립한 시기에 대해서는 여러 가지 설이 있다. 그중에서 문헌으로 확인된 것은 6세기 말에서 7세기 초이며, 닌토쿠仁德 천황릉으로 전해지는 거대한 능과 수많은 부장품이 이를 뒷받침해 준다. 세계 최대로 알려진 닌토쿠 천황릉의 크기는 이집트 피라미드나 진시황릉보다도 훨씬 크다. 이 같은 대규모 능묘를 조성

할 수 있는 경제력과 정치력이 바로 통일 정권이었음을 증명한다고
할 수 있다.

한반도와 대륙을 통한 선진 문물 수입

한반도를 통한 빈번한 교류는 일본의 고대 문화를 형성하는 바탕
이 되었다. 일본 열도에 널리 퍼져 있는 야요이彌生 문화는 약 2천 년
전 발생한 것으로 벼농사가 시작되었던 금석 병용기에 한반도에서 전
파된 것임이 확실시된다. 특히 백제와 문화 교류를 하며 대륙 문화를
수입했다. 아직기阿直岐는 태자의 스승이 되었고, 왕인王仁 박사는《논
어論語》와《천자문千字文》을 전해 유학을 보급하는 데 큰 역할을 했다.
595년에는 고구려 승려 혜자慧慈가 황자에게 불교를 가르쳤고, 같은
해 백제에서도 혜총慧聰이 건너갔다. 602년에는 백제 승려 관륵觀勒이
달력과 천문, 지리에 관한 책을 전했고, 610년 고구려에서는 담징曇徵
이 건너갔다. 담징은 불교뿐만 아니라 유교에도 통달한 고승으로 물
감, 종이, 먹 등을 만드는 기술도 있었다. 물레방아도 담징에 의해 보급
되었다고 한다.

이처럼 한반도의 고대 문화는 고대 일본의 정신문화와 물질문명에
바탕이 되었을 뿐만 아니라 일본으로 건너간 한국인들은 백제촌, 고구
려촌, 신라촌을 건설하며 특색 있는 문화를 발전시키는 데 큰 역할을
했다. 또한 혼란했던 수나라에 견수사를 파견하는 등 대륙의 여러 나
라와도 교류했다.

율령 국가와 불교

일본인에게 일본 역사상 위대한 인물을 꼽으라면 아마도 쇼토쿠聖德 태자를 첫 번째로 꼽을 것이다. 그만큼 일본인에게 숭앙되는 인물이다.

쇼토쿠 태자는 요메이用明 천황의 제2황자皇子로 어머니는 소가노 우마코蘇我馬子의 생질녀. 스슌崇峻 천황이 시해된 후 592년에 여자 천황인 스이코推古 천황이 즉위하자 쇼토쿠 태자는 섭정하며 소가노 우마코와 함께 정치했다.

스이코 천황이 즉위한 후 처음 맞이하는 새해 아침, 궁전으로 향하는 관리들의 머리에는 저마다 다른 색의 관이 씌워져 있었다. 이 관은 쇼토쿠 태자가 제정한 12색 관으로 관리의 위계를 나타낸 것이었다. 쇼토쿠 태자는 관리의 위계를 능력과 실적에 따라 정하며 신분이 낮은 가문의 자제도 능력에 따라 높은 직위에 오를 수 있게 했다. 당시 조정에는 대호족인 오토모大伴 가문과 모노베物部 가문이 쇠퇴하고 소가蘇我 가문이 부상하고 있었다. 소가 가문과 쇼토쿠 태자는 새로운 인재 등용책을 시행하며 권력을 장악했다.

쇼토쿠 태자

이와 함께 604년 처음으로 17조 헌법을 제정함으로써 중앙 권력을 더욱 공고히 했다. 이 헌법의 근본 취지는 천황이라는 존재를 모든 것 위에 군림시켜 호족이나 관리는 천황의 명령에 복종하고, 호족들은 권력 다툼을 지양함으로써 천황을 받들어야 한다는 내용이었다.

쇼토쿠 태자는 17조 헌법에 '깊이 삼보三寶를 받들라'

고구려 승려 담징이 그린 호류지 금당 벽화

라는 말을 적시하며 부처를 받들어야 한다고 강조했다. 삼보란 부처, 부처의 가르침, 불법승佛法僧이다. 이를 이행하듯 쇼토쿠 태자는 시텐노지四天王寺, 호류지法隆寺 등 많은 절을 세웠는데 그 가운데 나라奈良의 호류지는 특히 유명하다. 호류지는 목조 건축물로는 일본뿐만 아니라 세계 최고最古이며, 본당인 금당金堂의 벽화는 고구려의 담징이 그린 것으로 중국의 운강석불雲崗石佛, 경주의 석굴암과 함께 동양의 3대 미술품으로 평가되고 있다.

다이카 개신

　쇼토쿠 태자와 함께 섭정하며 정무를 담당하던 소가 가문이 향락에 빠져 권력의 추악한 면을 드러내기 시작했다. 집권층의 호화스러운 생활에는 백성의 피고름이 수반되기 마련이다. 이러한 세태가 만연하자 쇼토쿠 태자는 차츰 정치에 환멸을 느끼며 불교에 귀의하려는 경향이 짙어졌다.

　622년 쇼토쿠 태자가 세상을 떠나자 소가노 우마코는 제 세상을 만난 듯 국정을 마음대로 휘두르다 626년에 죽었다. 그러자 그의 아들 소가노 에미시蝦夷가 섭정을 이었다. 그로부터 2년 후 스이코 천황마저 세상을 떠났다.

　스이코 천황의 뒤를 이을 황족은 쇼토쿠 태자의 장남과 비다쓰敏達 천황의 손자 타무라田村 황자였다. 쇼토쿠 태자를 경계했던 에미시는 쇼토쿠 태자의 장남을 제치고 타무라 황자를 조메이舒明 천황으로 옹립했다. 그 후 조메이 천황이 재위 13년 만에 죽자 황후가 고교쿠皇極 천황으로 뒤를 이었다. 이때 에미시는 그의 아들 소가노 이루카入鹿에게 섭정 자리를 물려주고 배후에서 정권을 조종했다.

　이윽고 고교쿠 천황이 제위에서 물러나자 조메이 천황의 아들을 옹립하려던 이루카는 쇼토쿠 태자의 장남 야마시로노 오에 황자의 존재가 부담스러웠다. 이루카는 황자를 제거하고자 궁을 습격했다. 황자는 급히 도망쳤으나 이루카의 힘을 당할 수 없다고 체념하며 자결하고 말았다. 호족들은 에미시와 이루카 부자의 독재와 전횡에 표면상으로는 반발하지 않았으나 내심 두려워하고 있었다. 나카토미 가마타리도 그중 한 사람이었다. 그의 가문은 예부터 신을 모시는 명문으로 긴메이 천황 때 모노베 가문과 함께 불교를 배척해 소가 가문과는 종교적으로 대립했다.

16세기어 그려진 나카토미 가마타리의 초상

가마타리는 소가 가문을 타도하려고 세력을 모으기 시작했다. 그는 축국(蹴鞠, 옛날 귀족들의 공놀이)을 통해 나카노오에(中大兄) 황태자에게 충성을 보임으로써 뜻을 모았다. 그러자 그에 동조하는 세력이 점차 늘어났다. 이들 중에는 소가 세력인 이시카와 마로(石川麻呂)와 사에키(佐伯 子麻呂)도 있었다.

만반의 태세를 갖추고 있던 이들에게 마침내 절호의 기회가 찾아왔다. 645년 6월 12일은 이국 사신을 접견하는 날이었다. 섭정대신인 이루카는 이 자리를 반드시 지켜야만 했다. 그날 아침, 천황이 대극전(大極殿)에 임어하자 둘째 황자 후루히토(古人大兄)가 시립했고, 조금 늦게 이루카가 입궐했다. 이시카와가 천황 앞에 나아가 외국 사신이 바친 국서를 읽어 내려가자 숨어 있던 사에키의 칼이 이루카의 어깨를 내리쳤다. 소가 가문이 막을 내리는 순간이었다. 뒤늦게 아들의 죽음을 전해 들은 에미시는 이튿날 자신의 집에 불을 놓고 자결했다.

이후 뒤를 이은 고토쿠(孝德) 천황은 황자들과 호족, 관료에게 충성 서약을 받으며 다이카(大化)로 연호를 제정했다. 새로운 연호 밑에 새로운 정치를 편다는 이 정치적 전환점을 다이카 개신(大化改新)이라 부른다.

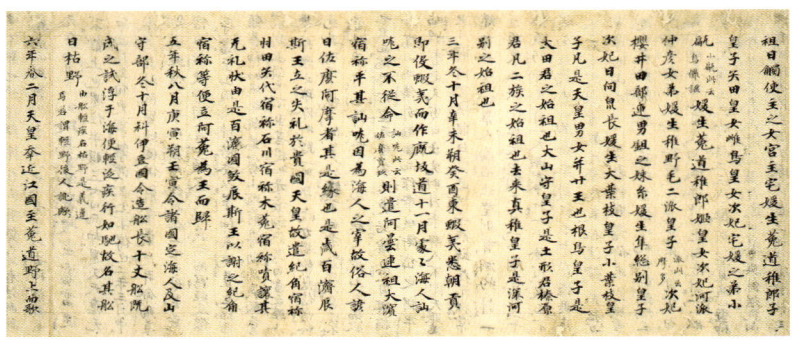
일본에서 가장 오래된 사서로 꼽히는 《일본서기》

《일본서기》나《고사기》를 중국 기록에 비추어 보면 일본 천황 계보의 실재성이 인정되는 것은 제33대 스이코 천황 때부터다. 그리고 여러 호족들의 세력을 견제하고 천황족의 우세가 확정된 것은 645년 다이카 개신 이후로 보아야 한다는 주장이 유력하다. 따라서 그 이전의 일본 왕은 천황족이나 야마토 정권과 동일시할 수 없으며 야마토 정권이 한반도를 식민지화했다든지 혹은 출병했다든지, 한반도에서 야마토 정권에 귀화한 사람이 있었다든지 하는 것은 신빙성이 없어 보인다.

다이카 2년 정월 초하루, 조정에서는 새해 의식을 올리는 자리에서 천황의 포고로 새로운 시정 방침이 발표되었다.

첫째, 여러 호족들이 소유하던 부민部民과 전장田莊을 폐지하고, 그 전답과 백성은 천황의 것으로 한다(공지공민제公地公民制).
둘째, 구니國, 고오리郡, 아가타縣, 고오리縣 등을 정리하고, 전국을 영제국令制國과 그에 부수한 고오리郡로 정비한다(국군제國郡制).

셋째, 호적과 계장(호구대장)을 만들어 공민(백성)에게 공지(논밭)를 나누어 준다(반전수수법班田收受法).

넷째, 부역 제도를 폐지하고, 논밭을 기준으로 각 고을의 특산물을 바치게 한다(조용조租庸調).

천황의 포고문이 발표되자 나카노오에 황태자는 즉시 자기 소유의 토지를 천황에게 바치며 충성을 맹세했다.

"하늘에 두 개의 태양이 있을 수 없듯이 나라에는 임금이 둘일 수 없습니다. 천하 만민을 다스릴 수 있는 분은 오직 천황 한 분뿐입니다."

이는 다이카 개신의 골자를 표현하는 말로 황태자가 다른 황족이나 호족에게 모범을 보인 것이다. 그러나 다른 호족들은 좀처럼 따르려 하지 않았다.

덴지 천황과 개신 정치 완성

667년 3월 나카노오에 황태자는 수도를 아스카飛鳥에서 오쓰궁大津宮으로 옮긴 후 668년 덴지天智 천황으로 등극했다. 그는 669년에 동지이자 다이카 개신의 주역이었던 가마타리가 죽자, 그의 공로를 높이 평가해 대직관大織冠과 후지와라藤原라는 성을 수여했다. 덴지 천황은 가마타리가 당나라 법률을 근거로 만든 〈경오년적庚午年籍〉을 시행하며 국가를 정비했다. 이 호적은 근대 호적의 모체가 되었다.

덴지 천황은 즉위하기 전 동생 오아마大海 황자를 황태자로 삼았다.

오아마 황자가 은거했던 요시노산

오아마 황자는 덴지 천황의 딸을 아내로 맞아 구사카베草壁 황자를 낳았다. 그는 호족들로부터 신망이 높아 천황의 후계자로 흠잡을 데가 없었다. 하지만 덴지 천황에게는 총명한 오토모大友 황자가 있었다. 덴지 천황은 이 황자를 총애하며 후계자로 삼으려 했다. 671년 정월, 오토모 황자가 태정대신太政大臣에 파격적으로 기용됐다. 태정대신은 정치를 총괄하는 직책으로 모든 권력을 장악할 수 있는 자리였다.

671년 덴지 천황이 급작스럽게 죽자 숨죽이고 있던 오아마 황자는 672년(임신년) 자신의 봉지인 미노美濃에서 군대를 일으켜 수도로 향했다. 그러자 지방 호족들이 원군을 보내며 그에게 호응했다. 오아마 황자의 군대는 야마토에서의 서전을 승리로 장식하며 파죽지세로 진격해 비와호琵琶湖 남쪽 세다瀬田까지 육박했다. 마침내 최후의 결전이 벌어졌다. 치열한 공방전 끝에 오토모 황자는 전투에서 밀리며 야마자키로 도망쳤으나 고립무원의 외톨이가 되어 자결하고 말았다.

673년 정월, 오아마 황자는 아스카의 키요미하라궁淨御原宮에서 덴무天武 천황으로 즉위하며 지금까지 추진해 오던 다이카 개신을 완성하는 꿈을 품었다. 685년에 그는 황족을 12계급, 제신諸臣을 48계급으로 하는 60위계를 설정하고 8성姓 제도를 제정했다. 그리고 관리 채용의 문호를 확대하고 불교를 장려했다. 또 예부터 관습으로 내려오던 대상회大嘗會, 기년제新年祭 등을 제정해 신기 제도神祇制度를 정비하고 천황의 존엄성을 나타내는 각종 의전儀典도 정비해 천황의 권위를 신격화했다.

개신 정치를 관철한 덴무 천황은 재위 14년에 파란만장했던 일생을 마쳤다. 그 뒤를 이어 우노노鸕野 황후가 지토持統 천황에 오르며 694년에 후지와라궁藤原宮으로 수도를 옮겼다. 이 시기에 다이카 개신으로 추진해 오던 율령을 재정비해 다이호大寶 율령을 제정함으로써 모든 법령이 완비되었다.

나라 시대

수도인 후지와라는 정치 중심지가 되어 나날이 번창했지만 강성해진 천황의 권력만큼 보다 크고 넓은 수도가 요구되었다. 몬무文武 천황은 더 큰 국가로 발돋움할 수 있게 천도 계획을 추진해 710년 헤이조平城로 천도했다. 헤이조는 당나라 수도 장안長安을 도방해 도시 한가운데 대로大路가 남북으로 곧게 뻗어 있고, 이 대로를 기준으로 좌우에는 바둑판 모양으로 도시가 구획되었다. 동서 길이가 4.2km, 남북 4.7km로 후지와라에 비하면 무려 4배에 달하는 엄청난 규모였다.

조정에서는 새로운 수도에 인구를 유치하는 정책을 적극 추진해 아스카에 있던 많은 절이 옮겨 왔고, 후지와라 가문을 비롯한 많은 귀족들도 새로운 저택을 지었다. 각 관청이나 절은 당나라 양식을 모방해 청기와와 단청으로 장식함으로써 새 수도의 면모가 갖추어졌다.

이와 함께 다이카 개신으로 성립된 천황의 절대성을 뒷받침하고 미화하고자 《고사기》와 《일본서기》가 편찬되었다. 《고사기》는 712년에 오노 야스마로太安萬侶가 저술한 것으로 현존하는 일본 역사서 가운데 최고最古로 인정되고 있다. 전설과 가요 등을 많이 담고 있어 일본 최고의 문학서라고도 일컬어진다. 《일본서기》는 720년에 도네리舍人 친왕親王의 책임 아래 편년체로 엮은 전 30권의 역사서이다. 713년에는 지명의 유래와 각지의 산물 등을 정리한 《풍토기風土記》가 편찬되었다.

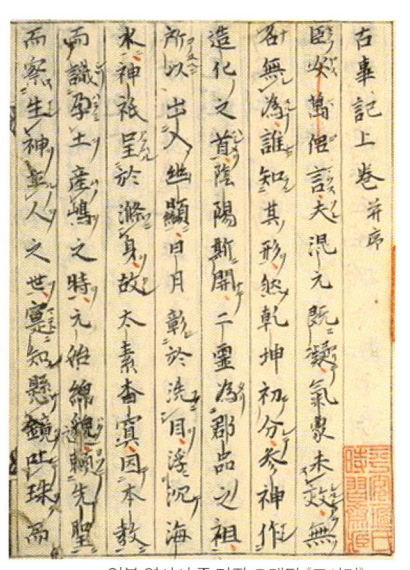

일본 역사서 중 가장 오래된 《고사기》

이 시기에도 일본은 한반도와 대륙의 선진 문화를 받아들이기에 여념이 없었다. 당시 대륙에서는 당나라가 기세를 떨치고 있었다. 수도 장안에는 많은 외국 사절이 모여들었고 사라센 문화를 비롯해 세계 각지와 교류가 이루어졌다. 이 시기의 문화는 견당사遣唐使에 의해 수입된 장안의 국제적인 문화가 바탕이 되었다. 견당사는 7~9세기의 260년 동안 견당사는 16차례 이상

선진 문화 도입을 위해 파견한 견당사

파견되었다.

견당사를 보낸 목적은 외교보다는 선진 문화를 도입하려는 것이었
다. 따라서 견당선을 타고 건너간 유학생들은 다음번 견당선이 올 때
까지 보통 20년을 당나라에 머물며 학업에 전념했다.

2

귀족 정치

귀족 정치

수도를 헤이안으로 이전했을 당시만 해도 천황의 위상은 매우 높아 개혁이 이루어지고 당나라와의 교역도 계속되어 선진 문화의 영향을 많이 받았다. 불교도 새로운 천태종과 진언종이 민중 속에 스며들었다.

그러나 율령 제도의 기본이었던 구분전의 반전이 제대로 지켜지지 않아 율령 제도가 붕괴되기 시작했다. 이와 함께 귀족이나 사원에서는 광대한 토지를 차지했고, 백성 중에는 이들에게 고용되거나 장원으로 이동하는 자가 많아졌다.

헤이안 시대 초기부터 실권을 장악한 후지와라 가문은 반대 세력인 스가와라노 미치자네를 제거한 후 더욱 강해졌다. 특히 천황이 대부분 후지와라 가문의 외손이었기 때문에 후지와라 가문은 제멋대로 권력을 휘둘렀다.

한편 지방 중견 관료의 지위가 점점 향상되면서 그들의 사고방식이나 생활 문화가 상류층에도 영향을 미쳐 일본풍으로 자리 잡게 되었다.

가나 문자 발명으로 교토 귀족들 사이에 일본 문학이 유행하며 눈부시게 발전했다. 귀족 부인이나 딸들이 문학을 즐기게 되자 이들을 추종하는 여성들도 문학을 열심히 공부했다. 그 결과 와카, 소설, 수필 등이 출간되었다.

귀족들이 수준 높은 문화를 탐닉할 수 있었던 것은 장원의 수입이 뒷받침되었기 때문이다. 이 시기 지방에서는 중앙의 간섭이 완화되면서 무사들의 힘이 급성장하게 되었다. 얼마 후 이 무사들이 교토의 귀족들과 접촉하면서 사회는 일대 전환기를 맞게 되었다.

헤이안 시대

 정치 안정이 지속되자 귀족들과 승려들은 세력을 이용해 백성들을 쥐어짜기 시작했다. 그러자 융성했던 국운이 기울며 많은 백성들이 농토를 버리고 귀족이나 절, 호족들의 장원으로 도망치는가 하면 고향을 떠나 부랑자로 전락했다. 당시 조정은 후지와라노 코모카와藤原百川가 장악하고 있었다.

 모모카와는 제48대 쇼토쿠稱德 천황의 후계자로 켄지 천황의 손자 시라카베白壁 왕王을 고닌光仁 천황으로 옹립했다. 그는 나라의 기강을 바로잡기 위해 관리의 수를 줄이고 승려의 정치 참여를 금지했다. 또 농민이 생업에 매진할 수 있도록 병역 특혜를 부여하고 율령 제도를 엄격히 시행했다.

 고닌 천황의 뒤를 이은 간무桓武 천황은 784년 침체된 경제와 군사 문제를 타개하고자 나가오카로 천도했다. 이로써 나라는 7대 73년 동안 야마토 정권의 수도로서 기능을 다했다. 하지만 새 수도에 대한 기대는 불길한 사건이 연이어 터지며 우려로 바뀌었다. 결국 나가오카로 천도한 지 10년 만인 794년 10월, 현재의 교토로 새로운 천도 계획이 결정되었다. 새로운 수도는 영원한 평안과 번영을 누리라는 뜻의 헤이안平安으로 이름 붙여졌다. 헤이안은 궁궐 규모가 동서 1.2km, 남북 1.5km에 달해 헤이조와 비교도 안 될 만큼 컸다.

 간무 천황이 죽고 그의 황자 헤이제이平城 천황이 뒤를 이었다. 이때 후지와라 세력 내부에서도 시키 가문의 다네쓰구가 암살당한 후 홋 가문의 우치마로로 세력이 차츰 넘어가고 있었다. 다네쓰구의 딸 구스코

간무 천황이 당나라 수도 장안을 모방해 만든 새로운 도성 헤이안쿄

藥子는 오빠인 나카나리藤原仲成와 함께 헤이제이 천황을 설득해 제위를 천황의 동생인 사가嵯峨에게 물려주고 그는 태상황이 되도록 공작을 폈다. 구스코와 나카나리는 태상황과 한편이 되어 사가 천황의 후원 세력인 홋 가문의 우치마로와 대립했다.

　태상황은 거처를 나라로 옮기며 사가 천황에게 나라로 천도할 것을 명령했다. 하지만 사가 천황은 이를 따르지 않고 태상황 세력과 맞서 승리했다. 이 싸움은 구스코가 그의 오빠 나카나리와 함께 태상황을 교사해 일으킨 싸움으로 '구스코의 난'이라 부른다.

후지와라 가문의 섭관 정치

구스코의 난 이후 사가 천황은 준나(淳和), 닌묘(仁明) 천황 때도 태상황으로서 정무를 총람했다. 그사이 후지와라 가문은 세력을 더욱 굳게 다졌다. 사가 태상황이 죽자 후지와라 가문은 황태자 측근들을 모반 혐의로 체포하고 요시후사(藤原良芳)의 생질인 미치야스(道康) 친왕을 황자로 내세웠다. 이렇게 해서 권력은 후지와라 세력의 홋 가문인 요시후사에게 넘어갔다. 얼마 후 요시후사는 헤이안 시대 최초의 태정대신이 되면서 부동의 권좌에 앉게 되었다.

866년 봄 어느 날 밤, 대극전(大極殿) 정문인 응천문(應天門)에 화재가 일어나 전소하는 사건이 발생했다. 이전부터 요시후사가 태정대신에 올라 전권을 휘두르는 것이 못마땅했던 오토모는 이를 계기로 미나모토를 탄핵했다. 하지만 응천문 화재 사건은 사건 발생 반년이 지난 후 오토모가 방화범으로 체포되어 유배되는 것으로 마무리되었다. '응천문의 변'이라 부르는 이 사건에 대해 당시 사람들은 많은 의문을 품었다.

866년 요시후사가 어린 세이와(淸和) 천황을 대신해 섭정했다. 이는 황족이 아닌 사람이 공식적으로 천황을 대신해 정치를 전담하게 된 것으로 일본 역사상 처음 있는 일이었다. 그가 죽은 후에는 그의 양자 모토쓰네(藤原基經)가 요제이(陽成) 천황을 대신해 섭정했다.

모토쓰네는 요제이 천황이 16세가 되던 해에 천황 자리를 고코(光孝) 천황에게 이양하게 했는데, 이때 고코 천황은 55세로 태정대신인 모토쓰네보다 여섯 살 위였다. 고코 천황은 '천황이 명령하는 일과 신하들이 상주하는 일 모두를 태정대신에게 먼저 자문하라'라는 조서를 내

866년에 일어난 '응천문의 변'을 소재로 그린 〈반다이나곤 에코토바〉

려 모토쓰네의 권위를 강화시켰다. 이 모든 조처가 누구에 의해 내려졌는지는 뻔했다.

　제59대 우다宇多 천황도 '정치의 대소사를 태정대신에게 관백關白하라'라는 조서를 내렸다. '관백'이란 정무를 통괄하고 일체의 상주문을 사전에 살펴보고 의견을 천황에게 아뢰는 일을 뜻한다. 원래 태정대신 모토쓰네의 직능을 가리키는 말이었으나 그대로 직명職名으로 바뀌게 된 것이다. 이로써 후지와라 가문은 천황이 어릴 때는 섭정으로, 나이가 많을 때는 관백으로 정치를 마음대로 주물렀다. 여기서 섭관 정치攝關政治라는 형태가 성립하게 되었다.

　891년 모토쓰네가 죽었을 때 그의 아들 도키히라藤原時平는 아직 어려서 우다 천황의 신임이 두터웠던 스가와라 미치자네菅原道眞가 천황 자문역을 담당했다. 899년에는 다이고醍醐 천황이 15세의 어린 나이로 즉위하고 29세의 도키히라가 좌대신이 되었다. 그리고 스가와라도 우대신이 되었다. 스가와라 가문은 학자 가문으로 명망이 높아 그의 조부 때는 수백 명의 학생이 강의를 듣기 위해 몰려들기도 했다. 조정 관료의 절반 이상이 스가와라의 문인이었고, 스가와라의 딸은 다이고 천황의 황후였다. 그러자 후지와라 세력은 점점 커지는 스가와라 세력을 보고만 있을 수 없었다.

901년 정월, 다이고 천황은 스가와라가 후지와라 가문의 외손인 자신을 몰아내고 도키요齊世 친왕을 천황으로 옹립할 음모를 꾸몄다며 규슈의 대재부大宰府 권수權帥로 좌천시켰다. 도키히라의 모략이었다. 스가와라는 규슈의 대재부로 내려와 2년 후 세상을 떠났다.

장원과 후지와라 세력의 독재

후지와라 세력은 다른 씨족을 차례로 제거하며 권력을 독점해 나갔다. 그러다 10세기 중엽에 이르자 섭정과 관백이 모두 홋 가문에서 나오게 되었다. 섭정과 관백은 황족이 아니면 오를 수 없는 자리였지만 이들은 그들의 딸을 황후로 삼고 황후의 소생을 천황으로 옹립한 후 황실의 외척으로서 섭정과 관백이 되었다. 후지와라 세력의 섭관 정치는 10세기 말에 절정에 이르렀다. 이들의 권력은 그들이 소유한 사유지, 즉 장원이 원천이 되었다.

다이카 개신에 의해 모든 토지가 국가 소유로 귀속되었던 것이 어떻게 장원이라는 사유지로 변하게 되었을까. 그 배경은 다이카 개신 때 시행된 구분전이 인구 증가에 따라 줄었기 때문이다. 조정에서는 이 문제를 해결하려고 대규모 개간 사업을 벌였으나 대안이 되지 못했다. 따라서 개인이 개간한 토지는 개인 소유로 인정한다는 규정을 만들어 개간을 장려했다. 그러자 풍부한 인력과 재력을 가진 귀족이나 사원은 앞다투어 토지를 늘려 나갔다. 또한 생활이 어려운 농민들이 구분전을 장원이나 사원에 팔아넘기고 소작인으로 전락하기도 했다. 이렇게 해서 차츰 대규모 장원이 형성되었다.

장원 소유주인 영주는 수도에 살았고 관리인이 토지를 관리했다. 관리인은 장관莊官이라 불렸으며, 장원 감독, 전답 배당, 연공年貢 독촉, 징수는 물론 치안 확보 등 영주의 지배권을 확고히 하는 데 일익을 담당했다. 장관은 중앙의 영주가 파견하기도 했지만 그 지방의 호족을 임명하는 경우가 많았다. 장원을 보호하기 위해서 호족들의 무력 사용은 당연시되었다. 호족들의 수족으로서 실제 무력을 행사하는 것은 명주

후지와라 가문의 후원으로 세워진 사원인 뵤도인

名主라 불리는 중소 지주들이었다. 이들은 호족과 직접 결합되어 있었으나 차츰 주종 관계가 되었다. 이들은 무사 집단을 형성하는 계기가 되었다.

11세기에 들어서면서 후지와라 세력은 모토쓰네의 증손인 미치나가道長에 의해 막강해졌다. 그는 두 형인 미치타카道隆와 미치카네道兼가 유행병으로 잇따라 죽자 995년 우대신에 올랐고, 999년에는 그의 딸 쇼시彰子를 이치조一條 천황에게 바쳤다. 1008년 쇼시가 아쓰히로敦成 황자를 낳으면서 그의 지위는 확고부동해졌다.

1011년 산조三條 천황이 즉위하자 미치나가는 갖가지 압력을 가한 끝에 산조 천황을 퇴위시키고, 아쓰히로 황자를 고이치조後一條 천황으로 올렸다. 그리고 그의 딸을 천황 후비로 들여 섭정까지 하게 되었다.

"이 세상은 모두 나의 것, 둥근 달이 기운다 한들 내 세상이야 어찌 기울쏘냐!"

후지와라 세력이 오랫동안 황실을 지배하면서도 제위를 찬탈하지 않은 것은 세습적 성격이 강했기 때문이다. 이들은 명목상 지도자의 배후에서 과거부터 전승되던 방법으로 통치했다. 일본 역사를 보면 명목상의 통치자나 집단은 실권자의 인질이었음을 짐작할 수 있다.

문화의 성장

9세기 말에 이르러 당나라가 기울기 시작하자 유학생을 보낼 필요가 없다는 건의가 잇따르며 견당선이 폐지되었다. 일본인들은 대륙으로부터 받아들인 문화를 되새겨 그들만의 것으로 새롭게 발현시켰다. 일본풍의 문화는 문자가 발명되며 더욱 번성했다.

일본 문자는 가나假名라는 음절 문자로 9~10세기경 몇몇 한자를 간략하게 쓰는 것에서 시작되었다. 가나에 사용된 한자는 히라가나平假名와 가타가나片假名로, 엄밀히 말하면 조악한 문자였지만 시간이 지나면서 가나로 된 문학 작품이 나올 정도로 발전했다.

주로 귀족 여성들이 가나로 된 문학 작품을 썼다. 그들은 한자보다 쉬운 가나로 자신의 생각을 표현했다. 후지와라 가문이 집권할 당시 귀족들은 황실과 인연을 맺기 위해 자신의 딸을 궁중에 들여보내려 안간힘을 썼다. 그러기 위해서는 그들에게 특별 교육을 시켜야 했고, 교육을 담당할 재능 있는 여성들을 모아야 했다. 만약 귀족의 딸이 궁중에 들어가게 되면 그녀들은 궁중까지 따라 들어갔으며, 일단 궁중으로 들어가면 이목을 끌기 위해 문학과 학문에 열중했다.

일본 산문 문학의 황금기는 10세기 말~11세기 초로 대부분 궁정 여인들이 시나 일기 형식으로 그들의 정서를 표현했다. 이 시기 문학 작품으로는 《타케토리 모노가타리竹取物語》, 《겐지 모노가타리源氏物語》, 《마쿠라노소시枕草子》등이 있다.

나라 시대와 헤이안 시대에는 문학 이외에도 서예와 회화가 발달했다. 서예는 한자 삼필漢字三筆로 일컬어지는 사가 천황, 구카이空海, 타치바나橘逸勢가 주도했고, 회화에서는 당화唐畵와 야마토화大和畵가 유행했다. 또한 문학 작품을 그림으로 표현하는 두루마리 그림이 많이 출간되었다. 그 가운데 《겐지 모노가타리》의 두루마리 그림은 일부분만 전해지지만 화려함과 은근한 조화미가 일품이다. 또 시기산지信貴山寺의 전설을 그렸다는 두루마리 그림과 응천문 화재를 다룬 두루마리 그

동물을 의인화해 그린 풍자화 〈쵸주기가〉

림은 생동감 넘치는 필치로 이야기를 전개하고 있다. 이 밖에 11세기 후반에 그려진 〈쵸주기가鳥獸戱畵〉는 일본 최고最古의 예술 만화로 평가되고 있다.

이 시대의 귀족들은 화려한 침전寢殿을 갖춘 저택에서 호화로운 생활을 영위했다. 침전이라 하지만 그것은 단순히 잠을 자기 위한 집이 아니고 중국 양식을 모방한 일종의 정전正殿을 의미했다. 정전의 동쪽, 서쪽, 북쪽에는 대옥對屋이라 해서 정전과 똑같은 형식의 집이 있었다. 정전과 대옥은 복도로 연결되고, 요즘처럼 방에 대한 구분이 확실치 않고 발과 칸막이를 드리운 장막 등으로 구분했다. 휘장은 칸막이로 사용했으며 여성들은 그 뒤쪽을 사용했다. 신분이 높은 귀족 자녀들은 남매간이라도 휘장을 사이에 두고 이야기를 주고받았다.

귀족들은 1일 2회 식사했고 꿩이나 오리가 최고급 요리였으며, 생선 중에서는 도미가 인기였다. 평소 식사에는 시루로 찐 고두밥에 장국과 야채, 생선 등의 반찬이 올랐다.

서민들의 모습이 묘사된 묘렌이라는 승려가 벌인 기적에 관한 이야기를 그린 그림

　남자의 의상은 관, 도포, 사시누키指貫, 자락에 끈을 꿰어 발목을 졸라매게 된 바지가 평상복이었고, 정장을 할 경우에는 사시누키 대신 겉바지인 우에노하카마長袴를 입고 옷자락이 끌리도록 띠를 둘렀다. 외출할 때는 우차牛車를 탔는데 신분에 따라 차등이 있었다. 귀족 여성들은 색실로 곱게 꾸민 우차를 탔으며 신분이 낮은 여성들은 대나무 껍질로 엮은 삿갓을 쓰고 손으로 옷자락을 치켜들며 걸었다.

　일반 농민은 수도에 거주하는 시민에 비해 과중한 세금을 내야 했다. 당시에는 수도 지역으로 거주지를 이전하는 것이 법률로 금지되어 있었기에 농민 중에는 귀족의 사민(私民, 귀족에게 예속된 백성) 신분으로 이주해 오는 자들도 많았다. 호족 중에서도 세금이 낮은 수도로 호적만 이전하는 자도 있었다.

수도의 상인들도 관리와 짜고 상점을 소유하는 자가 늘어났으며, 먼 지방에서 특산물을 가지고 올라오는 행상이 늘어나면서 상업이 발달했다. 그러자 직물織物, 주물鑄物, 목공木工, 와공瓦工 등의 수공업자들이 상인과 결탁해 세력을 확장했다. 일반 백성들의 세력이 강해지면서 귀족의 권위는 점점 떨어져 수도에서는 큰 혼란이 일기 시작했다.

무사 계급의 등장

헤이안 시대 각 지방의 호족들은 세습된 토지를 기반으로 지방의 유력자로 군림했으나 중앙에 올라가서는 귀족들의 신변을 보호하는 정도로 신분이 격하되었다. 호쿠리쿠北陸 지방의 호족으로 후에 국사國司까지 역임한 토시히토藤原利仁 장군은 수도로 와 모토쓰네를 섬겼다. 이때 무사를 가리키는 사무라이라는 말이 생겨났다. 사무라이는 사부라우모노(가까이에서 모시는 자)에서 유래된 것으로 무사에게는 결코 명예로운 말은 아니었다. 그러나 당시로서는 중앙 귀족의 수족 노릇을 하는 것이 세력을 확장하는 최선의 방법이었다.

지방에 큰 장원을 소유하고 있던 귀족들은 장원을 관리하고자 호족들이 필요했다. 호족들은 그들대로 소지주(小地主, 名主) 세력을 하나로 규합해 장원 영주莊園領主의 이익을 수호하는 한편 영주의 지나친 독재에 대항하는 힘을 가지게 되었다. 즉 지방 호족들은 중앙 귀족에게 예속되어 있으면서도 귀족을 위협하는 세력으로 성장하고 있었다.

강력한 세력을 가진 호족은 국사의 명령 따위는 두려워하지 않았다. 사태가 이에 이르자 국사도 보다 강력한 힘이 필요했다. 조정에서는 호족들 가운데 유력자를 추포사追捕使나 압령사押領使로 임명해 국사의 명령에 따르지 않는 자들을 다스렸다. 그러자 국사들 중에서 추포사나 압령사를 겸임하며 호족들을 지배하려는 자가 나타났다.

당시 중앙에서는 후지와라 세력이 아니면 귀족이라 하더라도 인정받지 못했을 뿐만 아니라 출세에도 지장을 받았다. 그러나 미약한 귀족도 지방에 내려가면 호족이나 소지주들로부터 후대와 존경을 받았다. 이처럼 지방 호족들은 귀족을 수령으로 추대하려 했고, 중앙의 귀족들 중에는 지방에 내려가 무사 집단의 수령이 되고자 하는 자가 나타났다.

이 무렵 도호쿠 지방에서는 호족인 부수장俘囚長이 강력한 세력을 가지게 되었다. 부수장이란 항복한 에조(반란자)의 우두머리라는 뜻이다. 무쓰陸奧 지방의 부수장이었던 아베安倍 가문은 지금의 이와테현岩手縣에서 세력을 떨치며 중앙과 맞섰다. 그러자 중앙에서는 간토 지방에서 맹위를 떨치고 있던 미나모토 세력에게 이들을 토벌토록 했다. 그리하여 미나모토 요리노부源賴信의 아들 요리요시賴義가 무쓰 지방의 국수國守 겸 진수장군鎭守將軍에 임명되었다.

1051년 요리요시가 미야기현宮城縣의 국부에 도착하자 그의 위세에 눌린 아베는 전의를 잃고 항복했다. 그로부터 5년 후 아쿠리강阿久利川에서 국부의 관리가 아베의 아들 사다토貞任에게 피살되자 요리요시와 그의 아들 요시이에義家는 아베 세력을 진압하러 나섰다. 전쟁은 일진일퇴의 공방전이 되풀이되며 지리멸렬했다. 요리요시는 생각 끝에 데와(出羽, 지금의 아키타현)의 부수장 기요하라淸原 세력에게 원병을

하치만타로라 불린 미나모토노 요시이에와 그의 군사들의 전투 장면

요청했다. 1062년 9월, 아베 세력은 무려 9년 만에 요리요시에게 무릎을 꿇었다.

1083년 요리요시의 뒤를 이어 무쓰의 국수 겸 진수부장군이 된 아들 요시이에는 기요하라노 사네히라淸原眞衡를 도와 기요하라노 기요히라淸原淸衡를 토벌키로 했다. 그는 당시 군신軍神으로 받드는 하치만八幡처럼 위력이 대단했기 때문에 하치만타로八幡太郎라는 별명으로 불렸다. 그러나 기요히라가 항복해 싸움은 싱겁게 끝났다.

1086년에는 기요히라와 동생 이에히라家衡 사이에 전쟁이 일어났다. 요시이에는 기요히라를 응원하며 1087년 말 이에히라를 무찔렀다. 이렇게 해서 오우 지방에서는 기요히라가 호족 대표자가 되었다.

기요하라 가문의 내분에 개입해 사태를 종식시킨 요시이에는 조정에 포상을 요청했다. 그러나 조정에서는 내분에 개입했다며 도리어 책망했다. 요시이에가 사재를 털어 부하들을 포상하자 그의 덕망은 더욱 높아졌다. 요시이에의 명성이 높아지자 간토 지방은 물론 각지의 명주 名主들이 그에게 토지를 의탁하고 그의 보호를 받으려 했다.

원정 정치

1068년 고산조 천황이 제71대 천황으로 즉위했다. 그는 후지와라 가문의 외손이 아니었기에 후지와라 가문의 박해를 받으며 25년간 불우한 세월을 보냈다. 그의 외조부인 산조 천황도 이들의 압력으로 고뇌의 세월을 보내야 했다. 이런 과거로 고산조 천황은 이들을 달갑지 않게 여겼다. 그는 후지와라 가문에 제동을 걸기 위해 1069년 기록장 원권계소記錄莊園券契所를 설치해 그들의 경제 기반인 장원을 정리했다. 장원의 횡포에 시달리던 국사 수령들은 쾌재를 부르며 환영했다.

고산조 천황은 정치 제도를 보완하고자 원청院廳을 설치했다. 원청에서 행한 정치를 원정院政이라고 하는데 원정이 실제로 시작된 것은 고산조 천황의 뒤를 이은 시라카와白河 상황上皇 때였다. 그가 원정을 시작하게 된 것은 양위 후 천황이 너무 어리거나 그의 직계 자손들에게 천황 자리를 물려주기 위함이었다. 하지만 원정은 도바鳥羽 법황法皇, 고시라카와後白河 법황에 의해 승계되어 12세기 말까지 지속되었다.

원정에도 섭정이나 관백은 존재했지만 상황이 천황의 아버지나 조부였으므로 천황보다 우위에 있었다. 따라서 천황을 보좌하는 섭정이나 관백은 상황에게는 무기력할 수밖에 없었다.

원청에는 장인소藏人所를 비롯한 여러 부속 기구가 있었다. 그곳에 근무하는 원사院司들은 관직을 가진 자들이었으며 원청 장관은 별당別堂으로 불렸다. 원청에는 여러 나라 출신의 무사들이 원의 북쪽에서 대기하며 경비를 담당했다.

원정 실시로 실권은 천황 직계인 상황과 수령들에게 옮겨졌다. 그러다 보니 혁신적인 정치가 행해지기보다는 율령 정치의 정신을 망각한 전제와 사치, 부패가 판치게 되었다. 시라카와, 도바, 고시라카와 등 세 상황이 모두 원정을 실시했고 그들의 사치는 극에 달했다. 불교를 유락의 대상으로 삼았으며 사원 건축과 불상 조성에 막대한 자금을 쏟아부어 세속화시켰다. 법황은 이에 소요되는 막대한 경비를 수령들에게 충당토록 하여 수령과 장원의 마찰은 더욱 심해졌다.

하지만 원청의 최고 실력자인 시라카와 법황에게도 마음대로 되지 않는 일이 있었다. 바로 산법사山法師라 불리는 승병僧兵 무리였다. 법황 편에 서야 할 산법사가 도리어 거추장스러운 존재가 되었다는 것은 상상도 못 할 일이었다.

율령상 승려는 조세와 부역이 면제되었다. 이런 점을 노려 11세기 무렵에는 세금을 기피하려고 중이 되는 농민이 증가했다. 사원에서는 장원을 지키는 존재로 이들을 단련시켜 강력한 승병 집단으로 조직했다. 사원은 승병 집단이 커지자 국사를 두려워하지 않게 되었다. 그중에서도 엔랴쿠지延曆寺, 온죠지園城寺, 고후쿠지興福寺 등은 국사와의 투쟁은 물론 그들끼리 싸움을 벌이기도 했다. 그들은 자신들의 이익이 조금이라도 침해당하면 조정에 몰려와 소동을 벌였다. 법황이나 귀족들은 신을 경외했으므로 그들의 주장을 그대로 받아들일 수밖에 없었다.

시라카와 법황은 일찍이 다이라노 마사모리平正盛에게 토지를 기부

《헤이케 모노가타리》를 소재로 한 두루마리 그림에 등장하는 엔랴쿠지의 승병들

받은 일도 있었기 때문에 특별히 다이라下 가문을 옹호했다. 마사모리의 아들 다다모리忠盛 또한 그의 신임 속에 출세 가도를 달리고 있었다. 시라카와 법황 다음의 도바 법황 때는 33간당(間堂, 관세음보살을 안치한 33곳)의 영지를 세운 공로로 1132년 다지마但馬의 국수 겸 형부경刑部卿이 되어 승전(昇殿, 친황이 앉아 있는 자리에 오름)이 허용되는 특전을 받았다. 이렇게 해서 다이라 가문은 미나모토 가문의 라이벌로 부상했다.

다다모리는 국내외 무역을 해 많은 재산을 모으며 서쪽으로 세력을 확장했다. 수도에 있는 저택에는 원청의 궁녀들까지 출입했다. 그의 아들 기요모리清盛도 아버지의 후광으로 출세 가도를 달렸다.

이와는 반대로 미나모토 가문은 요시이에의 손자 타메요시爲義가 수장이 되었으나 후지와라 가문을 섬기면서 소임을 다하지 못해 지방 세력의 범주를 벗어나지 못했다. 그 뒤 내분이 자주 일어나 12세기 중반에는 다이라 가문보다 열세에 놓이게 되었다.

3

무사 정권

무사 정권

호겐 · 헤이지의 난은 조정 내부에서 일어난 소규모 전쟁이었으나 지방 무사가 도시 귀족에게 실력을 과시한 사건이었다. 일본은 이를 계기로 무사의 시대로 접어들게 되었다.

무사로서 맨 처음 정권을 장악한 것은 미나모토를 제압한 다이라 가문이었다. 다이라노 기요모리는 최고 지위에 올라 전권을 행사하며 다이라 가문의 전성기를 이룩했다. 그러나 이 정권은 어디까지나 귀족의 지지 아래 성립된 것이었기 때문에 이들의 세력이 팽창하면 할수록 귀족의 반발은 커져만 갔다.

이때 도고쿠에서 다이라 가문 타도를 외치며 일어난 미나모토노 요리토모는 다이라 가문을 단노우라에서 전멸시키고 가마쿠라에 바쿠후(막부)를 개설했다. 이후 오우 지방마저 제압해 바쿠후 정치의 기초를 다졌다. 무사 정권은 요리토모를 시작으로 메이지 유신까지 이어졌다.

처음에 가마쿠라 바쿠후는 도고쿠의 지방 정권에 불과했으며 미나모토 가문은 3대를 계승하다가 멸망했다. 뒤를 이은 호조 가문의 정치는 후세의 모범이 되었고 차츰 무사 문화가 형성되었다. 호조 가문이 한창 정치에 몰두할 무렵, 당시 전 세계를 휩쓸던 몽골군의 두 차례 침공은 태풍으로 무산되었다.

다이라 가문의 성장

12세기 중반, 교토에서는 조정의 내분을 둘러싸고 큰 사건이 발생했다. 사건의 발단은 원정을 실시하던 도바 법황이 장남인 스토쿠崇德 상황과 황태자 책봉 문제를 놓고 대립한 데서 비롯되었다. 도바 법황은 스토쿠 상황의 동생을 고시라카와 천황으로 옹립했다. 그 결과 스토쿠 상황과 도바 법황은 완전히 갈라서고 말았다.

한편 후지와라 가문의 섭정인 다다미치忠通와 그의 동생 요리나가賴長 좌대신 사이에도 갈등이 빚어졌다. 요리나가는 다다미치로부터 후지와라 세력의 수장 자리와 섭정 자리까지 빼앗으려 했으나 원청 측 근들과 사이가 틀어지는 바람에 도리어 세력을 잃고 말았다. 이로 인해 요리나가는 스토쿠 상황과 같은 입장이 되었다. 이즈음 도바 법황이 세상을 떠나자 스토쿠 상황과 요리나가는 군사를 모으기 시작했다.

이를 미리 감지한 천황 측에선 1156년 7월 11일 새벽 다이라노 기요모리, 미나모토노 요시토모, 미나모토노 요리마사가 스토쿠 상황의 거처인 시라카와궁白河宮을 공격했다. 날이 샐 무렵 요시토모가 궁에 불을 지르자 때마침 서풍이 불어와 불바다가 되었다. 이 사건이 바로 호겐保元의 난이다.

다이라노 기 요모리

불과 하루 동안 일어났던 이 전쟁은 귀족 시대에서 무사 시대를 여는 전환점이 되었다. 그동안 무사들은 조정과 귀족 사이를 오가며 전쟁도 하고 봉사도 했으나 이때 이르러서는 정권의 향방을 결정짓는 세력으로 성장해 있었다. 이들은 다이라노 기요모리와 미나모토노 요시토모를 대표로 세력이 양분되었다.

호겐의 난이 일어나고 2년 후, 고시라카와 천황은 니조二條 천황에게 양위하고 원정을 시작했다. 고시라카와 상황에게는 뉴도入道信西와 후지와라노 노부요리藤原信賴가 있었다. 니조 천황에게는 후지와라노 쓰네무네藤原經宗와 후지와라노 고레카타藤原惟方가 천황의 친정을 노리고 있었다. 이들 중 노부요리는 천황 친정파와도 긴밀한 유대 관계를 가지며 뉴도 세력을 제거하려고 틈을 노리고 있었다.

호겐의 난 당시 요시토모는 혁혁한 공을 세웠으나 포상은 미미했다. 반대로 기요모리는 별다른 공이 없음에도 하리마播磨 국수에 정사위正四位로 임명되는 파격적인 대우를 받았다. 1159년 12월, 요시토모는 반뉴도파反入道派인 노부요리와 쿠데타를 일으켜 상황과 천황을 궁궐에 유폐시켰다.

다이라노 시게모리

급보를 전해 들은 기요모리가 급히 교토로 돌아와 군대를 소집하자 소문을 들은 무사들이 기요모리 쪽으로 몰려들었다. 12월 26일 아침, 기요모리의 장남 시게모리重盛는 궁궐을 가득 메운 군사들에게 고시를 내렸다.

시라카와궁에 불을 질러 승패를 결정지은 미나모토노 요시모토

"연호는 헤이지平治, 수도는 헤이안平安, 우리 다이 카씨平氏, 이 삼평三
平이 합치되었으니 적을 쳐부수는 것쯤은 문제될 것이 없다!"

이 말이 떨어지자 군사들은 일제히 환호성을 지르며 요시토모와 노
부요리가 있는 대현문待賢門으로 돌진해 이들을 섬멸했다. 요시토모는
미나모토 가문의 근거지인 도고쿠東國로 도망치던 중 오하리尾張에서
피살되었고 노부요리도 참수당했다. 일본 역사는 이를 헤이지의 난이
라 부른다. 이렇게 해서 미나모토 세력은 호겐의 난으로 큰 타격을 입
은 후 헤이지의 난으로 몰락하고 말았다.

헤이지의 난은 원래 무사들의 전쟁이었으나 귀족들이 이에 휘말린
결과가 되었다. 호겐의 난에서는 귀족들의 전쟁에 무사들이 하수인 역
할을 한 셈이었고, 헤이지의 난에서는 무사 세력이 귀족을 압도한 셈
이었다. 이제 무사 계급은 중앙에서뿐만 아니라 지방에서도 귀족의 지
배에서 벗어나 본격적인 무사 시대를 열게 되었다.

호겐 · 헤이지의 난에서 다이라노 기요모리가 승리를 거둘 수 있었던 것은 할아버지 마사모리와 아버지 다다모리가 2대에 걸쳐 쌓아올린 경제력과 힘이 뒷받침되었기 때문이다. 기요모리는 헤이지의 난이 끝난 후 종일위從一位 태정대신이 되어 후지와라 가문이 독점해 오던 최고 지위를 차지했다. 그는 황실과 유대를 더욱 강화하고자 둘째 딸 도쿠코德子를 다카쿠라高倉 천황의 중궁으로 삼았다. 후에 도쿠코가 낳은 황자가 안토쿠安德 천황이 되니 기요모리는 천황 외조부가 되는 셈이었다. 당시 다이라 가문이 아닌 사람은 사람이 아니라는 말이 나올 정도로 다이라 가문의 영화는 극에 달했다.

다이라 가문의 몰락

득세한 다이라 가문이 전횡을 일삼으며 세도를 과시하자 이들에게 불만은 품은 자들이 많아졌다. 다이라 가문은 '단발머리'라 불리는 소년들을 앞세워 이들을 색출하기 시작했다. 이로 인해 교토의 민심은 다이라 가문에 등을 돌렸고 심지어 기요모리 편에 섰던 고시라카와 법황마저도 견제하게 되었다.

어느 날 교토 히가시야마 산장에서 홋쇼지法勝寺의 순칸俊寬, 고토바원청後鳥羽院廳의 측근 후지와라노 나리치카藤原成親, 사이코西光, 타다 유기츠나多田行綱 등이 모임을 가졌다. 모두 다이라 세력에 불만을 품고 있었다. 하지만 이들의 모의는 타다의 밀고로 수포로 끝나고 말았다.

고시라카와 법황은 더 이상 다이라 가문의 횡포를 묵과할 수 없었

고시라카와 상황을 유폐시키려는 다이라노 기요모리

다. 그는 기요모리의 아들 시게모리가 죽자 그의 지행국知行國과 에치
젠국越前國을 몰수했다. 그러자 기요모리는 강력한 승병을 거느리고 있
던 엔랴쿠지의 천태주지天台住持 묘운明雲을 앞세워 정적들을 압박했다.
그 결과 1180년, 다카쿠라 천황은 황태자에게 양위하고, 기요모리의
외손자인 안토쿠 천황이 즉위하게 되었다. 그리고 후쿠하라福原 천도
를 발표했다.

400년 동안 헤이안에서 태평성대를 구가했던 구족들은 경악했다.
갑작스러운 천도로 궁궐 조영 공사가 채 끝나지 않아 안토쿠 천황은
기요모리의 저택에, 다카쿠라 상황은 요리모리의 저택에 각각 머무르
며 정무를 살폈다.

다이라 가문에 대한 불평이 노골화되는 가운데 미나모토노 요리마

사源賴政가 '다이라 토멸'의 기치를 들고 일어났다. 그는 미나모토노 요리미쓰의 자손으로 헤이지의 난 때 기요모리를 도와 승리를 이끈 공신이었다. 그러나 다이라 일족으로 가득 찬 조정에서 미나모토 가문은 물속의 기름처럼 융화될 수 없었다.

1180년 4월 9일, 요리마사는 고시라카와 법황의 제2황자인 모치히토 왕과 함께 '다이라 세력을 토멸하라'는 명령을 전국의 미나모토 가문에게 전했다. 하지만 미나모토 가문의 병력이 미처 집결하기도 전에 요리마사와 모치히토 왕은 우지강宇治川에서 패하고 말았다. 두 사람의 죽음은 미나모토 가문을 더욱 강하게 결집시켰다.

일찍이 헤이지의 난 때 가까스로 목숨을 보전한 13세 소년 미나모토노 요리토모源賴朝는 이제 30세의 훌륭한 무인으로 성장해 있었다. 이즈음 기요모리가 모치히토 왕 사건을 계기로 미나모토 세력을 뿌리 뽑으려 한다는 소식이 그에게도 전해졌다.

'이쪽에서 공격하지 않으면 저쪽에서 먼저 공격해 올 것이다.'

1180년 8월 17일, 요리토모는 야마키관山木館을 급습해 야마키山木兼高의 목을 베었다. 하지만 야마키관 피격 소식을 듣고 달려온 오오바 카게치카大庭景親, 이토 스케치카伊東祐親의 부대가 그를 공격했다. 갑작스러운 공격에 요리토모는 겨우 목숨만 부지한 채 아와安房로 도망쳤다.

요리토모는 아와를 근거로 병력을

미나모토노 요리토모

모으기 시작했다. 그는 안사이安西景盛와 호응하며 독대(目代, 국수의 대리로 임지에서 집무하는 관리)를 토멸할 것을 무사들에게 명령했다. 그러자 동쪽 지방의 무사들은 앞다투어 그에게 집결했다. 시모우사의 지바노스케, 가즈사의 곤노스케權介廣常 등 무사시武藏까지 진출하는 동안에 간토 남쪽의 무사들이 그에게 복속했다.

그해 10월 6일, 요리토모는 가문의 상징인 흰색 깃발을 휘날리며 가마쿠라鎌倉로 들어갔다. 가마쿠라는 삼면이 산으로 둘러싸이고 앞은 바다에 면한 요충지일 뿐만 아니라 그를 적극 후원하던 미우라三浦 가문의 기누가사성衣笠城이 인접해 있었다. 그리고 그의 선조인 요리요시賴義는 가마쿠라 해변에 하치만궁八幡宮을 세워 제사를 지냈었으며, 그의 아버지도 가마쿠라에 저택을 가지고 있었다. 이처럼 가마쿠라는 미나모토 가문과 인연이 깊은 곳이었다.

10월 20일, 멀리 후지산을 바라보며 후지강을 사이에 두고 동쪽의 미나모토 대군과 서쪽의 다이라 대군이 대치했다. 다이라 대군은 다이라노 고레모리平維盛가 이끌고 있었다. 그는 기요모리의 명을 받고 토카이도(東海道, 에도에서 태평양 연안을 따라 교토에 이르는 길.)를 따라 동쪽으로 진출해 후지강 서쪽에 포진했다. 도고쿠의 많은 무사들을 거느린 요리토모는 다케다 노부요시武田信義, 도키마사의 군대를 쓰루가駿河의 기세강黃瀨川까지 진출시켰다.

깊은 밤이 찾아오자 다케다군은 후지강을 건너 다이라군 뒤쪽으로 접근하고 있었다. 그 순간 놀란 물새 떼가 한꺼번에 날아올라 한밤의 정적을 깨 버렸다. 이 소리에 놀란 다이라 진영은 당황하며 어쩔 줄 몰라 했다.

"적군의 기습이다. 모두 후퇴하라!"

집권하는 동안 피로 정권을 쌓았던 기요모리의 최후

다이라군은 소리를 질러대며 허겁지겁 도망치기에 바빴다.

요리토모는 아주 손쉽게 승리를 거머쥐었다. 그는 기세를 몰아 교토까지 진격하려 했으나 지바노스케의 간언을 받아들여 일단 멈췄다. 이때 요리토모는 히타치茨城縣의 사타케佐竹가 자신을 암살하려 한 계획을 간파하고 그를 토멸하고 간토 지방 대부분을 손에 넣었다.

후쿠하라에서 대세를 관망하던 기요모리는 충격에 휩싸이며 5개월 만에 다시 교토로 천도하는 등 갈피를 못 잡고 있었다. 그러다가 심한 열병을 앓으며 1181년 세상을 떠나고 말았다.

"요리토모의 목을 내 무덤에 가져다 다오."

그의 죽음은 다이라 가문의 운명에 먹구름을 드리우게 했다. 그의 뒤를 이은 무네모리宗盛는 소심하고 보잘것없었다. 그는 아버지 기요모리 때부터 끈질기게 대립하던 고시라카와 법황에게 항복하며 모든 것을 원정의 지시대로 하겠다고 자청했다.

이보다 조금 앞선 1180년 9월, 요리토모보다 조금 늦게 시나노信濃

의 기소다니木會谷에서 미나모토노 요시나카原義仲가 군사를 일으켰다. 그는 요시토모의 동생 요시카타義賢의 아들로 요리토모와 사촌 간이었다. 그가 두 살 때 아버지가 요시토모의 장남 요시히로에게 피살되어 나카하라노 카네토오中原兼遠의 손에서 자랐다. 그는 먼저 그의 아버지가 소유했던 영지를 탈환하고자 시나노에서 고즈케로 공략했다. 그러나 요리토모 세력과 충돌을 피하려고 호쿠리쿠도(北陸道, 현세 중부 지방)로 방향을 바꾸었다.

이렇게 해서 당시 일본은 도고쿠의 요리토모, 호쿠리쿠의 요시나카, 교토의 다이라 등 3대 세력이 대립하는 형세가 되었다.

1183년, 잔설이 채 녹기도 전에 다이라 세력의 고레모리는 10만 대군을 거느리고 가가加賀와 엣츄越中의 도나미산에서 요시나카군과 대치했다. 요시나카는 조용히 밤을 기다리며 다이라군을 구리카라 고개로 유인했다. 그러고는 뿔에 횃불을 매단 황소 떼를 다이라 군진으로 몰아넣었다. 요시나카는 당황해 갈피를 못 잡는 다이라군을 사정없이 깊은 골짜기로 밀어 넣었다.

요시나카군이 교토에 들어와 미나모토 가문의 흰색 깃발을 시내 곳곳에서 나부끼자 다이라 세력은 안토쿠 천황과 고스라카와 법황을 모시고 서쪽으로 도망치기에 바빴다. 그러나 법황은 요시나카와 손을 잡기 위해 다이라 세력의 진중에서 빠져나와 다카쿠라 천황의 넷째 황자인 다카나리尊成 친왕을 고토바 천황으로 즉위시켰다. 이로써 다이라 세력에는 안토쿠 천황, 교토의 요시나카 세력에는 고토바 천황이 있어 두 천황이 한 시대에 존재하게 되었다.

기소산 골짜기에서 무예밖에 모르고 자란 요시나카는 귀족 사회에서 촌놈이라고 괄시를 받았다. 또 모치히토 왕의 황자를 천황으로 추대했다가 고시라카와 법황에게 거부당했다. 이런 여러 가지 문제로 요시나카와 법황, 귀족 간에는 보이지 않는 알력이 형성되어 있었다.

한편 요리토모는 요시나카가 아직 호쿠리쿠에 있을 무렵인 1181년 역적 누명을 벗기 위해 고시라카와 법황에게 다음과 같이 청원했다.

"도고쿠는 미나모토 가문이 다스리고, 시코쿠西國, 서쪽 지방은 다이라 가문이 다스리는 것을 인정해 주옵소서."

요리토모의 청원은 조정이 요시나카를 거추장스러운 존재로 인정하면서 실현되었다. 조정에서는 요리토모의 누명을 풀어 주고, 도고쿠의 공령公領 장원을 원래대로 귀족이나 사원의 소유로 인정했으며, 연공을 바치고 이를 관리하는 무사들은 모두 요리토모에게 복종할 것 등을 결정했다. 이로써 요리토모는 도고쿠를 감독할 수 있는 권한을 정식으로 인정받고 평판이 날로 높아졌다.

요리토모의 평판이 좋아지자 요시나카는 불안한 마음이 커졌다. 요리토모는 미나모토노 노리요리源範賴와 요시츠네義經에게 요시나카를 토벌토록 명했다. 바야흐로 미나모토 가문 내의 일대 결전이 벌어지게 되었다. 양군은 우지강에서 결전을 벌였으나 요시나카가 수세에 몰리기 시작했다. 요시나카는 법황을 데리고 호쿠리쿠로 도망치려 했으나 오미의 아와즈粟津에서 비극적인 최후를 맞고 말았다.

미나모토 가문의 요시나카와 요리토모가 싸우는 틈을 타 다이라 세력은 교토 입성을 꾀했다. 그러자 요시나카를 토멸한 노리요리와 요시츠네는 서쪽으로 진출하려는 다이라 세력을 공격하고자 군사를 움직였다. 이들은 두 길로 나누어 먼저 이치노타니一ノ谷를 공격했다. 요시츠네는 배후를 기습하고자 깎아지른 듯한 히요도리고에 절벽을 쏜살같이 내려가 불을 질렀다.

미나모토 가문과 다이라 가문 사이의 승패를 결정지은 단노우라 전투

　이치노타니 전투에서 패한 다이라 세력은 야시마섬으로 도망쳤다. 야시마섬 공격에 나선 노리요리는 세토나이카이를 제압하려 했으나 다이라 가문을 옹호하는 세력들이 남아 있어 고전했다. 또한 키나이나 시코쿠 무사들 중에는 미나모토 가문과 다이라 가문의 다툼보다는 이를 이용해 자신의 세력을 확장하려는 자들이 대부분이었다.

　노리요리가 고전하고 있음을 간파한 요리토모는 요시츠네에게 야시마 공격을 명했다. 요시츠네는 폭풍을 이겨 내며 아와阿波의 가쓰우라勝浦에 도달한 후 사누키로 들어가 야시마를 순식간에 점령했다.

　다이라 세력은 다시 서쪽으로 도망쳐 최후의 거점인 히코시마로 들어갔다. 이곳은 규슈와 혼슈本州를 연결하는 요충지였다. 규슈에는 노리요리가 버티고 있었기 때문에 더 이상 도망칠 곳이 없었다. 다이라군은 간몬해협關門海峽의 동쪽 단노우라壇浦에서 미나모토군을 맞아 최후의 결전을 벌였다. 요시츠네 휘하의 군선 700척이 다이라군의 500척과 대치했다. 해전에서는 조류 방향에 따라 승부가 결정되는 일이 적지 않았다. 다이라군의 총수 토모모리知盛도, 미나모토군의 요시츠네도 이에 신경을 곤두세우고 있었다. 싸움이 시작되자 처음에는 조수가 서쪽에서 동쪽으로 흘러 다이라군에 유리했으나 잠시 후 방향이 바뀌었다. 이를 이용해 요시츠네가 총공격을 감행하자 다이라군은 힘없이 무너지기 시작했다.

"고통스러운 이승을 하직하고 극락으로 갑니다. 이 깊은 바닷속에도 궁전이 있다 하옵니다."

기요모리의 아내 니이노아마二位尼는 겨우 8세밖에 안 된 안토쿠 천황을 품에 안고 울부짖으며 바다로 뛰어들었다. 기요모리의 딸로 황후가 되어 천하의 부귀영화를 한 몸에 안았던 도쿠코도 그 뒤를 따라 투신했다. 이 전쟁에서 천황의 상징인 삼종의 신기神器도 모두 바다에 잠겼다. 그 후 거울과 목걸이는 건져 냈으나 검劍은 끝내 발견되지 않았다.

다이라 가문의 영화는 20년 만에 막을 내렸다. 그러나 일본 사회는 귀족 문화가 지방으로 파급되면서 일찍이 없었던 성장을 보였다. 이 시기 각 지방에는 중앙과 비교해도 손색없을 정도의 대규모 사원과 불상이 등장했다. 이러한 기저에는 새로운 문화를 수용할 수 있는 지방 세력이 존재했음을 의미한다. 따라서 다이라 세력이 지방 세력을 자신의 기반으로 흡수하지 못했다는 점을 패인으로 지적할 수 있다.

바쿠후 정치의 시작

단노우라에서 다이라 가문을 멸망시킨 요시츠네가 교토로 돌아왔다. 그러나 가마쿠라에 있는 요리토모는 냉담했다. 그는 요시츠네와 친형제 간이면서도 그를 부하처럼 대했다. 가마쿠라의 요리토모는 명령을 거스르는 자를 가차 없이 처단하기 시작했다.

요리토모의 힘이 강해지자 고시라카와 법황은 힘 있는 무장들을 자기편으로 끌어들여 견제했다. 일찍이 법황과 요리토모 사이에는 법황이 작위를 수여할 때 사전 양해를 얻어야 한다는 묵계가 있었다. 그러나 법황은 묵계를 깨고 요시츠네를 검비위사에 임명함으로써 요리토모와 요시츠네의 반목을 더욱 조장했다.

요시츠네는 단노우라에서 포로로 잡은 무네모리와 기요무네 등을 가마쿠라로 압송하고자 교토를 출발했다. 그가 사가미의 사카와에 도착하자 요리토모는 호조 도키마사北條時政에게 무네모리 등을 인수토록 하고 가마쿠라에는 못 들어오게 했다. 그러자 요시츠네는 요리토모의 오해가 풀리도록 간곡한 서신을 보냈다. 이 편지를 코시고에죠우腰越狀라 하는데, 그의 간곡한 심정과 충정이 가득 차 있다. 요리토모는 이를 받아들이지 않았을 뿐만 아니라 그에게 포상으로 주었던 장원 20여 개도 몰수해 버렸다.

둘 사이에 불화가 커지자 미나모토노 유키이에가 요시츠네와 한편이 되어 요리토모를 견제했다. 이때 은밀히 요리토모의 명을 받은 도사노보土佐房昌俊가 기습하자 요시츠네가 이를 격파했다.

이러한 갈등이 드러나자 고시라카와 법황은 요시츠네와 유키이에에게 요리토모를 토멸하라는 선지를 내렸다.

이제 요리토모도 우물쭈물할 시간이 없었다. 그는 대군을 거느리고 쓰루가의 기세강에서 교토의 상황을 관망하고 있었다.

요시츠네는 밤낮을 가리지 않고 군대를 모집했으나 생각만큼 쉽지 않았다. 당황한 요시츠네는 정면충돌을 피해야겠다고 생각하고, 자신은 규슈의 지토地頭로, 유키이에를 시코쿠의 지토로 임명해 달라고 조정에 청원했다. 그러나 조정은 이를 거절했다. 할 수 없이 요시츠네는 군사 300기를 거느리고 야마토국大和國 요시노 산중으로 들어가 버렸다.

요시츠네가 교토를 떠난 지 이틀 후에 요리토모군이 교토로 진군해 고시라카와 원청을 무력으로 제압하기 시작했다. 그러자 고시라카와 법황은 요시츠네의 관직을 삭탈하고 요리토모에게 사신을 보내어 그와 손잡았다. 그러고는 요시츠네, 유키이에를 토멸하라는 선지를 전국에 내렸다. 고시라카와 법황과 조정은 일전의 요리토모를 토벌하라고 내린 선지에 대한 보복이 이루어질 것을 걱정하며 겁먹고 있었다.

이러한 가운데 요리토모는 전국에 요시츠네와 유키이에의 체포령을 내리고, 슈고

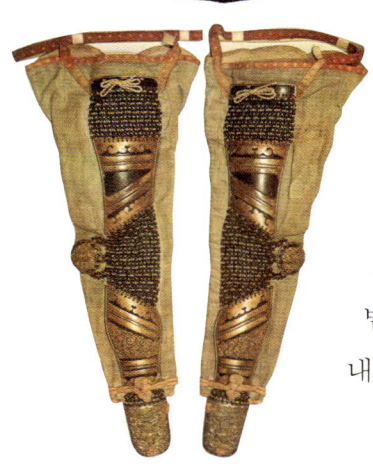

미나모토노 요시츠네가 사용했다고 전해지는 갑옷과 정강이받이

守護와 지토를 두어 전답 1단보당 5승升의 군량미를 징수할 것을 조정에 지시했다. 슈고는 바쿠후의 지방 장관, 군사령관, 경찰직을 통합한 직책으로 요시츠네, 유키이에 체포령을 계기로 전국에 확대되었다. 요리토모는 이 자리에 자신의 심복들을 임명함으로써 지배 체제를 공고히 했다. 또 지토는 지역 치안을 유지하는 경찰권과 공령이나 세금을 징수하는 권한이 있었다. 이 또한 요리토모의 사조직이 되었다. 이처럼 요리토모는 요시츠네와 유키이에를 색출한다는 구실로 자신의 세력을 전국으로 확대했다.

히라이즈미의 후지와라노 히데히라藤原秀衡는 요리토모의 세력이 미치지 않는 도호쿠 지방에서 세력을 확장하고 있는 의협심 강한 호족이었다. 그가 요시츠네를 은닉하고 있다는 사실은 요리토모에게 도호쿠 지방을 공격할 구실을 주기에 충분했다. 요리토모는 무력행사보다는 정치력으로 굴복시키기 위해 원청을 통해 요시츠네를 색출할 것을 명했다. 하지만 히데히라는 이를 무시하고 은밀히 전쟁 준비를 하고 있었다. 이때가 1187년 무렵이었다. 거듭된 원청의 명령에도 히데히라는 꿈쩍도 하지 않았다. 그러다 그해 가을, 히데히라가 세상을 떠나고 그의 아들 야스히라泰衡가 뒤를 이었다.

인내심이 바닥난 요리토모는 천황에게 야스히라 토벌 명령을 내려줄 것을 청원했다. 궁지에 몰린 야스히라는 백방으로 사람을 보내어 요시츠네의 거처를 알아내는 데 성공했다. 그가 요시츠네를 급습하자 쫓기던 요시츠네는 지불당北海道에서 자결해 30세로 생을 마쳤다.

1189년 7월, 요리토모는 요시츠네가 죽었다는 보고를 받고서도 야스히라를 멸망시켜 무쓰, 데와 등 양국을 손에 넣었다. 9월 8일, 야스히라 토멸과 함께 전쟁이 종식되었음을 조정에 보고하고, 14일에는 지방 행정에 착수함으로써 요리토모의 가마쿠라 바쿠후가 전국을 지배하게 되었다.

일찍이 다이라 가문이 멸망한 후 고시라카와 법황은 요리토모를 교토로 초청했으나 응하지 않았다. 1189년 오슈 정벌을 끝으로 국내가 안정되자 다음 해인 1190년 10월, 요리토모는 처음으로 대군을 거느리고 교토로 올라가 법황과 천황을 알현하고 정이위正二位에 올랐다. 또한 권대납언權大納言과 우근위대장右近衛代將에 임명되었으나 무사 정권의 수령으로 어울리는 정이대장군만을 고집했다.

요리토모의 소망은 고시라카와 법황이 타계한 후 구조 가네자네九條兼實가 조정의 실권을 장악하며 실현되었다. 정이대장군이란 명칭은 헤이안 시대 당시 에조를 정벌하기 위해 내린 수장의 명칭이었으나 요리토모가 이 자리에 오르며 바쿠후 수장의 직명이 되었다. 이때부터 정이대장군을 줄여 쇼군將軍이라 부르기 시작했다. 이로써 요리토모는 명실공히 바쿠후 수장으로서 무사 정치를 시작하게 되었다. 바쿠후라는 말은 원래 대장이나 쇼군의 진영을 뜻하는 말이었으나 요리토모 이후 무사 정치를 집행하는 정청政廳을 가리키는 말로 변했다.

1184년 10월, 요리토모는 바쿠후 정치를 시작하면서 사무 능력이 뛰어난 오에노 히로모토大江廣元, 미요시노 야스노부三善康信 등을 교토에서 가마쿠라로 초치하고 오에를 별당(別堂, 후에 정소政所로 개칭함), 미요시를 집사(執事, 長官)로 임명해 재판 사무를 관장하는 문주소問注所를 설치하게 했다. 여기에 예전부터 있었던 시소(侍所, 무사를 관장함)를 합쳐 바쿠후의 3대 정치 조직을 형성했다.

요리토모는 가마쿠라의 많은 무사와 주종 관계를 이루었으나 교토의 천황이나 상황을 받드는 귀족 세력 또한 만만치 않았다. 그러다 보

니 요리토모의 바쿠후는 무사가 국가를 지배하는 문턱에 서 있는 정도
밖에 되지 않았다. 완전한 무사 시대가 되기까지는 앞으로 200년이나
더 기다려야 했다. 그러나 무사 정부인 바쿠후가 설치되었다는 사실만
으로도 획기적인 사건이었다.

조큐의 난과 호조 가문의 집권

요리토모는 바쿠후를 설치한 후 가네자네를 끌어들여 정치 조직을
공고히 했다. 이에 조정에서는 쓰치미카도 미치치카 土御門通親를 내세
워 바쿠후 세력을 견제했다.

1199년 정월, 요리토모가 낙마해 갑자기 죽자 그의 뒤를 이어 장남 요
리이에 賴家가 18세의 어린 나이로 쇼군이 되었다. 그러자 지금까지 요리
토모의 힘에 눌려 있던 부하들은 쇼군에게 주어졌던 독재권을 13명의
장수가 합의하는 체제로 전환했다.

1203년, 호조 도키마사 北條時政에 의해 카지와라 카게토키 梶原景時, 히
키 요시카즈 比企能員 등이 잇따라 실각하자 요리이에는 와다 요시모리
和田義盛, 닛타 타다쓰네 仁田忠常 등에게 도키마사 토멸령을 내렸다. 그러
나 와다가 배신해 도리어 요리이에가 이즈의 슈젠지 修禪寺에 유폐되고,
요리이에의 동생 사네토모 實朝가 제3대 쇼군으로 추대되었다. 도키마
사는 어린 쇼군을 조종하며 바쿠후의 실권자가 되었다. 그러다 사네토
모를 축출하고 자신의 후처 사위인 히라가 토모마사 平賀朝雅를 쇼군으
로 추대하려다 실패하고 말았다.

도키마사의 아들 요시토키義時는 아버지의 실패를 가슴에 새기며 사네토모를 극진히 받들었다. 그러면서 호조 가문에 대항하는 자를 하나하나 제압하며 정소와 시소의 장관인 별당別當 자리까지 겸했다. 이제 요시토키가 쇼군의 보좌인 싯켄執權이 되어 실권을 쥐게 되었다.

사네토모는 이름뿐인 쇼군이었으며 '가수 쇼군'이라는 별명이 붙을 정도로 노래를 좋아했다. 1219년 정월, 쓰루오카鶴岡의 하치만궁에서 사네토모의 우대신 취임식이 거행되던 밤 사네토모는 그의 조카인 요리이에의 아들 구교公曉에게 피살되었다. 이렇게 해서 요리토모로부터 이어진 미나모토 혈통은 3대에 이르러 끊기고 말았다.

고토바 상황은 미나모토 가문의 혈통이 끊겼다는 소식을 듣고 크게 기뻐했다. 그는 바쿠후를 타도하려고 북면 무사와 서면 무사까지 동원하고 구마노의 승병도 포섭했다. 이즈음 바쿠후에서는 두 살밖에 되지 않은 좌대신 구조 미치이에九條道家의 아들 미토라三寅를 제4대 쇼군으로 영입하며 요리토모의 아내인 마사코를 후견인으로 삼았다. 그녀는 요리토모가 죽은 후 비구니가 되었으나 그를 추종하는 세력 때문에 여승 쇼군尼將軍으로 불렸다.

바쿠후의 섭정으로 강력한 권력을 휘둘렀던 호조 마사코

1221년 상황은 북면 무사 후지와라 히데야스藤原秀康를 중심으로 무장들을 모으기 시작했다. 그해 5월 14일, 도바이궁鳥羽

離宮의 죠난지(城南寺)에는 무려 1,700기의 병력이 집결했다. 구름같이 몰려든 병력을 보자 고토바 상황은 흥분된 목소리로 도시토키 토벌을 명했다.

바쿠후는 최대 위기에 직면하게 되었다. 조정의 권위는 바쿠후의 무사들을 주저하게 만들었다. 심지어 무사들이 요시트키를 배반할지도 모른다는 위기감마저 돌았다. 이 같은 불안과 위기 속에서 바쿠후를 구해 낸 것은 마사코였다. 마사코는 무사들을 향해 단호하게 소리쳤다.

"잘 들으시오. 무사들은 3년 동안 겪는 대번역(大番役, 각 지방의 무사들이 궁중 경비를 담당하던 일)을 일생 최대의 고통으로 여겼었소. 대번역으로 인한 심신의 피로는 말로 표현할 수 없을 정도였음은 여러분이 가장 잘 알 것이오. 그것을 요리토모 공께서 6개월로 단축해 무사들을 배려하셨소. 그의 은혜를 벌써 잊었단 말이오? 지금 당장 조정에 가담할지, 바쿠후를 위해 싸울지, 이 자리에서 결정하시오."

무사들은 바쿠후가 성립되기 전의 자신들의 비참했던 생활을 회상했다. 이제 자신들의 생활을 지키기 위해서라도 단결해야 한다는 것을 깨달았다.

바쿠후 수뇌부는 즉시 총동원령을 내려 교토로 진격했다. 요시토키는 수장으로 임명된 야스토키에게 '상황이 직접 나섰다면 항복하지만 군대만 있다면 끝까지 싸워야 한다'고 주문했다.

한편 상황 쪽에서는 바쿠후가 조정의 권위 앞에 굴복할 것이라 생각하며 좋은 소식이 오기만을 기다리고 있었다. 그러나 요시토키가 대군을 거느리고 교토로 진격해 오고 있다는 사자의 보고는 조정을 당황하게 했다. 더욱 놀라운 것은 그의 서신이었다.

'상황께서 싸움을 좋아하는 듯하므로 나는 동생 도키후사와 아들 야스토키 이하 19만 기를 동원했소. 그래도 부족할 것 같으면 발이 빠른 사자를 다시 보내 주기 바라오. 그리하면 내 자신이 20만 기를 거느리고 상경할 것이오.'

서신을 받아 본 상황과 무사들의 얼굴은 새파랗게 변했다. 서둘러 주력 부대를 기소강 나루터에 배치해 전투태세를 갖추었다. 한편으로는 가까이에 있는 승병과 무사들을 동원하려 했지만 고후쿠지와 도다이지는 요리토모에 의해 재건된 절이었으므로 중립을 지키려 했고, 엔랴쿠지에서는 승병을 억압한 일이 있었기 때문에 동원이 불가능했다. 인접한 나라의 무사들 가운데에도 동원령에 응하는 자가 많지 않았다.

6월 5일, 상황군이 제대로 싸우지 못한 채 패퇴하자 상황의 태도가 돌변했다. 조정의 주장 격인 후지와라 히데야스, 미우라 다네요시 등이 상황의 궁궐로 피신하려 하자 이들을 외면한 것이다.

"이번 전쟁은 히데야스, 다네요시 등이 제멋대로 일으킨 것이며 나는 전혀 모르는 일이다. 지난번에 내렸던 요시토키 토벌에 대한 선지를 취소하고, 히데야스와 다네요시 토벌을 명하노라."

버림받은 상황군의 무장들은 결국 전사하거나 자결하고 무사들은 뿔뿔이 흩어져 버렸다. 이 난은 겨우 1개월 만에 어처구니없이 막을 내렸는데 이를 조큐承久의 난이라 부른다.

조큐의 난이 끝난 후 바쿠후는 주동자들에게 가혹한 처벌을 내렸다. 고토바 상황도 동해에 외로이 떠 있는 작은 섬 오키隱岐에 유배되었다. 그는 그곳에서 19년 동안 유배 생활을 하다가 1239년 세상을 떠났다. 상황의 황자 준토쿠順德 천황도 사도佐渡에 유배되었고, 이 사건과 관련이 없었던 쓰치미카도 상황도 도사土佐로 유배되었다.

조큐의 난이 있기 전 준토쿠 천황의 뒤를 이었던 주쿄仲恭 천황이 재

무예를 닦고 노래를 짓는 일로 여생을 보낸 고토바 상황

위 70일 만에 퇴위하고, 이제 겨우 10세인 고호리카와後堀河 천황이 즉위했다. 그리고 그의 친아버지 모리사다守貞 친왕은 상황도 아니면서 정무를 담당했는데 이를 고다카쿠라인後高倉院이라 한다.

요시토키는 조정의 대폭적인 세대교체를 단행하고도 마음이 놓이지 않았는지 바쿠후의 교토 출장소 격인 교토슈고京都守護를 대폭 강화하고 이를 로쿠하라六波羅 단다이探題라 불렀다. 이는 바쿠후의 총대장 야스토키와 도키후사가 로쿠하라의 저택에서 난에 대한 사후 처리를 논의했기 때문에 이렇게 불렀다.

로쿠하라 단다이는 바쿠후를 배반했던 귀족과 무사의 영지 3천여 개소를 몰수해 조큐의 난에 공을 세운 무사들에게 나누어 주고 그곳의 지토로 파견했다. 이 지토들을 신보지토神補地頭라 하고, 조큐의 난 이전의 지토들을 본보지토本補地頭라 한다. 새로운 지토들은 모두 도고쿠 무사 출신에게 맡겨져 바쿠후 세력이 시코쿠까지 미치게 되었다.

그러나 이들 가운데 바쿠후의 힘을 믿고 영주나 농민에게 난폭한 행동을 하는 자들이 차츰 증가했다. '우는 아이와 지토한테는 당할 장사가 없다'라는 말이 나올 정도로 이들의 행패는 무시무시했다. 결국 조큐의 난을 계기로 조정의 힘은 약화되고 무사가 세상을 움직이는 시대가 도래하게 되었다.

조큐의 난이 끝나고 3년 뒤, 바쿠후 실권자 요시토키가 1224년 6월에 급사했다. 그러자 후계자 문제를 놓고 음모가 일었다. 이에 놀란 로쿠하라 단다이 야스토키와 도키후사는 급히 가마쿠라로 내려왔다. 마사코는 서둘러 음모를 분쇄하고 야스토키와 도키후사를 싯켄으로 명했다. 이들 가운데 한 명을 후에 렌쇼連署라 불렀는데 이는 바쿠후 공문서에 싯켄과 함께 서명한다는 뜻에서 유래했다.

그로부터 1년 후에 가마쿠라 바쿠후의 동량 격인 마사코가 죽자 야스토키는 정치적 부담을 덜기 위해 합의 기구인 평정중評定衆을 설치했다. 평정중은 정소, 문주소 관리와 유력한 무사들 그리고 야스토키, 도키후사 등 13명으로 구성되었다. 이 제도는 무로마치 바쿠후室町幕府 시대까지 이어졌다.

1232년 8월, 야스토키는 무사의 도리를 기본으로 한 51개조의 법률을 제정했다. 고세이바이시키모쿠御成敗式目 또는 당시의 연호를 사용해 조에이시키모쿠貞永式目라 불리는 이 법률은 무로마치 바쿠후 시대에도 무사의 법전으로서 중시되었고, 전국 시대 다이묘大名 법률에도 영향을 끼쳤다.

1242년 6월, 야스토키가 세상을 떠나자 그의 손자 쓰네토키經時가 뒤를 잇다가 4년 뒤 쓰네토키의 동생 도키요리時賴가 자리를 이어받았다. 도키요리는 바쿠후 체제를 확립하고 정치 발전에 힘을 기울여 무사들에게도 신망이 높았다.

가마쿠라 바쿠후 시대의 생활과 문화

가마쿠라 바쿠후 시대에 귀족 문화의 중심지로 번영을 누린 곳은 교토와 가마쿠라였다. 12세기 무렵 교토는 잇따른 천재지변과 수차례의 전란으로 완전히 폐허로 변한 채 도고쿠 무사들에게 넘어갔다. 새로 주인이 된 무사들은 황폐한 교토를 재건하기 시작했다. 우선 로쿠하라

헤이안 시대부터 메이지 2년까지 천황이 머물던 교토의 황궁

단다이를 설치하고 주변에 거주지를 형성했다. 그러자 주변으로 장인들과 수공업자들이 모여들었다. 수공업이 활발해지면서 이를 파는 상설상가가 형성되며 교토는 서서히 옛 모습을 되찾아 가마쿠라 바쿠후 시대 제일 도시로 재탄생했다.

한편 간토 지방에서는 바쿠후가 설치된 가마쿠라가 크게 번영했다. 1180년 10월, 가마쿠라로 들어온 요리토모는 해변 가까이 있던 하치만궁을 쓰루오카로 옮기고 오쿠라大倉에 저택을 건설하고 도시에 촌리村里 명칭을 붙이는 등 대대적인 도시 계획을 추진했다. 당시 가마쿠라는 소규모 도시였으나 조큐의 난을 계기로 급속도로 발전했다. 와가강

1191년 미나모토노 요리토모가 건립한 가마쿠라의 상징 쓰루가오카 하치만궁

和賀川에서 하치만궁에 이르는 거리에는 번화한 상업 지구가 형성되었고, 거리를 중심으로 새로운 도시들이 들어섰다. 특히 상업이 두드러지게 발달해 입주하는 상인의 수를 제한하지 않으면 안 될 정도였다. 또한 해상 교통이 활발해지자 길이 $200\,m$, 폭 $40\,m$의 방파제를 갖춘 항구가 건설됐다. 선착장 부근에는 연공미 저장고가 있었고, 관세 업무를 보는 관도 설치되었다.

이 시대에는 무예가 최고 덕목으로, 무사들은 무예를 숭상했다. 무사의 가장 중요한 임무는 자신의 영지를 지키는 일이었다. 이를 위해 항시 무예를 닦고 주위의 적과 싸울 준비를 해야 했다. 무사는 일족에 속했고, 일족의 수장인 총령總領은 전투시에는 일족의 총지휘관으로서 진두지휘를 해야 했다. 총령은 일족을 통솔하고 단결을 도모할 수 있는 자에게 계승되었다. 일족이란 원래 본가本家와 분가分家로 갈라진 혈연 집단을 가리켰으나 이때 이르면 일상생활을 함께 하는 집단으로 확대되었다. 총령의 명령에 복종하고 자신을 희생하는 것이 훌륭한 무사의 덕목이었다.

지방의 무사들은 마을을 한눈에 바라볼 수 있는 높은 곳에 저택을 짓고, 주변에 도랑과 흙으로 높은 담을 만들어 만일의 침입에 대비했다. 저택 안팎에는 문전문답門田門畓이라 불리는 논밭을 두어 행랑에서 거처하는 하인들에게 경작시키면서 부유한 생활을 영위했다. 이들이 오로지 무예에만 전념할 수 있었던 것은 경제적 안정 덕분이었다. 한마디로 영지는 무사들의 생활 터전이었다.

대부분의 무사는 독서를 하지 않았고 한자도 알지 못했다. 그러나 생활이 차츰 안정되자 학문에 눈을 돌리는 자가 많아졌으며 특히 호조 요시토키의 손자 사네토키는 어려서부터 학문을 좋아해 말년에는 무사시武藏의 가나자와金澤에 도서관을 건립했다.

하지만 백성들의 삶은 고달팠다. 모리 오가이森鷗外의 《산쇼다유山椒大夫》는 어린 두 형제가 팔려가 혹사당하는 이야기로, 이 시대 백성들의 삶을 잘 드러내고 있다. 당시 바쿠후는 인신매매를 엄중히 단속했으나 근절되지 않았다. 인신매매가 횡행한 이유는 농촌의 구조적인 모순 때문이었다. 장원의 농민 가운데 자신의 토지를 소유한 지주를 명주名主라 불렀다. 이들 중 명전名田을 많이 가진 자를 다이묘, 적게 가진 자를 소묘小名로 불렀다. 이들은 평상시에 농민, 전투시에는 무사였다. 명주들은 자신이 명전 일부를 경작하고 나머지는 소작을 주었다. 소작인은 백성 혹은 작인이라 불렀으며 명주에게 가지자加地子라는 소작료를 내야 했다. 지토나 명주, 부유한 백성들은 하인을 거느리고 살았다.

영지의 주인인 영주는 대부분 중앙에 거주하며 백성들에게 과중한 부담을 주었다. 쌀로 내는 연공은 전체 수확량의 30~50%를 내야 했고, 밭작물인 보리, 조, 콩 등에도 많은 세금이 부과되었다. 또한 특산물도 바쳐야 했을 뿐만 아니라 영주를 위해 말도 끌어야 하고 그들의 전답을 경작하는 일에도 동원되었다. 영주가 여행을 갈 때는 무거운 짐을 운반하기도 했다. 게다가 명주는 자신이 부담해야 할 일을 자신의 밑에 있는 백성이나 작인들에게 전가했다. 결국 농촌을 짓누르는 세금을 감당해야 하는 것은 신분이 제일 낮은 백성, 작인, 하인이었다. 이처럼 농민들의 생활은 초라할 수밖에 없었고 심한 경우 처자까지 팔아넘겨야 했다.

초라한 농민들의 삶에 위로가 된 것은 신흥 불교였다. 이 시기 문화적으로 큰 역할을 담당했던 불교는 많은 신흥 종파가 성립되어 옛 불교가 혁신을 이루는 등 유럽의 종교 개혁에 비견될 만한 중요한 의의를 갖는다.

정치 격변과 이에 따르는 전란과 천재지변 등은 당시 사람들에게 커다란 시련을 안겨 주었다. 이러한 위기감에서 탈피하는 것은 당시 불교의 커다란 과제인 동시에 대중의 최대 관심사였다. 여기에 해답을 던져준 것이 호넨法然의 정토종淨土宗이었다. 호넨은 귀족의 전유물처럼 되어 있던 불교를 서민에게 보급해 무사와 농민의 절대적인 지지를 받았다. 이 외에도 니치렌日蓮의 일련종日蓮宗, 에이사이榮西와 도겐道元의 선종禪宗, 지신智眞의 시종時宗 등이 유행했다.

가마쿠라 시대의 대표작 중 하나인 가마쿠라 대불

구불교에서는 가사기데라笠置寺의 죠케이貞慶, 도쇼다이지唐招提寺의 가쿠쇼覺盛, 사이다이지西大寺의 에이존叡尊, 고쿠라쿠지極樂寺의 료칸良觀 등이 율종律宗의 부흥에 힘을 기울였다.

가마쿠라 시대의 예술은 신불교의 융성과 구불교의 부흥으로 눈부시게 발전했다. 이 시대 예술의 중심은 사원 건축이었다. 특히 송나라로부터 전해진 새로운 건축 양식은 도다이지와 선종의 새 사원에 적용되었다. 불상 제작도 활발해 지금까지 유행한 부드러운 양식에서 강한 인상을 풍기는 불상이 제작되었다. 그러다가 가마쿠라 바쿠후 시대 후반에 이르자 불상을 중요하지 않게 여기는 새로운 종파의 출현으로 조

미나모토 가문과 다이라 가문의 싸움을 소재로 그린 〈헤이케 모노가타리〉

각 예술은 차츰 쇠퇴했다.

　이 시대 문화의 특징 중 하나는 귀족층에서만 불렸던 와카가 일반 무사나 백성에게 보급될 정도로 민중과 호흡하는 문화로 발전한 점이다. 와카를 대중화한 사람은 사이교西行였다. 그는 사토 노리키요佐藤義清라는 이름의 북면 무사로, 사람들에게 '용사'로 불릴 정도로 인기를 끌었다. 그에 관한 이야기는《헤이케 모노가타리平家物語》등과 같은 많은 군담 소설軍譚小說을 유행시켰다.

세계 제국 몽골의 침공

미나모토노 요리토모가 설치한 가마쿠라 바쿠후는 3대를 끝으로 호조 가문에게 권력을 넘겼다. 하지만 호조 세력의 두사 정치가 완전히 다져지기도 전에 최대 국난에 봉착하고 말았다. 바로 세계의 지배자 몽골이 침공한 것이었다. 몽골의 침공은 고려와 많은 연관이 있다. 그러나 고려의 관점과 일본의 관점이 다르기 때문에 고려 역사서에 나타난 기록과 일본 역사서에 나타난 기록에는 많은 차이가 있다. 여기서는 일본의 기록을 토대로 했다.

몽골의 테무친은 부족장의 아들로 태어났다. 그의 아버지는 그가 아주 어릴 때 다른 부족에게 독살당했다. 아버지의 죽음과 함께 세력이 약해진 테무친의 부족은 여기저기 떠돌며 힘들게 살았다. 세월이 흘러 테무친은 용맹스러운 장수로 성장했고, 그의 수하에는 용감한 장수들이 모여들기 시작했다. 그는 여러 부족을 제압하며 몽골을 통일하고 '무적의 대왕'이란 뜻의 칭기즈 칸이 되었다.

칭기즈 칸은 금金나라를 멸망시키고 이 지역을 흡수했다. 비록 그는 1227년에 죽었으나 그의 자손들이 아시아와 유럽 대부분을 석권하며 사한국四汗國을 세웠다. 그의 손자 쿠빌라이忽必烈는 1260년 수도를 대도(베이징)로 옮기고 나라 이름을 원元이라 칭했으며, 1279년에는 남송南宋마저 멸망시켰다. 수도 대도에는 터키인, 아랍인 등 색목인色目人이 즐비했고 동서 교류가 활발하게 이루어졌다. 문화만큼 도시도 크게 번영했다. 특히 지금의 난징이나 상하이 등은 인구 100만에 육박하는 대도시로 성장했다.

쿠빌라이는 중국을 통일한 기세를 몰아 동쪽 섬나라 일본도 복속시키려 했다. 1266년 쿠빌라이는 고려를 향도로 삼아 일본에 사신을 보냈으나 험악한 날씨로 실패하고 말았다. 그는 고려에 거듭 명해 일본에 사신을 보낼 것을 촉구했다. 고려는 쿠빌라이의 국서를 일본에 전달했다.

'일본이 아직까지 조공을 바치지 않는 이유가 무엇인지 도무지 알 수가 없다. 아마도 섬 안에 갇혀 원나라의 막강한 힘을 몰랐을 것이라 가엾게 생각한다. 서둘러 교역을 한다면 무력을 행사하지 않을 것이다.'

이 국서는 바쿠후를 통해 한 달이 지나 조정에 전해졌다. 조정에서는 여러 차례 회의했으나 국서를 보내지 않기로 결정했다. 당시 바쿠후는 63세의 호조 마사무라北條政村가 사임하고, 18세의 도키무네時宗가 집권하고 있었다. 도키무네는 독실한 선종禪宗 신자로 담대한 젊은이였다. 조정의 결정과 동시에 바쿠후는 몽골군의 예상 침투 지역인 세토나이카이 연안의 사누키香川縣를 엄중히 방비하는 한편 규슈 지방에 경계령을 내렸다.

18세의 나이로 쇼군의 지위에 올라 몽골의 침공이라는 국난에 맞닥뜨려야 했던 호조 도키무네

쿠빌라이는 그 후에도 몇 차례 사신을 보냈으나 아무런 회답이 없자 크게 노했다. 마침내 1270년 최후통첩 국서를 보내고, 1274년 10월 3일, 몽골과 고려 연합군 3만 3천여 명을 실은 900여 척의 군선이 일본으로 출진했다. 몽골군은 5일에 쓰시마, 14일에는 이키섬壹岐島을 점령했다. 쓰시마 도주 소 스케쿠니宗資国 일족은 모두 전사하고, 이키의 슈고다이 타이라노 카게타카平景隆는 패전해 자살했다. 이어 19일에는 규슈의 하카타만에 육박해 다음 날 상륙을 시작했다.

쇼니를 수장으로 한 규슈의 무사들은 분고豊後의 오토모 요리야스大友賴泰, 시게히데重秀, 히고肥後의 기쿠치 다케후사菊池武房, 다케자키 스에나가竹崎季長 등이 분전했으나 전술이나 무기가 막강했던 몽골군에게 속수무책으로 당하며 다자이후로 후퇴했다.

일대일 전투에 익숙했던 무사들은 비호처럼 달려드는 몽골군을 당해 낼 수 없었다. 게다가 바쿠후 무사들의 무기는 긴 창이나 독화살을 메긴 활이 고작이었으나 몽골군은 생전 구경조차 못 했던 철포鐵砲를 마구 쏘아댔다.

다행히 몽골군은 밤이 되면 일단 공격을 중지하고 그들의 군선으로 철수했다. 그러던 어느 날 밤, 갑자기 태풍이 휘몰아쳐 하카타만에는 산더미 같은 파도가 몰아쳤다. 날이 밝자 어제까지 하카타만을 가득 메웠던 몽골 군선은 한 척도 보이질 않고 부서진 나무 조각과 엄청난 시체들이 바다 위에 떠 있을 뿐이었다. 이때 익사한 몽골군이 1만 3,500명 정도라고 일본 역사는 기록하고 있다. 때마침 불어온 태풍으로 바쿠후는 위기를 모면할 수 있었다. 이것을 분에이文永의 전쟁이라고 한다.

이듬해인 1275년, 쿠빌라이는 다시 사신을 보냈다. 그러나 도키무

일본을 침략하는 몽골 군선

네는 가마쿠라에서 사신의 목을 베었다. 이어 1279년 다시 사자가 왔
으나 이때도 참수했다. 쿠빌라이는 사자들이 돌아오지 않자 더욱 노해
다시 일본 침공을 준비했다.

　한편 바쿠후에서는 몽골의 재침에 대비해 총동원령을 내려 경비를
강화하는 한편 하카타만 여러 곳에 석축을 새로 쌓아 대비했다. 그리
고 규슈뿐만 아니라 산요, 산인 등 서쪽 지방의 슈고를 호조 가문 일족
으로 교체해 경비를 강화했다. 이는 바쿠후 세력을 강화하는 포석인
동시에 호조 세력을 강화하는 수였다.

　쿠빌라이는 일본 정벌을 위해 정수일본행중서성政收日本行中書省이라
는 기구를 설치했다. 정복한 후 사용할 농기구와 곡식 종자까지 준비

할 정도로 일본 정복을 기정사실로 여겼다. 병력은 1차 때의 5배로 남송병 10만, 군선 3,500척을 강남군으로 편성하고 몽골, 한인, 고려병 4만과 군선 900척을 동로군으로 편성했다.

1281년 5월 3일. 고려의 합포를 출항한 동로군은 1차 침공 때와 마찬가지로 쓰시마와 이키섬을 함락시키고 하카타항으로 진격해 시가섬志賀島을 점령했다. 그러자 바쿠후는 해안에 방어선을 구축하고 완강히 대항했다. 밤이 되자 쿠사노 지로草野次郎 등이 작은 배를 타고 몽골 군선에 접근해 불을 지르며 게릴라전을 폈다. 좀처럼 진군하지 못한 동로군은 강남군과 합류하고자 히젠肥前의 다카시마鷹島로 철수했다.

3,500척에 10만 병력의 강남군은 이키섬에서 동로군과 합류할 예정이었으나 이를 변경해 히라토섬平戶島으로 향했다. 이로 인해 동로군과 강남군은 연락이 끊겨 7월 하순에야 다카시마에서 합류할 수 있었다.

몽골군은 전비를 점검하고 마침내 하카타를 총공격하기 시작했다. 그러나 이번에도 7월 1일 밤부터 기타큐슈 일대에 휘몰아친 태풍으로 대선단이 대부분 파괴되어 본국으로 돌아간 병사는 겨우 3만여 명에 불과했다. 이 전쟁을 고안弘安의 전쟁이라 한다.

바쿠후는 두 차례에 걸쳐 태풍 덕분에 가까스로 위기를 모면할 수 있었다. 사실 조정과 바쿠후는 쿠빌라이의 국서로 받고 두려움에 벌벌 떨었다. 가메야마龜山 상황은 이세 신궁에서 '내 목숨을 국난과 바꾸고 싶다'고 기원했으며, 도키무네도 혈서로 불경을 쓰며 무사하기만을 빌었다. 태풍으로 인해 두 차례나 승리하자 일본 전역은 가미카제(神風, '신의 바람'이라는 뜻)가 일어난 것이라며 신앙심을 한층 높였다. 이 태풍은 일본이 신의 나라라는 생각을 심어 주는 계기가 되었다. 기타바타케 지카후사北畠親房는 《신황정통기神皇正統記》 서두에서 '대일본은 신의 나

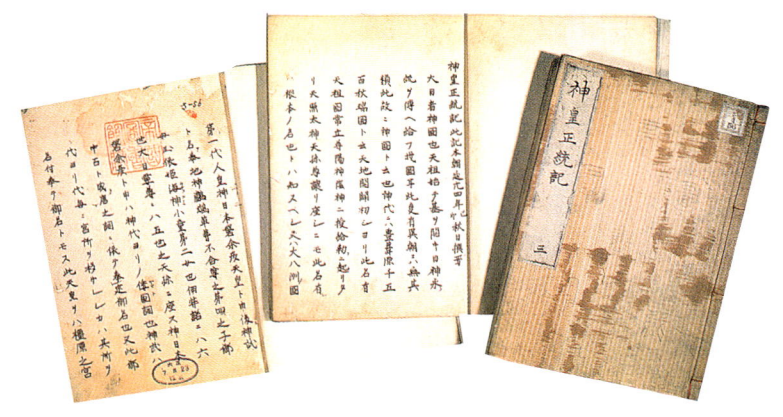

기타바타케 지카후사가 집필한《신황정통기》

라다'라고 기술했다.

고안의 전쟁 때 분 태풍은 입춘 후 210일을 전후해 항상 일본에 불어
온다. 가미카제도 아닐뿐더러 신불神佛의 가호도 아니었다. 몽골군이 패
한 이유는 계절 특성과 해전 경험 부족 때문이었다. 아울러 1차 침공 뒤
석축을 보수하고 대륙의 전술에 대비한 훈련을 철저히 했던 것도 한몫
했다. 바쿠후에서는 몽골군의 3차 공격에 대비해 하카타만의 수비를
더욱 견고히 했다.

한편 몽골에서는 두 차례의 실패에도 불구하고 정동행성을 부활시
켜 일본 침공을 계획했으나 남송 부흥 운동이 일어나는 등 국내 정세
가 불안해 여력이 없었다. 결국 쿠빌라이가 사망하자 일본 침공은 다
시 거론되지 않았다.

가마쿠라 바쿠후는 두 차례에 걸친 전쟁을 계기로 바쿠후의 힘이 미
치지 못했던 장원이나 공령公領 무사들에게도 세금을 징수하고 명령을

내릴 수 있게 되었다. 그리고 규슈 지방의 하카타에 진제이 담의소鎭西談義所를 설치하고 호조 세력의 일족을 배치해 전쟁어 출전한 무사들을 포상했다. 이 기관은 나중에 진제이 단다이로 이름을 바꾸고 군사권까지 장악하게 되었다. 이렇게 해서 바쿠후 세력이 귀족 정권을 밀어내고 전국을 지배하게 되었다.

4

남북조 시대

남북조 시대

가마쿠라 바쿠후는 몽골 침공 이후 토대가 흔들리기 시작했다. 긴키 지방을 중심으로 악당들이 장원을 유린했고 각 지방에서는 슈고 세력이 강력해져 바쿠후 지시에 순응하지 않았다. 그즈음 조정에서는 다이카쿠지계와 지묘인계가 대립해 격렬한 싸움을 벌였다. 다이카쿠지계는 일찍부터 천황의 친정 복귀를 주장하던 고다이고 천황 지지 세력으로 호조 세력을 토멸할 생각을 가지고 있었다. 이 계획은 두 번이나 실패로 돌아가 고다이고 천황은 가사기산으로 도망쳤다가 다시 오키로 유배되는 수난을 겪었다.

그사이 천황 지지 세력인 구스노키 마사시게가 가와치를 근거지로 전쟁을 벌이던 중 아시카가 다카우지와 닛타 요시사다가 가세해 호조 세력을 멸망시키고 가마쿠라 바쿠후를 타도했다. 이로써 고다이고 천황의 친정이 실시되었으나 무사들은 다시 아시카가 다카우지를 대장으로 추대하고 고다이고 천황에게 반기를 들었다. 고다이고 천황의 친정은 2년 만에 막을 내렸다.

그 후 남조와 북조가 각각 요시노와 교토에서 대립한 가운데 50년 동안 전쟁을 벌였다. 이 전쟁은 지방 무사들에게로 확대되어 각지의 슈고나 무사들은 각각 독립된 영주가 되었고, 슈고는 장원을 무력으로 점거해 다이묘가 되었다. 장원 붕괴로 자유를 얻게 된 농민들은 마을을 이루며 점점 강력한 힘을 갖게 되었다. 이 같은 추세는 무로마치 시대에 이르러 한층 더 확실해졌다. 이러한 시대의 움직임은 문화에도 영향을 끼쳐 히가시야마 문화가 형성되었다.

흔들리는 가마쿠라 바쿠후

무사 정권으로 성립한 가마쿠라 바쿠후는 처음에 미나모토 가문이 쇼군이 되었으나 3대에 그치고 말았다. 그다음 후지와라 가문과 황족이 쇼군이 되었지만 호조 가문이 실권을 장악했다. 처음에 호조 가문은 무사들의 지지를 받았으나 경제 문제로 불만을 갖는 자들이 나타났다. 특히 바쿠후의 수족이라고 할 수 있는 총령과 서자가 여기저기서 싸움을 벌였다.

아키국安藝國의 고바야카와小早川 가문도 총령과 서자 사이에 토지 문제로 싸움이 났다. 발단은 토지를 분배받아 분가한 차남의 손자가 반발하고 나선 데서 비롯되었다.

"본가本家 사람들이 총령의 권세를 믿고 내 영지에 간섭하는 일은 제발 삼갔으면 좋겠다."

항명이었다. 원래 총령은 우두머리로서 서자를 감독했고, 서자는 일족의 이익을 위해 고통을 감내했다. 그런데 서자가 이를 거부하고 나섰다는 것은 바쿠후의 지배력이 그만큼 약화되었다는 것을 의미했다.

바쿠후의 토대를 흔든 것은 이뿐만이 아니었다. 이때에 이르러 생활고에 시달리는 무사들이 점점 늘어나고 있었다.

요리토모는 가마쿠라 바쿠후를 처음 설치했을 무렵 부하들의 사치를 경계했다.

"무릇 무사란 검약하고, 좋은 말을 기르며, 훌륭한 부하들을 모으는 것을 으뜸으로 삼아야 한다. 화려한 옷차림이나 사치 따위는 절대 금물이다."

하지만 상업이 발달하며 생활 수준이 높아지자 무사들도 이에 걸맞는 생활비가 필요했다. 이들은 생활비를 충당하고자 농산물을 염가로 팔거나 고리대금에 손댔다. 게다가 중앙의 영주들은 연공미 대신 돈을 요구해 이들의 생활은 더욱 곤란해졌다. 이 같은 경제적 궁핍은 몽골과 전투를 치르며 많은 전비戰費가 지출되는 바람에 한층 더해졌다.

이 시기 슈고가 새로운 실력자로 부상했다. 몽골과 전쟁할 때 이전까지는 바쿠후의 명령 없이는 전장에 나갈 수 없었던 자들도 조정의 허락을 받아 싸움터에 나갈 수 있게 되었다. 이들은 슈고의 지휘를 받았고 새로운 주종 관계가 맺어지며 슈고의 세력이 차츰 커진 것이다.

이 와중에 호조 세력은 몽골에 승리한 후 차츰 독재 경향이 짙어졌다. 평정중은 물론 재판과 명령 모두를 호조 가문의 측근들이 장악했다.

이 무렵 교토 조정에서도 고사가後嵯峨 상황이 후계자를 결정하지 않고 죽는 바람에 내분이 일어났다. 고사가 상황은 조큐의 난 이후 바쿠후에 의해 세워졌기 때문에 후계자 결정은 당연히 바쿠후에서 결정할 일이라고 생각했던 것이다. 고사가 상황은 생전에 차남인 고후카쿠사後深草를 천황으로 세웠으나 이후 강제로 물러나게 하고, 자신이 총애한 제7황자인 쓰네히토 친왕을 가메야마龜山 천황으로 즉위시켰다. 고사가 상황이 죽자 고후카쿠사는 상황으로서 원정을 실시하려 했고, 가메야마 천황은 자신이 정치하려고 해 싸움이 벌어졌다. 이 싸움에는 황실령皇室領이라 불리는 막대한 장원 상속권도 포함되어 있었기 때문에 귀족이나 승려도 패가 갈렸다.

바쿠후가 가메야마 천황을 승계자로 인정하자 고후카쿠사 상황은 출가할 뜻을 비쳤다. 당황한 바쿠후에서는 양통雨統에서 상호 천황을 세우는 수습책을 내놓았다. 이렇게 해서 천황가는 지묘인持明院계인 고후카쿠사 상황과 다이카쿠지大覺寺계인 가메야마 천황으로 분립되었다.

1318년 다이카쿠지계의 다카하루尊治 친왕은 하나조노花園 천황에게 양위 받아 고다이고後醍醐 천황이 되었지만 그의 위에는 고우다後宇多 법황이 건재했다. 그는 필요 이상의 관소를 폐지하고, 상업을 장려했으며, 휼민 정책에 힘을 기울이는 등 이상 정치를 실시하려 노력했다. 이런 의욕이 강해질수록 이상은 더욱 높아져 천황이 직접 천하를 다스렸던 옛날을 동경하게 되었다. 그러자 이에 동조한 측근들이 바쿠후를 타도하기 위한 계략을 짜내기 시작했다.

고우다 법황은 죽기 전 황태자 쿠니나가邦良 친왕을 불러 유언했다. 쿠니나가 친왕은 고다이고 천황과 같은 다이카쿠지 계통이었으나 고다이고 천황의 형 고니조後二條 천황의 아들이었다. 그는 법황을 고니조 계통으로 계승시킬 생각이었다. 사태가 급박하게 돌아가자 고다이고 천황은 북야제北野祭를 거삿날로 정했으나 사전에 누설되고 말았다.

1323년 9월 19일 이른 아침, 엄청난 병력이 셋쓰국攝津國에서 일어난 반란을 평정하고자 로쿠하라에 집결했

고다이고 천황

다. 하지만 이들의 실제 목표는 바쿠후 타도 계획에 참여한 도키와 다지미多治見 등을 습격하는 것이었다. 이 일로 도키와 다지미 일당이 모두 죽자 고다이고 천황은 가마쿠라에 칙사를 파견해 자신은 이 사건과 무관하다는 사실을 개진했다. 쇼추正中의 변이라 불리는 이 사건 이후 바쿠후의 조정에 대한 경계는 한층 강화되었다.

쇼추의 변 이후 지묘인계는 즉시 고다이고 천황을 퇴위시키고 고니조 천황의 아들 쿠니나가 친왕을 천황으로 옹립하고 지묘인계인 가즈히토量仁 친왕을 황태자로 세울 것을 바쿠후에 제의했다. 그러나 쿠니나가 친왕이 갑자기 죽으면서 흐지부지되고 말았다. 고다이고 천황은 자신의 황자를 후계자로 세우려 했으나 바쿠후에서는 가즈히토 친왕을 확정해 고다이고 천황의 바쿠후 타도 의지는 한층 더 높아졌다.

고다이고 천황의 황자 중에 모리요시護良는 에이산에 들어가 1327년 12월 약관의 나이에 천태종 주지가 되었다. 그는 다이토노미야大塔宮라고도 불린다. 그가 산에 들어간 목적은 수행보다는 불교 세력을 고다이고 천황 쪽으로 끌어들이기 위함이었다.

1331년 바쿠후 타도 계획이 누설되자 고다이고 천황은 바쿠후와 일전을 벌이려 했으나 로쿠하라에 있던 바쿠후 군대가 궁궐을 포위해 가까스로 도망쳐 가사기산笠置山의 가사기지笠置寺로 들어갔다. 가사기지에는 승병도 많았고 조큐의 난 때 박해받은 자의 자손이나 다이카쿠지계에 반감이 있는 무사들이 바쿠후 타도 계획에 호응하며 그곳에 모여들었다. 이때 훗날 고다이고 천황에게 귀인이 되는 구스노키 마사시게楠木正成가 귀의했다. 그는 가마쿠라 바쿠후 초창기부터 세습 영지를 지키며 지위를 누린 종래의 무사들과는 유형이 달랐다.

1331년 9월, 가마쿠라 바쿠후가 대군을 동원해 가사기산을 공격하

바쿠후 타도 계획이 누설되자 가사기산으로 도망치는 고다이고 천황

자 고다이고 천황은 아카사카성赤坂城으로 도망치던 중 체포되어 로쿠하라로 보내졌다. 그사이 마사시게는 가와치河內의 아카사카성에 웅거하고 있었다. 이 성은 위아래 두 성으로 이루어져 있었다.

1332년 2월 22일, 수만 명에 달하는 병사들이 아카사카 본성을 공략해 왔다. 마사시게는 지근거리까지 다가오기를 기다렸다가 일제히 화살을 쏘거나 큰 돌을 굴려 이들을 산산조각 냈다. 28일에는 1,800여 명을 섬멸했다. 마사시게의 병력은 소수에 불과했지만 그의 신묘한 작전으로 항전은 계속되었다. 이제 바쿠후군은 성을 포위하고 군량이 떨어지기를 기다리는 장기전으로 나왔다. 마사시게는 충분한 군량을 비축할 겨를이 없었다. 그럼에도 한 달 가까이 버틸 수 있었던 것은 그의 지략 덕분이었다. 그는 결단을 내렸다.

"어떻게든 이 성을 빠져나가 적을 멸망시킬 계획을 세워야 한다. 그러기 위해서는 우리가 죽은 것처럼 가장해야 한다. 우선 성안에 굴을 파고 시체를 넣어라. 그리고 섶을 잔뜩 올려놓고 폭풍이 부는 밤 성에 불을 질러라."

때마침 폭풍이 이는 밤이 되자 병사들은 일제히 불을 지르고 성을 빠져나갔다. 바쿠후군은 불타 버린 성에 들어와 불탄 시체를 보고 마사시게가 죽은 것으로 여겼다. 모리요시 친왕도 성에서 빠져나와 나라의 한냐지般若寺에 숨었다.

아카사카성이 함락되자 세상은 평온을 되찾았다. 바쿠후는 그동안 로쿠하라에 유폐했던 고다이고 천황을 오키섬에 유배시켰다.

가마쿠라 바쿠후의 최후

고다이고 천황을 유배시킴으로써 사태를 종결한 가마쿠라 바쿠후는 소수 병력만 로쿠하라에 남기고 가마쿠라로 철수했다. 하지만 로쿠하라에는 불길한 소문이 끊이지 않았다. 그중 하나가 이세와 기이에서 소요가 일어났다는 것이었다. 소문은 사실이었다. 모리요시 친왕이 요시노산의 긴푸센金峰山寺 본당本堂을 근거로 승려들과 게릴라전을 펼치고 있었다. 그뿐만 아니라 여러 곳에서 바쿠후 타도에 호응하며 궐기하는 무사들도 적지 않았다.

아카사카성은 마사시게가 패주한 후 바쿠후의 유아사 조부쓰湯浅定

佛가 지키고 있었다. 그는 수백 명을 동원해 군량미를 비축하고 있었다. 그러던 어느 날 밤 어둠 속에서 충돌이 벌어지자 겁먹은 인부들이 바삐 성으로 들어갔다. 이때 이들을 호위하며 함께 들어간 병사들이 다짜고짜 성안의 병사들에게 덤벼들었다. 여기에 호응해 성 밖에서도 격렬한 공격이 이어졌다. 이 작전의 주인공은 죽은 것으로 여겨졌던 마사시게였다. 마사시게는 병사들을 적군과 아군으로 위장시켜 싸우는 척하면서 인부들에 뒤섞여 성안으로 진입했다. 기습 작전으로 아카사카성을 다시 장악한 마사시게는 방비를 튼튼히 하고 자신은 치하야성千早城에서 지휘했다.

죽은 줄 알았던 마사시게가 살아 있자 조정은 두려움에 떨며 모리요시와 마사시게의 목을 베는 자에게 포상을 내리겠다고 포고령을

치하야성에서 싸우는 구스노키 마사시게

내렸지만 모리요시 친왕이나 마사시게 쪽에 가담하는 자만 늘어날 뿐이었다.

1333년 4월, 마사시게는 닛타新田 가문과 연합해 셋쓰의 스미요시住吉와 덴노지天王寺 가까이 있는 와타나베교渡部橋 남쪽까지 진출했다. 그러자 로쿠하라의 바쿠후군 5천여 기가 공격해 왔으나 마사시게가 배치한 복병에 힘없이 붕괴되었다. 마사시게의 군대에는 가와치, 야마토 등의 무사들까지 가담해 바쿠후 타도 결의가 넘쳐흐르고 있었다. 이처럼 교토와 가까운 지방 무사들도 고다이고 천황 측에 서서 바쿠후를 괴롭혔다. 그러나 이 정도로는 바쿠후 세력을 타도할 수 없었다. 제국諸國의 슈고들이 지토들을 거느리고 참가해야만 비로소 바쿠후를 타도할 수 있었다.

바쿠후의 대군이 치하야 같은 일개 성을 함락시키지 못하고 패했다는 소식이 전국에 퍼지자 반바쿠후 세력은 나날이 커졌다. 특히 미나모토 세력의 일족인 닛타 가문과 아시카가足利 가문은 호조 가문 타도의 날만 손꼽아 기다리고 있었다. 간토 지방에서도 고즈케의 닛타 가문과 시모즈케의 아시카가 가문이 호조 세력에게 겨눌 칼을 갈고 있었다.

1333년, 마침내 전국 각지에서 바쿠후 타도 깃발이 펄럭이기 시작했다. 정세를 간파한 고다이고 천황은 2월 17일 오키를 탈출해 호키伯耆의 나와 나가토시名和長年와 함께 바쿠후 타도의 기치를 높이 들고 교토로 향했다. 그 무렵 셋쓰에서는 고다이고 천황 지지 세력인 아카마쓰 노리무라赤松則村의 군대가 로쿠하라군과 싸우고 있었다. 바쿠후에서는 아시카가 다카우지足利高氏를 호키에 파견해 천황군을 공격하게 했다. 그러나 다카우지는 고다이고 천황과 내통해 바쿠후를 배신하고 교토를 공략했다. 열세에 놓인 로쿠하라군의 패배는 불을 보듯 뻔했다. 드디어 로쿠하라 단다이가 함락되기에 이르렀다. 당시 로쿠하라 단다이 호조 나카토키北條仲時와 도키마사時益 등은 고곤 천황과 함께 탈출했으나 도키마사는 오미의 모리야마守山에서 전사하고, 나카토키는 요네야마산米山에서 자살하고, 고곤 천황은 체포되어 교토로 압송되었다.

로쿠하라가 함락된 다음 날 고즈케에서도 닛타 요시사다新田義貞가 바쿠후 토벌군을 일으켰다. 그는 원래 마사시게가 웅거하고 있는 치하야성을 공격하기로 되어 있었으나 핑계를 대고 고즈케로 돌아와 기회를 노리고 있었다. 요시사다는 가마쿠라로 진격했다. 다카우지도 4세의 어린 아들 요시아키라義詮를 대장으로 삼아 대군을 파견했고, 각지의 무사들에게 참전을 요청하는 글을 띄웠다. 그러자 전국의 무사들이 바쿠후 토벌에 호응하며 참전했다.

파죽지세로 진격하는 아시카가와 닛타의 양군을 맞아 싸우는 가마쿠라의 바쿠후군도 필사적이었다. 가마쿠라 전투는 그야말로 처절했다. 다카토키를 비롯한 호조 일족은 최후까지 항전했으나 불타오르는 가마쿠라와 함께 가마쿠라 바쿠후는 최후를 고했다.

가마쿠라와 규슈 단다이가 함락되었다는 사실이 전해지자 고다이

아시카가 다카우지

고 천황은 6월 4일 교토에 들어가 도지東寺에 전좌했다. 그러자 고곤 천황을 섬겼던 관료들 모두가 그에게 머리를 조아렸다.

고다이고 천황의 2년 천하와 아시카가 가문의 등장

고다이고 천황은 마음속에 품어 왔던 이상 정치를 실현하는 친정을 시작했다. 그는 오랫동안 무사들이 장악했던 정치를 개혁하는 첫걸음으로 조정의 지묘인계 관료들을 모두 해임하고 정변에 공이 큰 자들을 등용했다. 그중에서 제1공신인 아시카가 다카우지는 무사시武藏의 국수에 임명되었고, 그의 이름을 다카우지高氏에서 다카우지尊氏로 고치게 했다. 한자 '尊(존)' 자는 천황족만 붙이도록 되어 있었다. 이어서 사법, 행정의 중추인 기록소, 영지를 처리하는 잡소결단소, 군사와 경찰을 담당하는 무자소武者所가 설치되었다. 그리고 연호를 겐무建武로 고치고 관백과 원정을 중지하는 등 '겐무의 중흥'을 시작했다. 이를 두고 천황을 역사의 중심체로 보려는 잘못된 역사관이라는 비판도 있다. 오히려 '겐무의 정변'으로 부르는 것이 타당하다는 의견이 지배적이다.

고다이고 천황의 친정 체제를 구축하기 위해서는 지금까지 두었던 슈고를 없애고 중앙에서 지방을 관장하는 국사國司를 두는 것이 바람직했다. 하지만 무사들의 반발이 두려울 뿐 아니라 실행할 힘도 없었기 때문에 이들을 슈고에 임명해 국사와 함께 지방을 관장토록 했다. 그러자 국사가 슈고를 겸하는 곳도 나타났다.

또한 황자도 정치에 참여해야 한다고 생각해 모리요시 친왕을 정이대장군으로 삼고, 교토에서 멀리 떨어진 오우 지방과 간토 지방에 쇼군부를 설치했다. 오우에는 노리요시義良 친왕에 봉하고 기타바타케 지카후사의 아들 아키이에顯家를 무쓰노카미陸奧守에 임명해 보좌토록 했다. 간토에는 나리나가成良 친왕을 보내고 다카우지의 동생 다다요시直義를 사가미노카미相模守에 임명해 보좌토록 했다. 간토 10국의 행정권과 재판권을 갖고 있었던 가마쿠라 쇼군부 때문에 가마쿠라 바쿠후가 호조 가문에서 아시카가 가문으로 넘어간 듯한 인상을 주었다. 이렇게 고다이고 천황은 무사 세력을 배제하지 못한 채 행정기구를 편성했지만 실제 시정에서 실책이 많아 천황의 신정은 2년 만에 붕괴되고 말았다.

　고다이고 천황은 의욕적으로 정치를 펼치려 했으나 사회 실정에 어두웠다. 무사들의 간섭이 없던 옛날처럼 천황의 권력을 만회하려 하자 성장한 무사 세력은 이를 인정하지 않았다. 이로 인해 조정과 무사들은 반목할 수밖에 없었다. 신정 실패는 무사 세력에 대한 미미한 포상과 토지 문제 처리의 미숙함 때문이라 해도 과언이 아니었다. 천황은 황실의 영지나 귀족, 사원 및 조정 관료에게는 후하게 하고 무사에게는 박하게 해 신정에 불만을 갖는 자가 점점 늘어만 갔다. 또 전후 민심을 안정시키기 위해 종래의 토지 소유권자도 가마쿠라 바쿠후 토벌에 공이 없는 자는 재가를 받아야 한다는 명령을 내렸다. 이 때문에 수많은 종래의 토지 소유권자들이 권리 확인 소송을 내려 교토로 몰려왔다. 또 은상방恩賞方, 겐무의 중흥 때 공신을 포상하고자 설치한 관청이나 잡소결단소는 체계가 잡히지 않아 실책을 자주 범해서 정권에 대한 신뢰는 땅에 떨어졌다. 게다가 궁궐 조영 계획으로 지토들에게 경비와 부역이 과하게 부과되자 불만이 고조되었다.

가마쿠라 바쿠후 토벌에 협력한 무사들 대부분은 바쿠후를 타도함으로써 그들의 지위를 더욱 튼튼히 하고 보다 나은 생활을 영위하고자 했을 뿐, 천황의 이상을 이해하고 협력하기 위해서는 아니었다. 이러한 무사 세력의 마음을 사로잡은 이가 바로 아시카가 다카우지였다. 이 무렵 교토에서는 '다카우지 없음'이라는 말이 퍼지고 있었다. 호조 세력을 토벌하는 데 가장 큰 공을 세운 다카우지가 새 정권의 요직에서 제외되었다는 뜻이었다. 그렇다면 그는 무엇을 하고 있었을까?

　　다카우지는 로쿠하라를 함락하고 그곳을 자신의 봉행소(奉行所, 행정 사무를 담당하는 곳)로 사용하며 무사들의 전공을 보고 받았다. 다카우지는 스스로 사령관 같은 지위에 오른 셈이었다. 그러나 봉행소는 신정권의 공식 기구가 아닌 다카우지의 개인 사무소에 불과했다.

　　모리요시 친왕은 그의 행동을 주시하며 세력이 더 확대되기 전에 제거해야겠다고 생각했다. 1334년 6월 초, 모리요시 친왕은 병부경(兵部卿)과 정이대장군에 올라 군대를 모았다. 그러자 다카우지도 군사를 일으켜 친왕과 대립했다. 다카우지는 이 싸움을 승리로 이끌고 친왕을 가마쿠라로 유폐시켰다. 친왕의 유폐는 신정권의 전도에 어두운 그림자를 드리웠다. 오우 지방이나 규슈에서 호조 세력과 연관된 무사들이 반란을 일으켰다는 소식이 교토에 전해졌다. 게다가 그해에 악질이 유행해 사회의 불안은 전국으로 퍼져 나갔다.

　　1335년 6월, 병부경 권대납언 사이온지 긴무네(西園寺公宗)가 고다이고 천황의 암살을 꾀했다가 체포되었다. 사이온지(西園寺) 가문은 가마쿠라 바쿠후와 아주 가까운 사이였으며 긴무네는 호조 다카토키의 동생을 은닉하고 있었다. 그는 호조 세력이 다시 천하를 장악한 다음 자신이 집정(執政)이 되고자 전국의 호조 세력 일족과 은밀히 연락을 취하면서 준비하고 있었다.

1335년 7월, 호조 다카토키의 아들 도키유키時行가 시나노長野縣에서 군사를 일으키자 그 지방 호족들도 합세해 가마쿠라를 공격했다. 다카우지의 동생 다다요시는 나리나가成良 친왕을 보좌해 이들에 대항했으나 패해 가마쿠라는 다시 호조 세력에 넘어가고 말았다. 이 와중에 앞서 가마쿠라에 유폐되었던 모리요시 친왕은 죽임을 당했다.

가마쿠라 함락 소식을 들은 다카우지는 자신이 정이대장군이 되어 도키유키를 토벌하겠다고 조정에 청원했다. 고다이고 천황은 이를 거부하고 8월 1일 나리나가 친왕을 정이대장군에 임명해 호조 세력 토벌을 명했다. 다카우지는 스스로를 정동장군征東將軍이라 하고 가마쿠라로 향해 단박에 도키유키의 대군을 격파했다.

가마쿠라를 점령한 다카우지는 노골적으로 조정을 배반할 태도를 취했다. 조정에서는 다카우지를 토벌하고자 다카요시尊良 친왕

천황이 보낸 편지어 절을 한 뒤 출군을 명하는 닛타 요시사다

을 닛타 요시사다에게 보내 동쪽에서 가마쿠라를 압박하고, 도인 사네요洞院實世를 도산도東山道에서 남하시켜 3면에서 협공할 작전을 세웠다. 하지만 오슈의 무사들 가운데 다카우지를 지지하는 자가 있어 이마저도 쉽지 않았다.

한편 아키이에의 아버지 지카후사도 요리나가 친왕을 받들어 가마쿠라로 들어왔다. 이때는 이미 요시사다가 하코네의 다케노시타竹の下 싸움에서 패해 교토로 도망쳐 돌아온 무렵이었다. 그리하여 다카우지와 다다요시는 요시사다를 추격해 교토로 진격했기 때문에 가마쿠라는 비어 있는 상태였다.

1336년 정월, 하코네에서 도망친 요시사다가 교토로 들어왔고, 다카우지도 교토 가까이에 다다르고 있었다. 바야흐로 교토는 폭풍 전야였다. 1월 10일 다카우지가 야마자키에서 요시사다를 격파하고 다음 날 단숨에 교토로 밀고 들어왔다. 고다이고 천황은 에이산으로 도망쳐 사카모토坂本에 임시 집무소인 행재소行在所를 설치했다. 이윽고 오슈에서 남하한 기타바타케가 가마쿠라를 점령하고 1월 27일 교토를 탈환하기 위한 총공격을 감행했다. 치열한 공방전이 3일간 계속된 끝에 다카우지는 패해 규슈 대재부로 도망쳤다. 규슈에서 다카우지와 항전한 것은 기쿠치 다케토키菊池武時의 아들 다케토시武敏뿐이었

가마쿠라 시대의 갑옷

다. 다카우지는 다다라하마多多良濱에서 다케토시를 격파하고 규슈를 근거지로 세력을 정비했다.

1336년 4월 3일, 다카우지가 교토로 진격하며 진군나팔을 울리자 쇼니少貳, 오토모大友 등이 가세했다. 다카우지는 빈고備後의 도모노우라에서 군선을 타고 세토나이카이로 진격했고, 그의 동생 다다요시는 육로로 진격했다.

조정에서 열린 작전 회의에서 마사시게는 일단 교토를 비워 둔 다음 사방에서 협공해 재탈환하자고 제안했으나 거부되었다. 이에 마사시게는 승산 없는 싸움임을 직감하고 미나토가와湊川를 따라 내려갔다.

1336년 7월 12일, 미나토가와에서 치열한 전투가 벌어졌다. 다카우지가 수륙 양면에서 공격하자 요시사다는 와다곶和田岬에서, 마사시게는 미나토가와의 에게산會下山에서 다다요시와 맞섰다. 마사시게는 다다요시와 공방을 벌이다 해상에서 다카우지가 공격해 오자 완전 포위되었다. 아무리 싸움에 능한 마사시게라도 700기 정도로는 손쓸 수가 없었다. 결국 마사시게는 미나토가와 북쪽에서 최후를 마쳤다.

요시사다가 교토로 후퇴하자 다카우지는 단숨에 교토로 밀고 들어갔다. 교토를 장악한 다카우지는 지묘인계인 고곤光嚴 상황의 동생 도모히토豊仁 친왕을 고메이光明 천황으로 삼았다. 그리고 에이산으로 도망친 고다이고 천황을 카잔인花山院에 유폐시켰다.

1336년 11월 7일, 다카우지는 바쿠후의 기본 방침인 겐무시키모쿠建武式目를 발표하고 권대납언이 되었고, 고노 모로나오高師直를 집사, 오타 도키쓰라太田時連를 문주소問注所 장관으로 임명하고 바쿠후 정치 조직을 구성했다. 다카우지가 정이대장군으로서 정식 바쿠후를 설치할 수 있었던 것은 그로부터 2년 후인 1338년 8월이었다. 그는 라이벌인 요시사다를 타도한 후에야 비로소 정이대장군에 올랐다. 다카우지가 설치한 바쿠후를 무로마치 바쿠후라고 부르는 것은 그의 후손인 요시미쓰義満 때 이르러 교토 무로마치에 바쿠후를 설치했기 때문이다.

남북조의 대립

1336년 12월 21일 밤, 유폐되었던 고다이고 천황이 탈출해 지지 세력들의 추대를 받아 요시노 정권을 수립하니 이를 남조南朝라 부른다. 이에 맞서는 지묘인계 고곤 상황과 고묘 천황의 조정을 북조北朝라 하며 이들은 50년간 대립했다.

남조의 근거지인 요시노는 깊은 산속으로 교토와 그다지 멀지 않았고 구스노키 가문의 근거지와도 가까웠다. 기타바타케 지카후사는 지지 세력을 규합해 교토 탈환 계획을 세웠으나 추종 세력이 별로 없었다. 남조가 명맥을 유지할 수 있었던 것은 미나미 야마토南大和, 기슈紀州의 무사 세력과 사카이堺 상인들의 도움 덕분이었다.

고다이고 천황은 카잔인에 유폐되기 전에 그의 황자와 함께 유력한 부장을 호쿠리쿠, 오슈, 규슈, 이세 지방에 파견해 세력을 규합하려 한 일이 있었다. 그는 이들이 자기편에 서서 거사를 일으켰다는 소식이 오기만을 기다렸으나 깜깜무소식이었다.

1337년 8월, 요시노 조정은 요리나가 친왕과 함께 무쓰의 다가국부에서 세력을 확장하는 기타바타케 아키이에에게 요시사다와 합세해 교토를 탈환하라는 명령을 내렸다. 그는 노리요시 친왕, 유키 무네히로結城宗廣, 다테 유키토모伊達行朝 등과 함께 10만여 기를 이끌고 가마쿠라를 함락하고 교토 근처까지 진공했으나 1338년 5월 이즈미和泉 사카이우라堺浦에서 고노 모로나오와 호소카와 아키으지細川顯氏에게 패하고 말았다.

1336년 10월, 호쿠리쿠로 향한 요시사다는 북조에 가담한 무사들의 공격을 물리치며 어렵게 에치젠에 도착해 가네가사키성金崎城에 들어갔다. 이 사실을 탐지한 아시카가 가문은 고노 모로야스高師泰를 앞세워 맹렬히 공격했다. 3개월간의 공방전 끝에 성은 함락되었고 요시사다의 아들 요시아키義顯와 다카요시 친왕은 자살하고 쓰네요시 친왕은 살해되었다.

간신히 탈출한 요시사다는 소마야성柚山城으로 들어가 에치젠과 에치고에서 군사를 모으고, 헤이센지 승도들의 협력을 얻어 1338년 7월 시바 다카쓰네斯波高經가 웅거하고 있는 아스와성足羽城을 총공격했다. 하지만 공격하던 헤이센지 승도들이 배반하는 바람에 수세에 몰리다 38세의 나이로 생을 마쳤다.

아키이에에 이은 요시사다의 죽음은 남조에 치명상이 아닐 수 없었다. 요시사다는 지략이 뛰어난 무장은 아니었지만, 북조의 다카우지와 대등한 문벌과 지위를 갖춘 남조의 대표 주자였다.

마침내 요시사다가 죽자 다카우지는 정이대장군에 올랐다. 이제 다카우지는 명실공히 정치 실권을 장악한 일인자라 할 수 있었다.

1338년 가을, 암울했던 남조에 희망 섞인 소식이 전해졌다. 그동안 생사를 알 수 없었던 아키이에의 아버지 지카후사가 히타치에 등장한 것이다. 그는 일찍이 도고쿠東國의 무쓰에서 지지 세력을 규합하기 위해 이세의 오미나토大湊를 떠났으나 태풍을 만나 표류하게 되었다. 그는 이 와중에도 《신황정통기》를 완성시켜 대일본은 신의 나라이며, 천황의 정통성을 상징하는 3종 신기를 보유한 남조가 정통임을 강조했다.

지카후사는 도고쿠의 무사들을 남조에 끌어들이려 했으나 성과 없이 요시노로 돌아왔다. 요시노 조정은 초라하기 이를 데 없었다. 신하라고는 기타바타케 지카후사, 도인 사네요, 시죠 다카스케 등만이 알려진 이였고 나머지는 일시적으로 가담한 자들이었다.

고다이고 천황이 요시노산에 들어온 지 3년이라는 세월이 흘렀다. 그동안 각지에서 남조군이 잇따라 패배하면서 조정의 재정도 바닥나 있었다. 1339년 8월 16일, 병상에 누워 있던 고다이고 천황이 파란 많은 일생을 마쳤다. 다카우지는 고다이고 천황의 죽음을 애도하며 명복

아시카가 다카우지가 고다이고 천황을 애도하기 위해 창건한 텐류지

을 빌기 위해 텐류지天龍寺를 지었다.

　최후의 버팀목이었던 고다이고 천황의 죽음은 남조의 앞날을 더욱 어둡게 했다. 고다이고 천황의 뒤를 이어 어린 고무라카미後村上 천황이 즉위했지만 기울어 가는 남조를 끝까지 지키는 사람은 얼마 남지 않았다.

　1347년 8월, 마사시게의 아들 구스노키 마사쓰라楠木正行는 기이의 스다당隅田黨을 공략하고, 9월에는 가와치大阪府의 야오성八尾城을 함락했으며 후지이지藤井寺 근처에서 호소카와 아키우지를 격파했다. 이어 호소카와와 야마나山名 연합군마저 격파해 아시카가 가문을 당황하게 했다.

　다카우지는 각 지방에서 대군을 소집하고 모로나오, 모로야스를 총대장에 임명해 마사쓰라를 공격했다. 마사쓰라는 최후를 각오하고 요시노산에 올라가 고무라카미 천황을 알현하고 여의륜당(如意輪堂, 여의보주와 법륜의 공덕으로써 일체 중생의 고통을 덜어 주고 소원을 이루어 준다는 관세음보살을 모신 집)에 죽음을 맹세한 일족의 이름 끝에 비장한 마음으로 자신의 이름을 새겼다. 마사쓰라는 병력 차이가 현저했기 때문에 이미 죽음을 각오하고 있었다. 고무라카미 천황도 익히 알고 있었으나 공격 명령을 내릴 수밖에 없었다.

　1348년 정월, 마사쓰라의 칼은 부러지고 화살은 다해 더 이상 버틸 수가 없었다. 마침내 마사쓰라는 시죠나와테四條畷에서 그의 동생 마사토키正時와 함께 젊은 일생을 마쳤다. 그의 죽음으로 남조의 운명은 꺼져 가고 있었다.

　모로나오는 거침없이 요시노를 공격해 불을 질렀다. 불은 삽시간에 번져 행궁은 물론 요시노산 전체를 불바다로 만들었다. 고무라카미 천황은 불 속에서 탈출해 남쪽 더 깊은 산속인 아노우賀名生의 토호 집으로 들어가 그곳을 행재소로 삼았다.

아시카가 가문의 내분과 슈고 다이묘

붕괴 직전의 요시노 조정이 고다이고 천황 이후 고무라카미 천황, 조케이長慶 천황, 고카메야마後龜山 천황으로 이어지며 50여 년간 명맥을 유지할 수 있었던 것은 요시노가 요충지였을 뿐만 아니라 이세, 기이 등을 통해 도고쿠, 시코쿠, 규슈와 해상으로 연락을 취할 수 있었다는 점 그리고 요시노 조정이 정통이라는 신념이 크게 작용했다. 이와 함께 아시카가 가문의 내분도 한몫했다.

다카우지가 일체의 정무를 동생인 다다요시에게 일임하자 다카우지의 충신인 모로나오는 다다요시와 초기부터 대립했다. 다다요시는 남조의 마사쓰라가 전사한 후 모로나오의 조정 출입을 금지했다. 그러자 모로나오는 동생 모로야스를 가와치 전선에서 불러들이며 전운을 고조시켰다. 심상치 않은 사태를 예감한 다다요시가 잠시 몸을 피하자 모로나오는 다카우지를 압박해 다다요시를 끌어내렸다.

다카우지와 다다요시 형제는 서로를 견제하며 유력한 무사들을 끌어들여 세력 확장에 몰두했다. 이렇게 해서 남조, 다카우지, 다다요시가 대립하는 삼파전 양상을 띠게 되었다.

다카우지는 다다요시를 공격하기에 앞서 배후를 염려한 끝에 남조에 항복할 뜻을 밝혔다. 남조는 조건을 확인하며 그의 항복을 받아들

고무라카미 천황이 머물던 곳

였다. 그러면서 남조의 고무라카미 천황은 다카우지에게 다다요시 토
멸령을 내렸다. 그러나 무슨 이유에선지 남조의 지카후사가 어렵게 성
사시킨 다카우지의 항복을 깨뜨리고 마사쓰라의 동생 마사노리_{楠木正}
_儀를 교토로 진격시켰다.

1352년 2월 28일, 고무라카미 천황이 스미요시_{住吉}에 도착해 교토로
입성하자 바쿠후 책임자인 다카우지의 아들 요시아키라가 당황한 나
머지 교토를 버리고 오미_{近江}로 달아났다. 오랫동안 요시노에 틀어박
혀 권토중래를 꿈꾸어 오던 지카후사는 북조의 신기를 압수하고 세 명
의 상황 고곤, 고묘, 스코를 요시노의 아노우에 유폐시켰다. 지카후사
의 이 같은 처사는 남북조의 대립을 해소할 수 있는 모처럼의 기회를
스스로 무너뜨리는 결과를 가져왔다.

이즈음 다카우지는 몇 차례의 싸움 끝에 가마쿠라의 다다요시를 제

압했다. 이어 1352년 2월 다다요시가 급사하자 아시카가 가문의 내분은 종지부를 찍었다. 그러면서 아시카가 가문의 내분을 틈타 고즈케 및 에치고 지방에서 군사를 일으킨 요시사다의 아들 요시오키義興 등을 제압해 가마쿠라를 탈환하고 세력을 재정비했다.

1352년 5월, 오미까지 달아났던 요시아키라도 세력을 정비해 교토의 남조군을 격파했다. 지카후사는 백 일도 버티지 못하고 다시 요시노의 아노우로 도망쳤다. 전란은 끊이지 않고 계속되었다. 남조는 교토를 침략하고 규슈에서 다다요시의 아들 다다후유直冬를 공격해 요시아키라를 다시 오미까지 몰아냈다. 이때의 교토 공방전은 바쿠후, 다다후유, 남조의 삼파전이었다. 그러나 최후의 승자는 다카우지의 바쿠후였다.

교토에서 공방전이 벌어지는 동안 지카후사가 1354년 4월 아노우에서 한많은 생애를 마쳤다. 다카우지 또한 1358년 54세로 세상을 떠났다. 반생을 전쟁 속에서 보낸 다카우지는 의지가 강하고 죽음을 두려워하지 않아 부하들에게 존경을 받았다.

다카우지가 죽은 후 요시아키라가 제2대 쇼군에 올랐다. 그는 전란이 벌어지는 와중에 반제법半濟法을 공포했다. 이 법령으로 무사들은 오미를 비롯한 8개국에 한해 조정과 신사, 사원이 소유하고 있는 장원의 연공 중 절반을 군량미로 징수할 수 있었다. 요시아키라는 이를 통해 무사들을 자기편으로 끌어들이고 바쿠후의 뜻대로 정치를 하겠다는 의지를 보였다. 이로써 권력은 조정에서 무사 계급으로 완전히 넘어갔다. 남북조의 대립은 남조 조정의 권위가 있었던 초기에만 존재했을 뿐 후반에 들어서면서 무사 간의 세력 다툼 양상으로 변해 갔다.

반제법으로 슈고의 세력이 급속히 강화되었다. 가마쿠라 시대부터 존재했던 슈고는 원래 군사 목적으로 설치되었으나 치안이나 재판 권한까지 주어져 이제 지방 정치도 맡게 되었다. 따라서 슈고는 일시적으로 임국(任國, 임명을 받아 부임한 나라 혹은 지방)의 무사를 지도 감독하는 것이 아니라 그들을 부하로 통치하는 영주로 변신했다. 그 결과 국내 어느 곳에서든지 슈고 부역(守護夫役), 슈고 단전(守護段錢, 경지 1단보당 일정 비율로 징수하는 세금), 슈고 단미(守護段米, 경지 1단보당 일정한 비율로 징수하는 돈과 쌀)의 부역과 세금을 거두어들일 수 있게 되었다. 이렇게 해서 슈고가 그 나라의 영주가 된 자를 슈고 다이묘(守護大名)라 부르고, 그 같은 통치 방법을 슈고 영국제(守護領國制)라 불렀다.

슈고 다이묘는 바쿠후의 제지에도 자신의 나라를 자신의 영지로 만들었다. 이로 인해 슈고와 지방 무사, 슈고와 슈고의 분쟁이 끊이지 않는 혼란 상태가 이어졌다.

아시카가 요시미쓰의 전국 통일과 대외 정세

1367년 바쿠후의 중심인물인 아시카가 모토우지(足利基氏)와 요시아키라가 각각 가마쿠라와 교토에서 죽자 요시아키라의 아들 요시미쓰(義滿)가 겨우 열 살의 나이로 쇼군에 올랐다. 요시아키라는 일찍이 요시미쓰의 후견인으로 호소카와 요리유키(細川賴之)를 세웠다. 그는 요리유키를 매우 신임하며 요시미쓰와 부자의 의를 맺으라고 유언했다.

요리유키는 24세 때 가계를 이은 후 아와를 비롯한 여러 나라의 슈고로서 세력을 확장한 호소카와 가문의 중심인물이 되었다. 그는 취임

초기인 1367년 12월 인심을 새롭게 하는 뜻으로 사치와 낭비를 금하는 법령을 내리고 관령(管領, 쇼군을 보좌해 정무를 총괄하는 벼슬)에 올라 바쿠후의 중요 인물로 구성된 평정중과 협의해 정사를 펼쳤다. 그러면서 마사시게의 셋째 아들인 남조의 마사노리와 연락을 취하며 통일을 모색하고 있었다.

1369년 마사노리는 남조에서 북조의 화평 제의를 거부하고 있다는 사실을 알고는 북조에 귀순했다. 이후 1373년에는 아카마쓰 노리스케 赤松範資 등과 함께 남조의 행재소가 있는 가와치를 공격해 점령했다. 남조는 다시 요시노의 깊은 산속으로 들어갔으며 내분마저 겹쳐 명맥을 유지하기도 어려운 지경에 이르렀다. 당시 남조는 고무라카미 천황이 아노우산에서 타계하자 그의 첫째 황자 유타나리寬成 친왕이 뒤를 이어 조케이 천황이 되었고, 둘째 황자 히로나리熙成 친왕이 황태제가 되어 나중의 고카메야마 천황이 되었다.

아시카가 요시미쓰

1378년, 요시미쓰도 이제 21세가 되었다. 남조 세력은 점점 쇠퇴한 반면 바쿠후 세력은 점점 융성하고 있었다. 커져 가는 바쿠후 세력을 상징이라도 하듯 교토 무로마치에는 훌륭한 저택도 완성되었다. 저택이 완성된 후 국내 대부분 지역이 평화를 회복했다. 그러자 요시미쓰는 다이묘들을 대동하고 6년에 걸쳐 각국을 순람하며 바쿠후의 위엄과 권위를 새롭게 세웠다.

남북조 통일이 이루어진 것은

1392년에 이르러서였다. 남조의 고카메야마 천황이 북조의 고코마쓰後小松 천황에게 양위하는 형식으로 신기를 전함으로써 57년간의 대립은 종지부를 찍었다. 남북조 통일은 남조의 완전한 패배나 다름없었다. 천황의 상징인 신기를 양위하는 형식을 취했지만 요시미쓰 명령에 의해 신기는 이미 북조에 와 있었고, 다이카쿠지계에 양보하기로 약속한 황태자 자리도 주어지지 않았다.

고카메야마 천황은 북조의 냉대에 울분을 토하며 1410년 추운 겨울날 다시 요시노로 돌아갔다. 천황은 요시노 정권 재수립을 꾀하고자 했으나 끝내 이루어지지 않았다. 백성들의 마음속에 요시노의 존재는 이미 사라진 지 오래였다. 하지만 바쿠후 세력이 약화되거나 슈고들의 싸움이 일어날 때는 남조의 잔존 세력이 난을 일으키기도 했다. 이세의 국사 기타바타케 미쓰마사北畠滿雅는 고카메야마 천황의 손자 오구라노미야小倉宮를 추대해 난을 일으켰고, 오구라노미야의 아들 교손交孼은 히노 아리미쓰日野有光의 후원을 받아 궁중에서 신기를 훔쳐 요시노에 웅거하기도 했다. 이들을 후남조後南朝라 부른다. 후남조 세력은 극히 미약해 이제 역사를 움직일 만한 힘은 없었다.

일본이 무로마치 바쿠후로 정치 안정을 이룰 무렵 원나라는 주원장朱元璋의 명나라에 의해 멸망했다. 주원장은 조공 무역(朝貢貿易, 속국이 종주국에 대해 예물을 바치는 형식의 무역)을 허락하며 세 항구(경파寧波, 천주泉州, 광주廣州)를 개항했다. 이 같은 조치는 조선과 명나라 해안을 마구 어지럽히는 왜구를 방지하기 위함이었다.

왜구는 13~15세기에 쓰시마, 이키, 히젠, 마쓰우라 등을 근거지로 활동했다. 주로 농경지가 없는 빈곤한 자들로 구성되었고, 소규모인 경우 2~3척, 대규모인 경우 50~500척까지 거느린 대 선단도 있었다.

중국과 일본 사이에 이루어진 조공 무역으로 일본이 명나라에 파견한 견명사선

　왜구들은 무역이 정상화되어 물자 유통이 원활하면 각자의 생업에 종사하고, 무역이 막혀 물자 유통이 궁색하면 해적행위를 서슴지 않았다. 고려는 왜구의 화로 멸망이 촉진되었다고 할 정도로 피해가 심각했다. 고려에서는 바쿠후에 사신을 파견해 왜구 단속을 강력히 요구하기도 하고, 최영과 이성계, 최무선 등이 왜구를 격퇴하기도 했으나 계속해서 침입해 왔다. 조선은 회유책을 쓰는 등 여러 가지 대책을 강구했으나 근본적으로 근절하지는 못했다.

　명나라에서는 왜구를 막기 위해 일본 상선과의 사무역私貿易을 금지했으나 일본 상인들은 대명 무역의 이점을 들며 무역 재개를 희망했다. 이들의 요구와 무역 이익으로 바쿠후의 빈약한 재정을 충당하고자 한 요시미쓰는 1401년 규슈 단다이에게 왜구를 단속하게 하는 한편 명나라에 사신을 보내 무역을 요청했다. 이에 명나라는 일본을 속국으로 간주하고 '그대, 일본국왕 원도의日本國王源道義'라고 쓴 국서를 보내며 조공 무역을 요구했다.

다음 해에 요시미쓰는 영락제永樂帝 즉위 축하 사절과 함께 보낸 국서에서 '일본국왕신 원日本國王臣源'이라고 자칭하고 경나라 연호를 사용해 명나라를 종주국으로 인정했다. 이를 두고 일본의 체면을 손상시켰다는 비난이 일었다. 하지만 1407년 왜구가 납치한 중국인을 돌려보내자 영락제가 요시미쓰에게 동전 2만 관貫을 보냈다 하니, 이런 점으로 볼 때 그에게는 체면보다 무역의 매력이 더 강렬했던 것으로 보인다.

요시미쓰의 아들 요시모치義持는 아버지의 태도를 떳떳하지 않게 여겨 대명 무역을 거절했다. 이 때문에 왜구가 다시 횡포를 부리기 시작했다. 명나라에서는 왜구 단속을 강력히 요구했고 대명 무역 금지 후 바쿠후 재정 또한 궁핍했기에 무역 재개가 불가피했다. 결국 요시노리義敎 때 다시 협정이 체결되었다. 무역선은 명나라에 공물을 바치러 오는 것으로 인정됐기 때문에 관세를 면제함은 물론 화물 운반비부터 사신 체류비까지 모두 명나라가 부담했다. 이처럼 명나라가 막대한 편의를 제공한 것은 무역을 통해 왜구의 환난을 피하고자 함이었다.

5

군웅할거 시대

군웅할거 시대

57년간 이어진 남북조의 분쟁은 제3대 쇼군 아시카가 요시미쓰 때에 이르러 종지부를 찍게 되었다. 요시미쓰는 다카우지가 개설한 바쿠후를 교토의 무로마치로 이전했다. 요시미쓰 시대에는 바쿠후 세력이 전국으로 확산되었고 쇼군의 지위가 크게 향상되었다. 하지만 그의 뒤를 이은 요시모치, 요시노리 시대에는 무리한 정책이 연속되며 슈고 다이묘들이 잇달아 바쿠후에서 이탈했다. 교토 부근에서는 농민 봉기가 일어나 덕정령 공포를 외치기에 이르렀다.

바쿠후의 지배력이 점차 약화되자 쇼군 가문을 비롯해 유력한 다이묘들이 후계자 분쟁을 일으켰다. 이 분쟁은 오닌의 난이 발생하는 기폭제가 되었다. 오닌의 난 이후 실력 있는 다이묘들이 세력을 점점 확장하면서 이른바 '하극상 시대'가 시작되며, 슈고 다이묘를 대신한 센코쿠 다이묘가 영지 확장에 몰두하는 전국 시대가 펼쳐졌다. 전국이 전쟁에 휩싸이는 가운데서도 성하도시를 중심으로 상공업이 발달했다. 그리고 무사들에 의해 히가시야마 문화가 형성되어 민중 사이에 널리 퍼졌다.

다이묘들의 싸움이 일진일퇴를 거듭하는 와중에 오다 노부나가가 교토에 들어오면서 전국 통일의 기운이 움트기 시작했다.

무로마치 바쿠후 시대

아시카가 요시미쓰는 바쿠후를 위협할 만한 다이묘들을 견제하고, 천황의 힘을 활용하는 정치를 펼쳤다. 그가 무로마치에 화려한 저택을 지어 세상을 놀라게 한 것도 이들에게 위압감을 주기 위해서였다.

요시미쓰는 가마쿠라 시대의 정치를 계승해 시소侍所, 정소政所, 문주소問注所는 그대로 두고 월소방越訴方, 인정방仁政方, 은상방恩賞方 등을 설치해 이들의 수장들도 평정중評定衆을 구성하였다. 하지만 평정중은 바쿠후 최고 의결 기관은 아니었다. 모두 쇼군이 관할하고 결정할 뿐이었다.

요시미쓰가 바쿠후를 정비하는 데는 요리유키의 도움이 컸다. 요리유키는 중앙의 정치 기구를 개혁해 지금까지 쇼군 가문의 일을 관장했던 집사를 바쿠후 최고 책임자인 관령管領으로 승격시켰다. 관령은 쇼군을 보좌해 바쿠후의 여러 기관을 통솔하고 평정중과 인부중引付衆을 감독했다.

관령직에는 시바斯波, 호소카와細川, 하타케야마畠山 등 아시카가 일문의 가장 유력한 슈고들이 교대로 임명되었다. 한 가문의 세력이 지나치게 강력해지는 것을 방지하기 위해서였다. 이 세 가문을 3직三職 또는 3관三管이라 불렀다. 무로마치 시대 초기에는 시바 가문이 담당하고, 중기 이후에는 호소카와와 하타케야마 가문이 교대로 담당하다가 말기에는 호소카와 가문이 담당했다.

관령이 확고히 자리를 굳히자 그때까지 행정을 관장하던 정소는 재정을 다루는 기관으로, 문주소는 문서를 취급하는 기관으로 변했다.

하지만 시소는 변함없이 관령 다음 가는 중요 기관으로 바쿠후 호위와 교토의 치안을 담당했다. 시소 장관인 소사所司는 초기에 이마가와今川, 호소카와, 하타케야마, 야마나山名, 도키土岐 등 유력한 슈고가 교대로 담당했으나 무로마치 시대 중기에는 야마나, 아카마쓰赤松, 잇시키一色, 교고쿠京極 등 네 가문에 국한되었다. 이들은 4직四職이라 불리며 3관 다음으로 중요시되었다.

아시카가 가문은 지방 정치를 장악하고자 중앙에서 슈고를 내려 보내려 했으나 호족들이 영향력을 행사해 간단히 실현되지 않았다. 이 때문에 간토 지방은 처음부터 별도로 취급해 간토부를 설치했다. 그리고 다카우지의 아들 모토우지基氏가 간토 공방(関東公方, 무로마치 바쿠후의 쇼군이 간토 지방의 10개 구니에 출장 기관으로 설치했던 가마쿠라부(鎌倉府)의 장관으로 당시에는 가마쿠라 어소(鎌倉御所), 가마쿠라도노(鎌倉殿)로 불렸으며 쇼군 부재시 대리함)이 되어 자리를 승계했다. 이는 특별 쇼군과 같은 것으로 간토 쇼군이라 불렀다. 간토 쇼군을 보좌한 집사는 간토 관령이라 불리며 우에스기上杉 가문이 세습했다. 이렇게 해서 바쿠후는 간토 통치에 성공했으나 간토부 세력이 지나치게 팽창해 교토와 대등하게 되었다.

1367년 초대 간토 공방 모토우지가 죽고 그의 아들 우지미쓰氏満가 자리를 승계할 당시 간토 공방은 간토 8개국에 이즈, 가이, 무쓰, 데와까지 총 12개국을 통치하게 되었다. 광대한 영지를 거느린 간토부는 세월이 지나면서 차츰 독립된 형태를 취하기 시작했다.

이 무렵 유력한 다이묘인 오우치 요시히로大内義弘가 세력을 확장하고 있는 것이 요시미쓰의 마음에 걸렸다. 항간에는 요시미쓰와 요시히로 사이에 싸움이 벌어질 것이라는 소문이 퍼졌다. 1399년 10월, 사카이에 웅거한 요시히로는 간토 공방 아시카가 미쓰카네足利満兼와 교토

주요 슈고 다이묘

공격을 협의했다. 그러자 요시미쓰의 독재에 불만을 품었던 단바, 미노, 오미 등의 슈고들과 남조의 유신들도 합세했다. 마침내 11월 29일부터 1월까지 요시미쓰군과 요시히로군이 사카이에서 치열한 공방전을 벌였다. 오에이應永의 난이라 부르는 이 전투는 요시히로의 패배로 끝났다.

오에이의 난을 제압한 요시미쓰는 쇼군으로서 확고부동한 권력을 전국에 행사하게 되었다. 그는 난이 일어나기 5년 전인 1394년에 당시 9세였던 요시모치義持에게 쇼군을 물려주고 태정대신에 올라 배후에서 조종했다.

1397년, 요시미쓰가 기타야마北山에 새로운 저택을 짓자 슈고 다이

본래 이름은 로쿠온지이지만, 금박을 입힌 사리전으로 널리 알려진 킨카쿠지

묘들은 앞다투어 진귀한 정원석과 정원수를 보내왔다. 로쿠온지鹿苑寺
라 불린 이 저택은 사이온지西園寺 별장을 고친 것으로 화려함의 극치
를 이룬다. 그 가운데서도 연못가에 세운 금박으로 장식된 3층 사리전
舍利殿이 눈길을 끌며, 킨카쿠지金閣寺라고도 불린다.

1401년 2월, 요시미쓰는 새 저택에서 정무 개시 의식을 거행했다.
그는 태정대신이라는 최고 지위에 만족하지 않고, 바쿠후와 조정을 아
우르는 일본의 실질 지배자가 될 꿈을 꾸었다. 그는 꿈을 실현하고자
고코마쓰後小松 천황에게 출가할 뜻을 밝혔다. 그에게 출가란 조정과
무사 위에 군림하기 위한 일종의 술책이었다. 요시미쓰는 천산도의天
山道義로 자칭하고 의식과 복장을 법황에 준하게 하고 자신이 주관하는
법회法會를 어재회御齋會라 칭해 조정 법회 형식에 따름으로써 사실상

법황처럼 행동했다.

　쇼군과 태정대신에 만족하지 못했던 요시미쓰도 결국 1408년 죽고 말았다. 쇼군 자리를 물려받은 요시모치는 동생인 요시쓰구義嗣와 사이가 나빴다. 요시모치는 요시미쓰가 생전에 요시쓰구를 예뻐하고 자신을 냉대한 것을 되새기며 아버지가 한 일을 송두리째 파기했다. 아버지가 그토록 원하던 태상천황太上天皇 시호를 거부하고, 기타야마 저택도 금각과 두서너 채만 남기고 모두 허물어 버리거나 난젠지南禪寺, 겐닌지建仁寺 등에 기부해 버렸다. 또한 명나라와도 국교를 단절했다.

　그러자 요시쓰구는 형과 우애를 지키는 척하며 기회가 오기만을 기다렸다. 당시 간토 공방은 아시카가 모치우지足利持氏였고 관령은 우에스기 젠슈上杉禪修였는데 젠슈의 부하가 모치우지의 노여움을 사 영지를 몰수당한 사건이 발생했다. 이 사건으로 공방과 관령 사이에 거센 마찰이 일었다. 1416년 요시쓰구는 이 틈을 이용해 젠슈와 함께 반란을 일으켰다. 하지만 다음 해 전세가 불리해지자 젠슈는 자결했고 요시쓰구도 그다음 해에 죽고 말았다. 그리고 요시모치도 10년 후에 세상을 떠났다.

　요시모치가 죽던 날 바쿠후의 관령 하타케야마를 비롯한 슈고 다이묘들이 하치만궁에 모여 쇼군을 선출하는 제비뽑기를 했다. 이는 요시모치가 후계자를 정하지 않고 죽었기 때문이다. 제비뽑기 결과 요시쓰구의 바로 다음 동생이 후계자로

아시카가 요시노리

요시노리의 승계가 결정된 하치만궁

결정되었다. 그는 출가한 상태였기 때문에 환속하고 이름을 요시노리 義教로 고쳤다.

요시노리는 냉철하고 주의력이 깊었다. 그는 일찍이 요시모치가 중신들로부터 멸시당하는 일을 보아 왔기 때문에 중신들로부터 충성 서약을 받고 쇼군에 올랐다. 그리고 아버지처럼 쇼군의 권력 강화에 힘을 기울였다.

이때 간토 공방 모치우지는 은밀히 쇼군 자리를 노리고 있었다. 그는 요시노리가 쇼군이 된 후에도 축하 사절을 보내지 않았고 요시노리를 환속 쇼군이라 부르며 멸시했다. 또 새롭게 고친 연호도 사용하려 하지 않았다. 그러자 간토 관령 우에스기 노리자네上杉憲實는 모치우지의 지나친 행동을 간언했으나 모치우지는 받아들이지 않았다. 이에 불만을 품은 노리자네가 자신의 영지인 고즈케로 돌아가자 모치우지는 노리자네를 공격했다. 그러자 노리자네는 곧바로 교토에 구원을 요청했다.

눈엣가시였던 모치우지를 제거할 기회만 노리던 요시노리는 즉시 대군을 동원해 총공격했다. 가마쿠라는 사방에서 공격을 받아 패색이 짙었다. 1439년 2월, 결국 모치우지가 자결함으로써 모토우지 이래 4대 100년간 간토에서 권세를 떨쳤던 간토부는 완전히 멸망했다.

요시노리는 냉철하고 엄격했으나 쇼군의 위력만 지나치게 강화하려 하고 주위를 포용하지 않았다. 심지어 궁중의 일까지 간섭해 조정의 공경 70여 명에게 유죄를 내리기도 했다. 이 와중에 쇼군의 처가인 히노日野 가문만 무사하자 이것이 문제가 되었다.

이 밖에 오래전부터 전통과 권위를 자랑하던 히어이산의 엔랴쿠지와 아시카가 가문과 인연이 깊은 로쿠온인鹿苑院이 영지 경계선 문제로 분쟁을 벌이자 요시노리는 이에 대해 쇼군을 무시하는 처사라 여겨 히에이산을 공격하고 본당本堂을 불살라 버렸다. 또 히에이산 토벌에 공이 컸던 잇시키 요시츠라一色義貫, 도키 모치요리土岐持賴 등도 사소한 일로 목을 베는 등 무신들을 가혹하게 대했다. 그의 무분별한 행동에 슈고들은 언제 목이 날아갈지 몰라 전전긍긍했다.

이때 하리마, 비젠, 미마사카 등의 슈고를 겸임한 아카마쓰 미쓰스케赤松滿祐는 요시노리를 제거할 기회만 노리고 있었다. 그러던 1441년 6월, 아카마쓰는 자신의 저택에 요시노리를 초대해 간토 공방 모치우지를 토멸한 축하연을 열었다. 축하연이 끝날 무렵 난데없이 말 한 마리가 달려들자 사방의 문이 일시에 닫혔다. 아카마쓰의 부하들이 한꺼번에 칼을 빼 들고 요시노리에게 덤벼들었다. 너무나도 갑작스러운 일에 요시노리는 그 자리에서 참살되었다.

급보를 접한 바쿠후 관령 요리유키는 겨우 8세밖에 안 된 요시노리의 아들 요시카쓰義勝를 쇼군으로 세우고 아카마쓰를 토벌했다. 아카마쓰 토벌에 큰 공을 세운 야마나 가문은 아카마쓰의 영지를 은상으로 받아 호소카와 가문과 어깨를 나란히 하게 되었다.

오닌의 난

아시카가 요시마사足利義政는 제8대 쇼군으로 10세 때 쇼군에 올랐다. 그의 아버지 요시노리가 아카마쓰에게 암살된 후 제7대 쇼군으로 취임한 장남 요시카쓰가 8개월 만에 병사하자 요시마사가 그 뒤를 이었다. 쇼군의 자리가 급속히 교체되는 가운데 바쿠후에서 중책을 담당했던 중신들도 차례차례 세상을 떠났다.

요시마사는 25세에 종일위내대신從一位內大臣이 되고 우대장右大將을 겸했다. 그는 쇼군이 된 후 요시카쓰가 세웠던 기타야마의 저택을 복구하는 등 토목 사업에 열중했다. 그 무렵 어수선한 분위기가 전국을 서서히 휘감고 있었다.

쇼군 요시마사는 소심한 데 비해 그의

아시카가 요시마사

부인 히노 도미코日野富子는 여쇼군이라 불러도 손색이 없을 정도로 과감했다. 그녀는 고리대금과 투기를 하며 축재했고, 교토 부근에 여러 관소關所를 설치해 세금을 징수하기도 했다. 이들 부부는 금실이 나빠 요시마사는 도미코를 피하고자 며칠이고 정무를 내팽개치기도 했다.

1459년부터 3년간은 전국에 천재가 잇따르며 악질까지 유행해 가모강에는 시체가 산더미처럼 쌓여 강물이 막힐 지경이었다. 그러자 백성들이 덕정德政을 요구하며 교토로 몰려들어 교토 거리는 지옥을 방불케 했다. 바쿠후는 무능함을 여실히 드러냈다.

1465년 11월 20일, 아들이 없었던 요시마사는 그의 동생 요시미義視를 후계자로 정하고 관령 호소카와 가쓰모토細川勝元를 후견인으로 결정했다. 그로부터 3일 후, 부인 도미코가 아들 요시히사義尚를 낳았다. 도미코는 요시히사를 후계자로 만들기 위해 야마나 소젠山名宗全을 후견인으로 결정했다. 이로 인해 호소카와 가문과 야마나 가문의 분쟁이 싹트기 시작했다. 이 무렵 후계자 분쟁은 쇼군 가문인 아시카가뿐만 아니라 전국의 슈고 다이묘들 사이에서도 일고 있었다.

1452년 9월, 에치젠, 오하리, 도토미 등의 슈고인 시바 요시타케斯波義健가 죽자 일족인 모치다네持種의 아들 요시토시義房가 후계자가 되었다. 요시토시는 지나치게 대담해 중신들과 충돌이 잦았고 바쿠후 명령도 따르지 않아 결국 가문에서 추방당했다. 바쿠후는 후임으로 일족인 시부카와 요시카도澁川義廉를 승인했다. 그러나 바쿠후 관령 가쓰모토의 주선으로 쇼군 요시마사가 요시토시를 용서하면서 시바 가문에는 두 주인이 존재하게 되었고, 부하들도 갈라져 대립했다.

가와치, 기이, 엣츄 등의 슈고인 하타케야마 일가에도 분쟁이 일어났다. 하타케야마 모치쿠니畠山持國는 요시마사를 후원한 공로로 가쓰모토와 교대로 관령의 요직에 오른 중신이었다. 아들이 없었던 모치쿠니는 동생의 아들 마사나가政長를 양자로 삼았다. 하지만 모치쿠니는 얼마 후 태어난 요시나리義就를 후계자로 정했다. 이에 불만을 품은 부하들은 가쓰모토의 후원을 받아 마사나가를 하타케야마 가문의 주인으로 삼고 요시나리를 추방했다. 그러자 요시나리는 소젠에게 후원을 요청해 오닌應仁의 난을 유발하는 계기가 되었다. 소젠은 다지마但馬, 빙고, 아키安藝, 이가伊賀, 하리마, 이와미石見 등의 슈고로 바쿠후의 최대 실력자였다.

한편 가쓰모토는 젊은 나이에 관령이 된 실력자였다. 그는 반대 세력인 모치쿠니를 축출하고자 소젠에게 손을 내밀었다. 소젠도 권력을 장악하기 위해서는 가쓰모토와 제휴하는 것이 상책이라 판단했다. 소젠은 그의 장녀를 가쓰모토에게 시집보냈고, 아들이 없던 가쓰모토는 소젠의 막내아들을 양자로 맞아 호소카와 가문의 후계자로 삼겠다고 약속했다. 하지만 가쓰모토의 아들 마사모토政元가 태어나자 양자로 삼았던 소젠의 아들 도요히사豊久를 출가시키며 약속을 깨 버렸다. 이에 격분한 소젠은 도요히사를 곧바로 환속시켰다.

소젠과 가쓰모토의 대립은 하타케야마 가문과 시바 가문의 후계자 분쟁에 이들이 개입함으로써 더욱 격렬해졌다. 가쓰모토가 마사나가를 후원하자 소젠은 요시나리를 후원했다. 또 가쓰모토가 요시토시를 후원하자 소젠은 딸을 요시카도에게 시집보내며 대립했다. 여기에 앞서 말한 쇼군 가문의 상속까지 겹치며 더욱 복잡해졌다.

소젠은 가쓰모토와 마사나가를 축출하려 했으나 쇼군 요시마사는 이를 거부했다. 요시마사는 소젠과 가쓰모토가 싸움을 벌일 경우 천하의 대란으로 확대될 것이라며 크게 염려했다. 그는 생각 끝에 요시나리와 마사나가의 분쟁은 그들 두 사람에게 맡기고, 소젠과 가쓰모토를 비롯한 다른 다이묘들은 중립을 지키도록 엄명했다. 그러나 대세의 흐름을 막을 수는 없었다.

1467년 1월 28일 새벽, 교토의 킨엔禁苑 숲에서 불빛이 번쩍 일면서 갑자기 화광이 충천했다. 이것은 하타케야마 마사나가가 자신의 저택에 불을 지르고 영사靈社 가까이에 진을 친 다음 요시나리를 공격하겠다는 신호였다. 응전 태세를 갖추고 있던 요시나리는 불빛을 향해 일제히 공격해 들어갔다. 소젠은 요시마사의 중립 명령을 어기고 군사를 움직였으나 가쓰모토는 움직이지 않았다. 마사나가는 전세가 불리해지자 킨엔에 불을 지르고 행방을 감추어 버렸다. 이 사건은 오닌의 난이 일어나는 도화선이 되었다.

전투에서 승리한 요시나리와 소젠은 잔치를 벌이며 으스대더니 마침내는 가쓰모토 영지까지 몰수하려 했다. 이에 가쓰모토가 소젠과의 일전을 준비하자 민심은 점점 흉흉해졌다. 조정에서는 3월 5일 천하의 평화를 의미하는 뜻으로 연호를 오닌으로 고쳤다.

4월에 접어들자 교토 곳곳에서는 소규모 분쟁이 일어났으며 급기야 5월에는 야마나군과 호소카와군이 금세라도 싸움을 벌일 듯했다. 5월 말에 이르자 궁중이나 바쿠후의 경계가 한층 삼엄해지면서 양군은 진지 구축에 광분해 있었다. 호소카와 가문은 무로마치 쇼군 저택 주변에 진지를 구축하고, 야마나 가문은 도로를 파내고 진지를 구축했다. 양군의 진지가 교토를 거의 반분해 포진했기 때문에 호소카와 측은 동군東軍, 야마나 측은 서군西軍이라 불렀다.

동군은 호소카와 일족을 필두로 하타케야마 마사나가, 시바 요시토시, 아카마쓰 마사노리, 교고쿠 모치키요 등 24국 16만으로 구성되었다. 이에 맞서는 서군은 야마나 일족을 위시해 시바 요시카도, 하타케야마 요시나리, 잇시키 요시나오, 롯카쿠 다카요리 등 20국 9만으로 구성되었다. 양군 도합 25만의 대병력이 교토에 포진한 셈이었다.

쇼군 요시마사는 그의 동생 요시미를 양 진영에 보내 경고했다.

"먼저 군사 행동을 하는 측이 쇼군의 적이 될 것이다."

1467년 5월 26일, 서군의 요시나오가 무로마치 저택에 진지를 구축하자 동군이 이를 점령하면서 싸움은 전면으로 확대되었다. 오닌의 난이 시작된 것이다. 가쓰모토는 쇼군 요시마사에게 군기軍旗를 수여받고, 고쓰치미카도後土御門 천황과 고하나조노後花園 상황을 무로마치의 아시카가 쇼군 저택으로 모시고 서군을 역적으로 간주했다.

1468년 11월, 소젠은 쇼군 요시마사의 동생 요시미를 쇼군으로 추대하고 시코쿠의 유력한 다이묘 야마나 마사히로山名政弘를 가담시켜 열세를 만회했다.

교토를 무대로 7년 동안 벌어진 이 전란으로 말미암아 전통을 자랑하던 사원과 신사 등이 모두 불타 버리고 불상도 대부분 잿더미로 변했다. 교토 거리는 황량한 들판으로 변해 푸르른 나무 한 그루 보기 어려울 지경이었다. 교토에서 전투가 치열해지자 각지에서는 삶에 지친 백성들이 봉기했다. 그러자 싸움에 가담했던 다이묘들이 하나둘씩 자신의 영지로 돌아가기 시작했다. 이러한 정세 속에서 1473년 3월에 소젠이 죽고, 5월에 가쓰모토가 죽자 개전 7년째에 휴전 움직임이 보이기 시작했다. 1474년 4월, 마침내 가쓰모토의 아들 마사모토政元와 소젠의 손자 마사토요政豊 사이에 강화가 성립되었다. 1475년 정월에는 천황이 궁중 의식을 무로마치의 쇼군 저택에서 거행할 수 있게 되었다.

하지만 오닌의 난의 원인이었던 요시나리와 마사나가의 싸움은 그

계속되는 전쟁과 대기근으로 인한 농민 반란

치지 않았다. 또 요시미와의 사이에서도 화해가 성립하지 않았다. 교토에 남아 있는 동서 양군은 직접 전투를 벌이지는 않았으나 반목은 여전히 계속되고 있었다. 바쿠후에서는 사태를 수습하고자 오우치 마사히로에게 치쿠젠, 부젠, 히젠 등 기타큐슈의 여러 고을을 주어 귀국시키고, 요시노리도 가와치로 돌아갔다. 이렇게 해서 1467년부터 시작되었던 오닌의 난은 1477년에 막을 내렸다.

오닌의 난은 일단 종식되었으나 도화선이었던 하타케야마 가문의 싸움은 미나미야마시로南山城와 야마토大和로 무대를 옮겨 계속되었다. 미나미야마시로에서는 계속되는 전란으로 백성들이 기아에 허덕였을 뿐만 아니라 부역에 동원되고 전비까지 조달해야 했다. 곤궁에 처해 있던 농민들도 이제는 더 이상 견딜 수가 없었다. 그들은 살기 위해 힘을 합쳐 봉기했다.

1485년 12월, 미나미야마시로의 토착 무사와 농민들이 단결해 철군을 요구하자 상황이 심상치 않다고 판단한 하타케야마 가문 양측은 자신들의 나라로 돌아갔다. 일본 역사상 처음으로 농민 봉기가 승리한 것이다. 이 봉기를 야마시로국山城國의 봉기라 부른다. 이들은 '하타케야마 양측은 더 이상 국내에 들어오지 못하며, 장원은 원래의 주인에게 반환하고, 국내 관소는 모두 철거한다'고 공포했다.

1486년 2월, 우지宇治의 보도인平等院에 모인 국민들은 36명의 대표를 선출해 통합 조직인 총국惣國을 만들어 재정과 경찰 임무를 관장하게 했다. 총국의 수입은 미나미야마시로에 있는 모든 장원에 반제법半濟法을 적용해 충당했다. 원래 반제법은 장원 연공의 반을 무사들이 징수할 수 있도록 한 것으로, 반제법을 시행할 수 있는 사람은 쇼군이나 슈고들이다. 하지만 이곳의 반제법은 총국에서 독자적으로 시행해 바쿠후의 체면은 완전히 구겨지고 말았다. 바쿠후에서는 이세 사다모리伊勢貞盛에 이어 이세 사다무네伊勢貞宗를 슈고에 임명해 미나미야마시로를 통치하게 했다. 그러나 이들은 임지인 미나미야마시로에 입국조차 못 했다. 이로써 미나미야마시로는 자치 상태에 놓이게 되었다. 이 같은 봉기는 미나미야마시로뿐만 아니라 북서부 지방까지 파급되었다.

오닌의 난은 쇼군 가문을 비롯한 다이묘들의 상속 문제를 둘러싼 분쟁이었다. 하지만 교토 부근의 토착 무사들이 각지의 슈고들에 대항했고, 이에 가세한 농민들로 인해 전국으로 확대되었다. 이 대란으로 교토가 오랫동안 누려온 권위는 사라지고 잿더미 속에서 새로운 시대가 태동하기 시작했다.

무로마치 바쿠후의 몰락과 전국 시대

오닌의 난 이후에 등장한 모든 쇼군은 권위를 상실하고 유력한 다이묘나 세력을 가진 무장들에 의해 옹립되었다가 추방당하는 비운을 맞았다.

요시마사의 아들로 제9대 쇼군이 된 요시히사는 오미국에서 반기를 든 롯카쿠 다카요리六角高賴를 정벌하고자 출진했으나 25세의 젊은 나이로 진중에서 죽고 말았다. 그의 죽음은 뒤를 이은 쇼군들에 비하면 행복한 것이었다. 제10대 쇼군인 요시타네義稙는 마사모토에 의해 쇼군 자리에서 쫓겨났다가 복귀했으나 또다시 호소카와 다카쿠니細川高国에게 아와지섬淡路島으로 축출되어 아와阿波에서 일생을 마쳤다. 제11대 쇼군 요시즈미義澄는 마사모토에게 옹립되었으나 다카쿠니, 오우치 요시오키大内義興 등에게 축출된 후 오미에서 생을 마쳤다. 제12대 쇼군 요시하루義晴는 그를 옹립했던 다카쿠니가 실각한 후 아와의 미요시 모토나가三好元長에 의해 오미로 추방되어 사카모토에서 병사했다. 제13대 쇼군 요시테루義輝는 마쓰나가 히사히데松永久秀, 미요시 나가야스三好長逸 등의 습격을 받아 무로마치 바쿠후 처소에서 비참한 최후를 맞았다. 제14대 쇼군 요시히데義榮는 아와에서 마쓰나가에 의해 쇼군이 되었으나 재위 1년도 안 되어 오다 노부나가織田信長에게 추방되어 병사했다. 제15대 쇼군은 요시테루의 동생 요시아키義昭로 노부나가에 의해 옹립되었으나 그와 대립하다 추방되어 히데요시秀吉의 부하로 전락해 오사카에서 죽었다.

쇼군을 보좌하며 바쿠후에서 세력을 과시했던 3관령도 이와 비슷했다. 상속 분쟁을 일으켜 오닌의 난의 기폭제가 된 시바 가문과 하타케야마 가문은 이미 바쿠후 내에서 세력이 약화되어 있었다. 이에 비해 호소카와 가문은 종가宗家를 중심으로 단결해 셋쓰, 이즈미, 단바, 아와, 사누키, 빗츄 등의 슈고로 여전히 세력을 떨쳤다. 특히 호소카와 가쓰모토의 아들 마사모토는 바쿠후 최고 권력자가 되어 1493년 쇼군 요시타네를 축출하고 호리코시 공방堀越公方인 아시카가 마사토모의 아들 세이코淸時를 환속시켜 요시즈미라 하고 제11대 쇼군으로 옹립했다. 무로마치 바쿠후가 개설된 이래 쇼군이 암살당한 일은 있었어도 부하에 의해 추방되거나 옹립된 일은 없었다. 마사모토의 쇼군 교체는 '하극상 시대'를 예고하는 충격적인 사건이었다.

하지만 호소카와 가문도 후계자 문제로 분열되었다. 친자식이 없었던 마사모토는 혈연관계가 없는 구죠 마사모토九條政基의 아들을 양자로 삼아 스미유키澄之라 했다. 그러다가 혈연을 의식해 호소카와 일문에서 또 스미모토澄元라는 양자를 들이자 이들을 지지하는 세력들로 각각 분열되었다.

호소카와 가문이 분열되자 가신들뿐만 아니라 구죠에게 불만을 품고 있던 슈고 다이묘들도 가세했다. 이 와중에 구죠가 스미유키 지지파에게 피살되었다. 또 스미유키는 스미모토에 의해 붕괴되었고, 스미모토는 다카쿠니에게 쫓겨났다. 이렇게 해서 호소카와 가문의 상속은 다카쿠니가 승계하게 되었다.

호소카와 마사모토

1549년 호소카와 스미모토의 아들인 하루모토晴元도 미요시 모토나가三好元長의 아들 나가요시長慶에게 추방되어 복권을 기다렸으나 꿈을 이루지 못한 채 사망했다. 1564년, 그동안 교토의 정권을 멋대로 휘둘렀던 미요시 나가요시가 죽자 그의 부하 마쓰나가 히사히데松永久秀가 정권을 장악했다. 교토를 제압하고 키나이畿內 유일의 실력자가 된 나가요시 밑에 있던 히사히데는 나가요시의 죽음으로 싸우지 않고도 실권을 장악한 행운아가 되었다.

중앙 권력을 둘러싼 쟁투 결과 실권은 쇼군에서 관령 호소카와 종가로, 호소카와 종가에서 아와의 호소카와 일문으로, 아와의 호소카와 일문에서 가신이었던 미요시 가문으로, 미요시 가문에서 가문의 부하였던 마쓰나가 가문으로 넘어가며 하극상이 반복됐다.

간토에서는 아시카가 모치우지의 난이 평정된 후 간토 관령 우에스기 노리자네에 의해 안정을 찾았다. 그러다가 1449년 모치우지의 아들 시게우지成氏가 간토 공방으로 가마쿠라에 들어오자 시게우지와 우에스기 사이에 갈등이 시작됐다. 1454년 관령 노리자네의 아들 노리타다憲忠가 시게우지에게 피살되자 바쿠후는 쓰루가의 슈고 이마가와 노리타다今川範忠와 우에스기 가문을 급파해 시게우지를 시모우사 고가不總古河로 쫓아냈다. 시모우사로 쫓겨난 시게우지는 고가 공방古河公方이라 불렸다. 이때 쇼군 요시마사는 시게우지를 토벌하고자 그의 동생인 마사토모를 간토로 파견했다. 하지만 마사토모는 가마쿠라로 들어가지 않고 이즈의 호리코시에 근거지를 마련하고 호리코시 공방이 되었다.

이 무렵 관령 우에스기 가문은 고즈케에 근거하는 야마노우치山內 일문과 무사시에 근거하는 오기가야쓰扇谷 일문으로 갈라져 있었다.

이들의 대립은 처음에 간토 관령을 지낸 노리자네의 야마노우치 가문이 우세했으나 바쿠후가 고가에 있는 시게우지를 막기 위해 성곽 보수와 축성을 맡기자 판도가 바뀌었다. 바쿠후는 오기가야쓰 가문의 가로인 오타 도칸太田道灌에게 가와고에성河越城을 보수하고 그 지성支城으로 에도성江戸城을 쌓을 것을 명했다. 이로써 오기가야쓰 가문은 가와고에성, 이와쓰키성巖村城, 에도성을 연결하며 그 지역을 세력권에 넣었다.

한편 야마노우치 가문에서는 가로의 지위를 숙부에게 빼앗긴 데 대한 불만으로 나가오 카게하루長尾景春가 그의 주군 야마노우치 아키사다山内顯定를 배반하고 고가 공방 시게우지와 내통해 반란을 일으켰다. 그러자 오타 도칸은 이들을 토벌하고자 4년 동안 간토 각지를 돌며 카게하루 세력을 축출했다. 하지만 그는 1486년 오기가야쓰 사다마사定政의 초대로 사가미국 가스야糟屋의 별장에 갔다가 목욕 중에 피살되고 말았다. 이 사건은 주군인 사다마사가 오타 도칸의 세력이 강해지는 것을 견제해 야마노우치 가문이 벌인 음모라는 소문이 파다했다.

어쨌든 사다마사는 숙적이었던 고가 공방 시게우지와 그의 아들 마사우지政氏, 카게하루 등과 손을 잡고 야마노우치 가문과 전투를 벌였다. 이렇게 해서 우에스기 가문끼리 각지에서 계속 전투를 벌이는 가운데 1491년 호리코시 공방 마사토모가 죽었다. 그의 아들 챠챠마루茶茶丸가 뒤를 이었으나 구신들이 반발했다. 혼란 중에 쓰루가 고코쿠지駿河興國寺 성주였던 이세 나가우지伊勢長氏가 이즈를 손에 넣고 센코쿠다이묘戰國大名로 부상했다. 이것이 바로 전국의 효웅梟雄이라고 불리는 호조 소운北條早雲의 탄생이다.

전국이 전란에 휩쓸리자 경제 기반을 전국의 장원 연공에 의존하던 천황 가문, 공경公卿, 사원, 신사 등은 큰 고통을 받게 되었다. 천황 가문은 궁궐 담이 무너져 상인이나 아이들이 천황 거처 가까이에서 장사하거나 놀기도 했다. 또 즉위식을 거행하지 못한 채 그대로 보내는가 하면 장례 비용조차 제대로 조달하지 못했다. 공경들은 몸소 장원에 나아가 직접 연공을 징수하거나 지방의 유복한 다이토에게 딸을 시집보내거나 궁정에서 유행하던 고전, 와카, 학문 등을 교토의 상인이나 지방 무사들에게 가르쳐 주고 사례금을 받으며 가까스로 체면을 유지했다. 이렇듯 모든 면에서 구세력이 무너지는 소리가 들려오고 있었다.

전국 시대의 군웅들

사이토 도산

사이토 도산齋藤道三은 호조 소운과 함께 센코쿠 다이묘의 전형이라는 평을 받는다. 구전에 의하면 지방 무사의 아들로 태어나 법화종法華宗 계통의 묘카쿠지妙覺寺에 들어갔다가 곧바로 뛰쳐나와 기름 행상을 했다. 이 무렵 슈고 도키 가문의 상속 분쟁이 일어난 미노국에 들어가 도키 가문의 중신인 나가이長井 가문에 접근해 무사가 되었다. 그는 나가이 가문의 신임을 얻기 위해 그의 부하인 니시무라西代正元가 죽자 그의 후계자가 되어 슈고 도키 마사요리土岐政賴의 동생 요리노리賴芸를 섬겼다. 이후 평소 상속 분쟁에 불만을 품고 있던 요리아키에게 모반을 권유하고 1527년 가와테성川手城을 공격해 슈고 마사요리를 에치젠으로 추방했다. 이로써 요리노리는 손 하나 까딱 않고 미노국 슈고가 되었다. 도산은 1533년 그의 은인인 나가이를 요리노리에게 참소해

센코쿠 다이묘

죽이고, 1539년 5월에는 미노국 슈고 요리노리를 공격해 오하리尾張로 축출했다. 20여 년 후에는 미노국을 빼앗아 마침내 슈고에 올랐다.

도산은 살모사라고 불릴 정도로 책략과 음모에 출중했다. 그러나 1556년 그의 아들 요시타쓰義龍와 대립하며 고립무원으로 참혹한 최후를 맞았다. 도산의 죽음이야말로 인과응보의 실증을 보여 준다.

호조 소운

호조 소운에 대해 자세히 전해지는 것은 없으나 확실한 것은 누이동생이 쓰루가의 슈고 이마가와 요시타다今川義忠의 측실이었다는 것과 그 인연으로 이마가와 가문의 슈고 우지치카氏親로부터 쓰루가의 고코쿠지성興國寺城을 위임받았다는 사실뿐이다.

　1491년 9월, 쓰루가의 누마즈沼津에서 60세의 소운이 이끄는 수많은 군마들이 이즈의 니라야마를 향해 달렸다. 목적지는 호리코시 공방이었다. 소운은 마사토모가 죽은 후 공방을 승계한 아시카가 챠챠마루가 부하들의 지지를 얻지 못하자 그를 죽이고 니라야마산을 장악했다. 이때 간토에서는 오타 도칸이 암살되고 야마노우치와 오기가야쓰로 갈라진 두 우에스기가 전쟁을 반복하고 있어서 세상의 관심이 덜한 때였다. 1495년에는 다시 오다와라성小田原城을 급습해 오모리 후지요리大森藤賴를 무찌르고 승리했다. 연전연승을 거둔 소운은 1518년 그의 아들 우지쓰나氏綱에게 호주戶主 자리를 양도하고 자신은 영국領國의 안정과 경략에 총력을 기울였다. 그 결과 히가시사가미東柏模의 대호족 미우라 요시아쓰三浦義同와 벌인 4년간의 전쟁에서 승리하고 이즈와 사가미 두 나라를 장악한 쟁쟁한 세력으로 성장했다.

　소운은 영토를 확장할 때마다 무사와 농민들을 자신의 군사력으로 활용하고 농민병도 조직했다. 또 영국 중 극소수만 직할령으로 삼고 나머지는 무사들에게 나누어 주는 한편 농민들에게 거두는 연공도 5%에서 4%로 낮춰 민심을 안정시켰다. 그의 가문은 5대인 우지나오氏直가 히데요시秀吉에게 멸망할 때까지 약 100년 동안 간토 지방의 센코쿠 다이묘로 세력을 떨쳤다. 이 호조 가

호조 소운

문을 가마쿠라 바쿠후의 중신으로 집권했던 호조 가문과 구별하기 위해 '고호조後北條' 가문이라 부른다.

이마가와 가문

이마가와 가문은 아시카가 가문의 일족으로 남북조 시대부터 쓰루가 슈고로 번영을 누렸고, 오닌의 난 때도 동군에 속해 승리를 거두었다. 하지만 이마가와 요시타다今川義忠가 서군에 속했던 도토미국 슈고인 시바 요시카도斯波義廉에게 피살되자 쓰루가는 그의 아들 우지치카氏親를 지지하는 세력과 반대하는 세력으로 분열되었다. 우지치카는 영내를 안정시키기 위해 국내 무사들과 농민들을 적극 통제했다. 그런데 이러한 일련의 일들이 도리어 우지치카를 슈고 다이묘에서 센코쿠 다이묘로 부상시켰다.

우지치카는 1517년 도토미를 공격해 시바 잔당을 몰아내고 쓰루가와 도토미를 통치했다. 그는 1520년, 1525년 등 두 차례에 걸쳐 검지檢地를 실시해 영내를 장악하고, 1527년에는 가법 〈이마가와가나목록今川假名目錄〉을 제정해 센코쿠 다이묘가 되었다. 그는 이웃 나라의 센코쿠 다이묘 다케다 신겐武田信玄의 누이를 그의 아들 요시모토義元와 혼인시켜 동맹을 체결했다. 그 후 요시모토의 부인이 죽자 다시 요시모토의 딸을 신겐의 장남 요시노부義信에게 시집보내 동맹을 유지했다.

1554년 요시모토는 오하리의 오다 노부나가織田信長와 대결하고자 미카와에 출진했다. 그러자 이 틈을 노린 호조 우지야스北條氏康가 쓰루가를 침공했다. 요시모토는 급히 쓰루가로 돌아가 신겐의 응원을 받아 우지야스와 격렬한 싸움을 벌였으나 승부를 내지 못했다.

이마가와 가문의 군사軍師는 신겐, 요시토모, 우지야스 등을 쓰루가의 젠토쿠지善德寺에 모아 놓고 삼국 동맹을 제의했다. 이 동맹은 서로의 견제 속에 지속되다가 요시모토의 죽음으로 파기되었다. 1560년 요시모토가 오하리의 오케하자마桶狹間에서 오다 노부나가의 기습으로 죽자 우지야스의 딸을 아내로 맞이한 우지자네氏真가 이마가와 가문을 승계했다. 하지만 이미 그 세력은 꺾여 있었다.

슈고 다이묘에서 센코쿠 다이묘가 된 사람은 이마가와 외에 가이의 다케다武田, 스오의 오우치大内, 붕고의 오토모大友, 사쓰마의 시마즈島津 등이 있다.

다케다 신겐

1541년 호조 우지쓰나北條氏綱가 죽고, 그의 아들 우지야스氏康가 제3대 후계자가 되었다. 같은 해 가이의 다케다 신겐은 그의 아버지 노부토라信虎를 쓰루가로 몰아내고 가이를 차지했다. 1547년에는 에치고에서 우에스기 겐신上杉謙信이 그의 형 하루카게春景를 몰아내고 권력을 장악했다. 이렇게 해서 호조, 다케다, 우에스기는 도고쿠東国의 3강으로 자리 잡게 되었다.

신겐은 권력을 장악한 다음 해에 남쪽에서 세력을 떨치고 있던 스와諏訪 가문을 격파하고 스와와 가미이나上伊那 지방을 손에 넣었다. 1545년에는 〈이마

다케다 신겐

가와나카섬을 둘러싼 신겐과 겐신의 대결

가와가나목록〉을 본떠 〈신겐가법
信玄家法〉을 제정하고 자신도 이 법
을 어겼을 경우 고발하도록 함으
로써 솔선수범했다. 1548년에는
기타시나노의 무라카미村上 가문
을 공격해 영토를 크게 확대했다.
이로써 신겐은 겐신과 일본 역사
의 한 장을 장식하는 '가와나카지
마川中島 전투'를 벌이게 되었다.

가와나카섬은 지쿠마강千曲川
과 사이강犀川이 합류하는 삼각주
를 중심으로 다카이高井, 미노치水
內, 우에시나植科, 사라시나更級 등
4군을 끼고 있는 비옥한 교통의
요지이다. 겐신의 본거지는 가스가산성春日山城과 아주 가까웠기 때
문에 이곳까지 신겐이 진출한다는 것은 그에게 커다란 위협이 아닐
수 없었다.

1553년, 드디어 가와나카섬을 둘러싼 신겐과 겐신의 대결이 시작되
었다. 신겐은 먼저 이마가와 가문, 호조 가문과 각각 동맹을 맺어 배후
의 근심을 없앴다. 하지만 1560년 이마가와 요시모토가 죽자 다케다
가문은 이마가와 가문을 공격하려는 남진파와 평화를 원하는 화친파
로 분열됐다. 신겐은 이마가와 가문과 맺은 약속을 깨고 쓰루가를 공
격해 1570년 슨푸를 점령하고 태평양 연안까지 영토를 확대했다. 이
로써 신겐은 노부나가를 견제할 수 있는 강력한 세력으로 부상했다.

우에스기 겐신

다케다 신겐이 등장하면 으레 우에스기 겐신을 떠올릴 정도로 이들은 숙명의 라이벌이었다. 겐신은 에치고의 슈고다이인 나가오 가문에서 태어났으며 이름은 가게토라景虎라고 했다. 1507년 겐신의 아버지인 슈고다이 나가오 다메카게長尾為景가 슈고 우에스기 후사요시上杉房能를 죽이고 그의 사촌인 우에스기 사다자네上杉定實를 옹립했다. 그러자 간토 관령이었던 후사요시의 형 아키사다顯定가 공격해 와 엣츄로 도망쳤다. 1년 후 세력을 만회한 다메카게는 아키사다를 제압하고 사다자네를 중심으로 한 반다메카게파反為景派를 타도한 후 1536년에 죽었다.

다메카게가 죽은 후 그의 장자 하루카게晴景가 뒤를 계승했으나 그가 사다자네를 다시 슈고로 영입하려 하자 나가오 가문의 가신들이 겐신의 주변에 모여들었다. 겐신은 1548년 형 하루카게를 은퇴시키고 가스가야마성으로 들어가며 센코쿠 다이묘가 되었다.

1552년 관령 우에스기 노리마사上杉憲政가 호조 우지야스의 군대에게 패해 겐신에게 몸을 의탁했다. 그다음 해에는 신겐에게 쫓긴 시나노의 무라카미가 들어왔다. 이렇게 되자 겐신은 우지야스와 신겐을 상대할 수밖에 없었다. 1554년 이마가와, 다케다, 호조 등이 삼국 동맹을 맺으며 겐신을 압박했다. 겐신은 1555년 가와나카섬에서 신겐과 일전을 벌였으나 일진일퇴의 공방만 거듭될 뿐이었다. 결국 이마가와 요시모

우에스기 겐신

토의 중재로 휴전을 맺었다.

1561년 겐신은 오다와라성을 포위하고, 가마쿠라의 쓰루오카 하치만 신사 앞에서 우에스기 노리마사로부터 간토 관령을 양도받아 우에스기로 칭하게 되었다. 그는 오다와라성을 1개월간 공략했으나 함락하지 못했다. 병력을 철수한 겐신은 곧바로 시나노로 말을 달려 신겐과 대치했다. 이 전투는 총력을 기울인 건곤일척乾坤一擲의 대격전이었으나 좀처럼 결과를 내지 못하고 교착 상태에 빠졌다. 이후 신겐이 죽자 겐신은 시나노를 공격해 노토能登, 기타가가北加賀 등을 정벌하고 영지를 확장했다.

다케다 신겐과 우에스기 겐신은 난형난제의 맞수로서 일생 동안 자웅을 겨뤘지만 인간 본연의 따사로운 정은 서로에게 살아 있었다. 이들은 흉년이 들어 상대국 백성들이 기아에 허덕이면 양식을 보내 주었고, 소금이 없어 곤란을 겪으면 소금도 보내 도와주었다. 이 일화는 그들의 인간성을 후세에 전해 주기에 충분하다.

모리 모토나리

이 무렵 서쪽 지방에서는 아마코尼子와 오우치 양가가 격렬히 대립하는 가운데 모리毛利 가문이 두각을 나타내기 시작했다. 아마코 가문은 산인 지방의 이즈모出雲, 오키隱岐의 슈고다이였으나 1486년 슈고인 교고쿠京極를 제거한 후 주고쿠 동부 지방에서 세력을 확대하고 있었다. 오우치 가문은 스오周防, 나가도長門의 슈고로서 아키, 빙고, 이와미 등의 접경지대에서 아마코 쓰네히사尼子經久 등과 치열한 싸움을 벌이고 있었다. 이러한 정세 속에서 아키국의 모리 모토나리毛利元就는 쓰네히사의 손자 하루히사晴久와 형제의 의를 맺고 아마코 가문과 인연을

맺었으며, 그의 장남 다카모토隆元를 오우치 가
문에 인질로 보내 이들과도 가깝게 지냈다.
모토나리는 아마코 가문과 오우치 가문
의 반목을 교묘히 이용해 아키국을
지배했다. 이후 모토나리는 2남
모토하루元春에게 깃카와吉川 가
문을, 3남 다카카게隆景에게 고바
야카와小早川 가문을 각각 승계토록
했다가 마침내는 두 가문을 탈취했다.

모리 모토나리

오우치 가문은 1550년 그의 중신 스에
하루카타陶晴賢의 급습을 받아 멸망했다. 1554년 5월
하루카타와 결전을 벌일 각오로 출전한 모토나리는 오우치 가문이 지
배하던 히로시마완廣島灣을 제압했고 1555년에는 이쓰쿠시마섬嚴島에
서 하루카타군을 궤멸시켰다. 같은 해 산인 지방에 침입해 아마코 가
문과 싸움을 벌여 1556년 11월 아마코 요시히사尼子義久에게 항복을
받아 냈다. 이 싸움을 끝으로 아마코 가문은 멸망하고 모토나리가 산
인을 장악하며 센코쿠 다이묘가 되었다.

센코쿠 다이묘들의 정치력

다이묘들의 세력이 강화됨에 따라 전국을 지배하던 쇼군은 이제 이
름뿐인 존재로 전락하고 말았다. 그러나 다이묘들은 결코 쇼군의 권
위를 무시하지는 않았다. 예를 들면 우에스기 겐신은 교토에서 쇼군
과 만나자 "만약 내 나라에 어떠한 사건이 일어난다 할지라도 당신의
명령이라면 모든 일을 제쳐 놓고 따르겠소이다."라도 했을 정도였다.

천황이나 쇼군을 대하는 태도는 다른 다이묘들도 마찬가지였다. 그렇다면 다이묘들은 세력도 없이 형식과 이름뿐인 쇼군에 대해 왜 이러한 태도를 취했을까?

한마디로 말하면 다이묘들이 예로부터 이어 온 천황이나 쇼군의 권위를 이용해 전국을 지배하려는 대망이 있었기 때문이다. 대망을 품은 다이묘들은 영토 확장뿐만 아니라 내치에도 힘을 기울여야 했다. 당시 영내에서 혼란이 일어나면 십중팔구 나라를 잃었기 때문이다.

'주군主君은 배, 부하들은 물이다. 물이 있어야 비로소 배가 뜰 수 있다. 배가 있다 한들 물이 없다면 뜰 수 없는 것이다.'

이 말은 모리 가문의 가신이 주군 다카모토에게 한 진언이다. 이 같은 사고방식은 이 시대의 일반적인 경향이었다. 모리, 호조, 우에스기 가문을 비롯한 센코쿠 다이묘들은 이러한 사고방식을 가진 자들을 어떻게 지배해야 할 것인지 고심했다.

호조 소운는 쓰루가를 장악했을 때 행동을 같이한 6명의 부하가 있었고, 고코쿠지 성주興國寺 城主가 되었을 때는 쓰루가의 4가문을 가신으로 조직했다. 이즈에 들어갔을 때는 이즈 21가문을, 오다와라에 들어갔을 때는 사가미 14가문을 가신단으로 조직해 새 영지를 통치했다. 그는 오다와라성을 장악한 후에도 국민들이 복속해 오기를 기다렸다. 이는 호조 가문 대대로 일관한 정책으로 영토를 확대할 때마다 그 나라 농민들의 귀순을 기다렸다. 호조 가문이 5대에 걸쳐 국내를 안정시킬 수 있었던 것은 이 정책이 주효했기 때문이다.

이처럼 센코쿠 다이묘들은 호조 가문과 거의 비슷한 방법으로 가신단家臣團을 조직해 국내 안정을 도모했다.

무로마치 바쿠후 시대의 문화와 생활

가마쿠라 시대부터 귀족 문화를 받아들이기 시작한 무사들은 선종과 대륙의 영향을 받아 한층 깊이 있고 정취 있는 문화를 발전시켰다.

이 시대의 불교는 무사 계급을 중심으로 선종이 크게 유행했다. 특히 아시카가 요시미쓰는 임제종臨濟宗을 보호하며 교토에 유행시켰다. 그는 송나라를 모방해 교토와 가마쿠라에 오산 제도五山制度를 도입하고 선종 사원 5개를 선정해 특별히 관리했다. 오산 승려에게는 주자학을 장려하고 시와 문장도 교습토록 했다. 그 결과 기도 슈신養堂周信과 젯카이 주신絶海中津 같은 시문의 대가가 배출되어 오산문학五山文學이 꽃을 피웠다.

일반 무사들과 백성들 사이에서는 정토종이 유행했다. 정토진종淨土眞宗은 신란親鸞이 죽은 후 오랫동안 빛을 보지 못하다가 렌뇨蓮如에 의해 크게 확장됐다. 렌뇨가 어렸을 때 진종은 끼니조차 잇지 못할 정도로 쇠퇴해 있었다. 하지만 그는 좌절하지 않고 농민들 속에 파고들어 혼간지本願寺를 부흥시켜 강력한 교단으로 성장시켰다. 이렇게 하여 야마시나와 이시야마에 혼간지를 세웠다. 특히 남북조 시대의 호쿠리쿠 지방 신도들은 그 세력이 슈고와 대항할 정도

렌뇨

로 막강해 마침내는 반란을 일으켰다. 이 반란은 다이묘들에게로 확산되었고 토호, 승려, 농민 등도 가세해 1508년 오다 노부나가에 의해 평정될 때까지 약 1세기 동안 이어졌다.

렌뇨의 정토진종이 호쿠리쿠 지방에서 교세를 떨치고 있을 무렵 법화종法華宗은 니치렌日蓮이 입적한 후 간토를 비롯한 킨키近畿, 규슈 지방 등 전국에 세력을 뻗치고 있었다. 각 지방 영주들이 법화종을 지지하자 그들의 부하들도 신봉하게 되었다. 또 황실과 조정의 귀족, 쇼군들에게도 지지를 받았으며 교토와 사카이의 상공업자에게도 신뢰를 받았다.

이 시대를 대표하는 건축물로는 킨카쿠지(금각사)와 긴카쿠지(은각사)가 있다. 킨카쿠지는 아시카가 요시미쓰가 기타야마에 세운 3층 건물로 1층과 2층은 헤이안 시대의 침전 양식을, 3층은 당풍唐風을 채용해,

히가시야마 문화를 대표하는 건축물로 1482년에 요시마사의 별장으로 세워진 긴카쿠지

공가풍公家風, 무가풍武家風, 정토신앙과 선종을 절충한 모습을 보여 준다. 이로 인해 요시미쓰 시대의 문화를 기타야마 문화라 부른다.

긴카쿠지는 아시카가 요시마사가 히가시야마에 세운 별장으로 서원書院 건축 양식을 채용했다. 이 양식은 건물 정면에 현관을, 깊숙한 곳에는 서원을, 서원에는 서재를 두는 것이 특징이다. 서원 전면에는 서원창書院窓, 맹장지, 선반 등이 있고, 실내에는 다다미를 깔았다. 천장에는 반자를 하고, 통풍과 채광용 교창交窓을 두며, 방은 장지와 칸막이로 구분하고, 앞쪽에는 서원정書院庭을 조성한다. 서원 건축 양식은 한마디로 일본 건축 양식의 전형이라고 할 수 있다. 긴카쿠지는 안정감을 주고 정원과 조화를 이루어 정취를 풍긴다. 이후 쇼군이나 귀족, 상류 계급의 무사들은 저택을 지을 때 이 양식을 채용했다.

요시마사는 당시 유행하던 회화와 공예품을 긴카쿠지에 수집했다. 회화 양식은 변화된 건축 양식에 따라 종래 사용하던 병풍 외에 화폭이 큰 회화가 유행했다. 또 공간을 장식하기 위한 족자용 회화도 발달했다. 족자용 회화는 처음에 불교와 관련 있는 것이 유행했으나 후에는 산수화가 인기를 끌었다. 이 무렵 송나라나 원나라에서 발달한 묵화가 일본에도 전해졌다. 묵화는 강렬한 선으로 형상을 표현하는 것으로 선심禅心과 일맥상통한다 하여 크게 유행했다. 셋슈雪舟는 이 시대를 대표하는 수묵화의 대가다.

가마쿠라 시대 선종에서는 차를 마시는 것이 유행했다. 당시는 녹차綠茶를 빻아 끓여 마시는 정도였으나 무로마치 시대에 들어서면서 아담한 다실茶室을 꽃꽂이로 장식해 놓고 묵화나 글씨를 감상하며 조용히 차를 마시는 다도茶道가 무사들과 도시민 사이에 유행했다. 다실은 대부분 조용한 정원 가운데 만들어졌다. 특히 모래와 자갈만으로 이루어

일본에 중국의 새 화풍을 전한 셋슈의 산수화

진 교토의 료안지能安寺 정원은 선을 수행하는 최상의 장소라고 한다.

꽃꽂이는 무로마치 시대 초기에 입화立花라 해서 불전이나 침전 공간을 장식했으나 히가시야마 시대에 들어서면서 서원의 마루 등을 장식하며 유행했다.

노가쿠能樂는 나라 시대부터 행해졌던 산악山樂이라는 놀이로부터

모래 정원으로 유명한 료안지

시작되어 헤이안 시대 말기에 원악猿樂으로 발전했고, 전악田樂 요소까지 가미되었다. 사원의 재齋에서 악마를 몰아내는 굿거리나 신사의 제사 때 기예를 보이는 것이 이에 해당한다. 히가시야마 시대에는 상류 계급의 무사뿐 아니라 백성들에게도 인기가 대단했다. 노가쿠에서 빼놓을 수 없는 것은 막간에 상연되는 희극으로 신분이 낮은 사람이 다이묘와 귀족 등 상류 계급의 생활을 익살스럽게 풍자해 서민들로부터 크게 환영을 받았다.

렌가連歌는 와카의 위 구句와 아래 구句를 번갈아 읊어 나가는 형식의 노래이다. 와카는 한 사람이 만드는 것이지만 렌가는 많은 사람이 한자리에 모여 50구, 100구를 공동으로 읊어 나가기 때문에 각계각층이 렌가를 즐겼다.

세키가하라 전투도에 묘사된 철포를 든 무사들

일본에 철포鐵砲가 처음 전해진 것은 1543년 포르투갈 상인들에 의해서였다. 이들은 규슈 남쪽 다네가섬種子島에 도착해 그곳 영주인 도키타카種子島時堯에게 철포 두 자루와 화약 조제법을 전했다. 이후 한 정이 기슈 네고로지紀州根來寺의 스기노방杉坊에게 전해져 네고로는 철포의 명산지가 되었다. 이후 사카이 상인 다치바나야 마타사부로橘屋又三郎가 철포 제작법을 습득하자 많은 이들이 사카이로 모여들었다. 사카이에는 주물사鑄物師들이 집단 거주했기 때문에 철포의 명산지가 되기에 좋았다. 이 밖에 오미국의 구니토모에서도 철포가 생산되었다. 이러한 일련의 일들이 포르투갈인이 표류하고 2~3년 만에 이루어졌다.

1550년 당시 관령 호소카와가 교토에서 미요시 나가요시三好長慶와 치열한 교전을 벌일 때 호소카와군이 철포를 사용했는데, 이것이 일본 역사상 최초의 철포 사용이었다. 이후 각지의 전투에서 철포가 사용되었고 철포대鐵砲隊 활약이 승패에 영향을 끼쳤다. 센코쿠 다이묘들은 자국 내에서 신무기 제조에 열을 올렸다.

목면木棉은 14세기경 대륙에서 품종을 개량한 이래 15세기 초에는 조선에 전해졌다. 오닌의 난을 전후해 조선에서 수입되기 시작한 무명

은 군복으로 크게 각광을 받았다. 하지만 조선에서 무명 수출을 중단
하자 1492년에서 1521년 사이에 미카와, 도토미, 쓰루가, 가이, 무사
시 등에서 목면을 재배하기 시작했다. 목면은 철포 점화용으로도 사용
되었기 때문에 철포와는 불가분의 관계였다.

6

천하 통일

천하 통일

오닌의 난을 도화선으로 100년간 계속된 전국 시대는 백성들을 불안과 고통 속으로 몰아넣었다. 각 지방에서 일어난 무사 세력들은 서로 밀고 당기는 싸움을 되풀이하면서 세력을 확장하며 천하 통일을 꿈꿨다. 그 가운데 오다 노부나가는 비옥한 노미 평야를 배경으로 차츰 세력을 확장하면서 통일 사업을 진행했다. 그는 아시카가 요시아키를 세력 확장에 이용하고, 요시아키가 반기를 들자 그를 교토에서 몰아내고 무로마치 바쿠후를 타도했다. 또한 아즈치성을 신축해 권위를 과시하면서 산업 발전에도 힘을 기울여 상공업자들에게 활기를 불어넣고 백성들에게 평화를 맛보게 했다.

오다 노부나가의 뒤를 이은 도요토미 히데요시가 천하 통일에 성공했다. 일본은 노부나가와 히데요시에 의해 어렵게 얻은 평화를 바탕으로 이제까지 볼 수 없었던 발전을 이루게 되었다. 그것은 화려하고 장엄한 성 건축과 내부를 장식하는 장지 그림 및 병풍으로 대표되는 아즈치 문화와 모모야마 문화로 나타났다.

히데요시는 두 차례에 걸쳐 조선을 침략했으나 아무 소득 없이 실패로 막을 내렸다. 그의 자리는 노부나가 시대부터 기회를 노리고 있던 도쿠가와 이에야스에게 넘어갔다. 그는 세키가하라 전투에서 승리하며 확고부동한 세력을 구축하게 되었다.

대망을 품은 오다 노부나가의 등장

오닌의 난 이후 약 100년 동안 이어진 전국 시대는 오다 노부나가織田信長에 의해 시작된 통일 사업이 도요토미 히데요시豊臣秀吉에 의해 완성되며 새로운 시대를 맞게 되었다. 전국 시대란 바쿠후와 슈고 다이묘의 주축 세력인 무사 계급이 이들을 부정하고 보다 많은 영지를 소유하려고 무력 투쟁을 벌인 시대이다.

오하리국 기요스성淸州城의 오다 노부나가 또한 이들 중 하나였다. 기요스성은 광활한 들판이 펼쳐진 풍요로운 곳으로, 기요스淸州는 가마쿠라가도鎌倉街道와 이세가도伊勢街道가 교차하고, 기소木曾 방면으로 통하는 히가시야마도東山道와 접한 동서 교통의 요충지였다.

1560년 5월 18일 저녁 무렵, 이마가와 요시모토今川義元 대군이 기요스성으로 공격해 왔다는 소식이 전해졌다. 긴급히 작전 회의가 열렸으나 노부나가는 잡담만 늘어놓을 뿐 대책을 세우지 않았다. 새벽이 되자 와시즈성鷲津城과 마루네성丸根城까지 포위됐다는 급보가 다시 날아왔다. 그러자 노부나가는 부채를 펼치며 평소 즐겨 부르던 노래를 불렀다.

"인생은 일장춘몽, 덧없는 게 인생이라. 생자필멸生者必滅이요, 회자정리會者定離라. 생을 얻은 자 그 뉘 아니 죽으리!"

세 번의 춤이 끝나자 그는 갑주甲冑를 갖추고 출진 경령을 내렸다. 그리고는 대오가 갖추어지기도 전에 5기騎만 거느리고 성문을 박차고 나갔다. 아쓰타熱田에 도착했을 무렵 겨우 2천 명 정도가 그를 뒤따르고 있었다.

세 번의 춤을 춘 뒤 출군했다는 오다 노부나가

이마가와 요시모토는 그의 부장 마쓰다이라 모토야스松平元康에게 별군別軍을 주어 와시즈, 마루네 등을 공격하게 하고 자신은 본군을 이끌고 덴가쿠하자마田樂狹間에 대기했다.

지형에 익숙한 노부나가는 산그늘을 이용해 본군에 접근했다. 이 때 요시모토 본군은 한낮부터 몰아친 폭풍우로 경계가 허술했다. 폭풍우가 잦아들자 산그늘 속에 숨어 있던 노부나가의 병력이 요시모토 본군을 일제히 습격했다. 요시모토군은 순식간에 무너져 버렸다. 5월 19일 오후 2시가 조금 지나서 노부나가의 부하 모리 신스케毛利新介가 적진을 뚫고 요시모토의 가슴에 칼을 꽂았다. 이 전투를 오케하자마桶狹間 회전會戰이라 부른다.

오케하자마 회전의 주인공인 이마가와 가문은 아시카가 일족으로 아시카가 다카우지를 도운 공로로 쓰루가국의 슈고가 된 이래 대대로 슈고 자리를 계승한 토카이 지방의 대세력가였다. 이에 맞선 오다 가문은 에치젠의 오다 쓰루기 신사織田劍神社의 제사를 맡은 인베忌部 가문의 후손으로 장관將官 가문이었다. 오다 가문은 에치젠의 슈고인 시바 가문을 섬기다가 이 가문이 오하리의 슈고를 겸하자 오하리 슈고 다이로 발탁되었다. 그러다가 시바 가문이 쇠퇴하자 오하리를 차지했다. 이후 오다 가문은 둘로 나뉘었으며 노부나가의 아버지 노부히데信秀는 기요스 오다織田 가문의 봉행(奉行, 행정 사무 담당)에 불과한 무명 무사였다.

노부히데는 16세기에 접어들 무렵 착실히 실력을 쌓으며 동쪽으로 미카와까지 진출해 이마가와 가문과 대치하고, 서쪽으로 사이토 도산이 지배하는 미노를 공격하기도 했다. 그의 뒤를 이은 노부나가는 16세기 후반에 오다 본가를 멸망시키고 오하리 일국도 손에 넣었다. 그리고 마침내 오케하자마 회전으로 요시모토까지 토멸하기에 이르렀다.

이 시대 다이묘들은 모두 천하를 호령하겠다는 야망을 품고 있었다. 노부나가도 마찬가지였다. 그는 대망을 이루기 위해 교토 진출을 제일 목표로 삼고, 가이의 다케다 가문과 손잡고, 동쪽 이웃인 미카와의 도쿠가와 이에야스德川家康와도 협력했다. 다행히 요시모토의 뒤를 이은 우지자네는 도쿠가와 가문으로부터 배반당해 호조 세력에게 의탁해 오다와라로 도망쳐 있었다. 이렇게 해서 노부나가는 배후의 근심을 없애는 데 성공했다.

하지만 미노와 오미에 강력한 적이 버티고 있었다. 노부나가는 힘으로 맞서기보다는 화친의 손을 내밀며 미노의 사이토 도산의 딸을 아내로 맞았다. 그러나 도산이 그의 아들 요시타쓰義龍에게 피살되자 장인의 원수를 갚는다는 구실로 미노로 출병해 요시타쓰와 그 뒤를 이은 다쓰오키도 무너뜨렸다. 한편 누이동생 오이치를 오미의 아사이 나가마사,淺井長政에게 출가시켜 그와 손잡았고, 1567년 8월 마침내 사이토 가문의 이나바산성稲葉山城을 함락시켰다.

오다 노부나가와
천하포무 인장

　노부나가는 오케하자마 회전 이후 7년의 노력 끝에 교토 진출의 모든 준비를 마칠 수 있었다. 그는 미노를 정복한 후 천하포무天下布武라는 인장印章을 사용하고, 이나바산성을 기후성岐阜城으로 개칭했다. 기후라는 이름은 주周나라 발상지인 기산岐山에서 따온 것으로 천하를 통일하겠다는 의지를 표현한 것이다.

　노부나가가 기후성으로 거처를 옮긴 후 11월이 되자 교토의 오기마치正親町 천황에게서 편지가 왔다. 편지에는 노부나가의 무용을 칭찬하고 황실 영지領地를 되찾아 달라는 부탁이 담겨 있었다. 1568년 7월에는 피살된 아시카가 바쿠후의 13대 쇼군 요시테루의 동생 요시아키義昭가 노부나가에게 의탁해 왔다. 이처럼 노부나가는 황실은 물론 아시카가 가문에게도 신뢰를 받게 됨으로써 교토 진출에 더없이 좋은 명분과 기회를 맞았다.

1568년 9월, 마침내 노부나가는 꿈에도 그리던 교토에 입성했다. 교토의 백성들은 일찍이 보지 못했던 질서 정연하고 규율이 엄정한 노부나가 부대에게 박수를 보냈다. 이전까지 교토에서 위세를 부리던 마쓰나가松永 가문과 미요시三好 가문은 노부나가에게 밀려 교토에서 도망쳤다. 이렇게 해서 노부나가는 당시 모든 다이묘들이 꿈꾸던 교토 입성을 실현했다.

10월에 이르러 아시카가 요시아키가 노부나가의 후원으로 쇼군에 올랐다. 그는 노부나가에게 관령이나 부장군副將軍의 지위를 내리려 했으나 노부나가는 쇼군의 부하가 되는 일에는 추호도 관심이 없었다. 오직 천하 통일만이 그의 가슴속에서 용솟음치고 있었다.

1568~1569년, 노부나가는 서쪽의 다지마, 동쪽의 이세에 군대를 파견해 키나이 지방을 평정했다. 아울러 조정과 귀족들을 위해 헌금하거나 영지를 되찾아 주고, 쇼군에게 니조성二條城을 지어 주며 환심을 샀다. 하지만 쇼군 요시아키는 다이묘들을 끌어들여 세력을 확대하며 노부나가를 경계했다.

1569년 정월, 노부나가는 천황과 쇼군의 명령이라는 구실로 전국의 다이묘와 유력한 무사들을 교토로 소집했다. 이에 응하는 자는 노부나가에게 복종하겠다는 뜻이고, 거부하는 자는 따르지 않겠다는 것으로 간주하여 옥석을 가릴 심산이었다. 당시 다이묘들의 세력권을 살펴보면, 긴키 지방에서는 롯카쿠 요시카타六角義賢, 미요시三好 삼인방, 마쓰나가 히사히데松永久秀, 츠츠이 준케이筒井順慶 등이, 간토, 중부, 키타오미北近江, 에치젠에서는 아사쿠라朝倉 가문과 아자이淺井 가문이, 그 동쪽에는 우에스기 겐신, 남쪽에는 다케다 신겐 그리고 호조 우지야스가 미나미간토南關東 일대를 장악하고 있었다. 주고쿠 지방에는 모리 모토나리, 시코쿠에는 조소카베 모토치카長宗我部元親, 규슈 지방에서는 기타큐슈에 오토모 요시시게大友義鎭, 류조지 다카노부龍造寺隆信, 미나미 큐슈에 시마즈 요시히사島津義久가 있었다. 이 밖에 히에이산北叡山의 엔랴쿠지延曆寺 세력도 매우 강력했다.

오다 노부나가의 전국 제패

노부나가가 전국의 다이묘에게 교토로 집합하라는 서신을 보내자 그 명령을 따르는 다이묘도 있었으나 그렇지 않은 다이묘도 있었다. 에치젠의 아사쿠라 요시카게朝倉義景는 노부나가보다 명문일 뿐만 아니라 세력 또한 쟁쟁해 명령을 받아들이지 않았다.

1570년 4월, 노부나가는 아사쿠라 가문을 정벌하고자 에치젠을 침공했다. 하지만 그의 의형제인 아자이 나가마사淺井長政가 배반해 죽음의 문턱에서 겨우 빠져나올 수 있었다. 그로부터 2개월 후, 노부나가는 군대를 재편성해 아네가와姉川 전투에서 아자이·아사쿠라 연합군에게 큰 타격을 입혔다.

승세를 올린 노부나가는 이시야마의 혼간지를 노렸다. 이곳은 절이라기보다 성城, 그것도 난공불락의 금성탕지金城湯池로 종교 반란의 지휘 본부이기도 했다. 전국의 다이묘들과 밀접한 관계가 있는 법주法主 겐뇨顯如는 노부나가도 다루기 힘든 상대였다.

1570년 9월, 노부나가가 공격 깃발을 올리자 종교 반란 세력은 철포 3천 정을 동원해 포탄 세례를 퍼부었다. 노부나가가 혼간지에서 혼전을 벌이자 이 틈을 노린 아자이·아사쿠라 연합군이 교토를 공략했다. 노부나가가 할 수 없이 교토로 철수하자 혼간지의 3만 병력이 맹렬히 추격해 왔고, 엔랴쿠지도 반기를 들었다. 그러자 미나미오미의 롯카쿠 가문도 노부나가를 괴롭혔고, 미요시 가문도 교토를 노리며 공격했다. 특히 나가시마의 종교 반란 세력은 노부나가의 동생 노부오키信興를 죽이며 대승을 올렸다. 사면초가에 빠진 노부나가는 고심 끝에 쇼군 요시아키를 조종해 오기마치 천황으로 하여금 정전 명령을 내리게 하여 어렵게 위기를 모면했다.

절치부심하던 노부나가는 1571년 9월 엔랴쿠지에 대대적인 공격을 가했다. 그는 본당을 불사르고 승병은 물론 부녀자들까지 무참히 학살했다. 그가 엔랴쿠지를 먼저 공략한 것은 교토와 가장 가까운 전략 요지인 데다 지난해 배반한 대가이기도 했다. 1572년 10월에는 도쿠가와 이에야스와 손잡고 도토미의 미카타가하라三方原에서 신겐과 격돌했다. 다케다 신겐은 노부나가가 넘어야 할 산이었다. 그는 이 전투로 월등한 실력 차이를 다시 한번 확인하며 대패했다.

죽음의 문턱을 넘나들던 노부나가는 쇼군 요시아키에게 중재를 의뢰해 신겐과 강화를 맺

화승총을 뜻하는 철포를 든 사나이

니조성

으려 했으나 설상가상으로 그마저 등을 돌렸다. 요시아키는 1573년 신겐을 비롯해 아자이, 아사쿠라 등과 연락을 취하며 노부나가 토벌군을 일으켰다. 그러자 노부나가는 니조성을 포위해 요시아키에게 큰 타격을 주었다. 이때 갑자기 위풍당당하던 신겐이 병을 얻어 세상을 떠나고 말았다. 1573년 7월, 노부나가는 신겐의 죽음에 쾌재를 부르며 단숨에 비와호를 건너 요시아키를 공략해 대승을 거두었다. 이로써 2세기 동안 이어 온 무로마치 바쿠후는 이 전투를 끝으로 막을 내리게 되었다.

　1573년 8월, 노부나가는 승세를 몰아 에치젠, 오미로 진격해 아사쿠라 요시카게를 이치조다니성—乘谷城에서 자결하게 하고, 아자이 나가마사도 오다니성小谷城에서 자결하게 함으로써 두 세력을 완전히 멸망시켰다. 1574년 7월에는 몇 차례 뼈아픈 패배를 맛보았던 이세의 나가시마 기소강木曾川 하구에서 일향종(一向宗, 정토진종) 폭도들과 치열한 전투를 벌여 2만여 명을 불태워 죽이고 나가시마 종교 반란을 진압했다. 1575년 5월에는 도쿠가와 이에야스와 연합해 미카와 나가시노에서 다케다 신겐의 아들 가쓰요리勝賴와 대전을 벌였다. 다케다군이 기마 공격을 감행하자 노부나가군은 3천 명의 철포대로 철포를 쏘아 이들을 무너뜨렸다.

다케다 가문을 격파한 노부나가는 이제 에치고의 우에스기 가문과 숙명적인 대결을 목전에 두게 되었다. 우에스기 겐신은 죽은 다케다 신겐과 우열을 가릴 수 없을 만큼 명장이었다. 그는 에치고에서 엣츄, 가가로 진출하며 서서히 압박하기 시작했다. 노부나가도 시바타 가쓰이에紫田勝家를 에치젠의 기타노쇼로 보내 일전을 준비했다. 1578년 교토로 진격해 노부나가와 자웅을 겨룰 준비를 마친 겐신은 출진하려던 순간 뇌출혈로 급사하고 말았다.

노부나가에게는 거듭된 행운이었다. 그는 이때 1576년부터 새로 쌓기 시작한 오미의 아즈치성安土城에서 오사카의 이시야마 혼간지를 기다리고 있었다. 노부나가와 혼간지의 싸움은 1570년부터 근 10년 동안 이어졌으나 기이 북쪽의 사이가雑賀에서 혼간지에 군사와 철포를 지원해 좀처럼 승부가 나지 않았다. 이에 노부나가는 1577년 먼저 사이가를 무릎 꿇리고, 혼간지를 지원하는 아자이, 아사쿠라 그리고 일향종의 반란 세력을 잇따라 격파했다.

한편 주고쿠 지방의 막강한 세력의 소유자로 지금까지 혼간지를 지원하던 모리 가문은 자신의 영지에서 일어난 반란 수습에 여념이 없었다. 자신만만했던 혼간지의 겐뇨는 오기마치 천황의 권유에 따라 1580년 3월 혼간지를 노부나가에게 인도하고 기이로 물러났다. 이렇게 해서 무려 11년에 걸친 싸움 끝에 어렵게 혼간지를 정복한 노부나가는 처음으로 천하의 주인공다운 면모를 과시할 수 있게 되었다.

교토 입성을 꿈꿀 무렵 노부나가는 그저 평범한 일개 영주에 불과했다. 전국 각지에는 세력과 기량이 월등한 영웅들이 많았다. 그가 위세를 떨치게 된 배경으로 근거지인 오하리, 미노 지방을 들 수 있다. 이곳은 비옥한 평야 지대로 농업이 발달해 든든한 경제력을 뒷받침해 주었을 뿐만 아니라 교토와도 가까워 에치고의 우에스기 가문이나 가이의 다케다 가문보다 교토로 진출하는 데 훨씬 유리했다.

아울러 노부나가는 일찍부터 흐름을 판단하는 안목이 뛰어났다. 1571년에는 절박한 형세를 타개하고자 먼저 엔랴쿠지를 불살라 버렸다. 오랜 전통으로 명망이 높은 엔랴쿠지를 선제공격할 수 있는 사람은 아무도 없었다. 오직 노부나가만이 두려워하지 않고 소신대로 행동해 주어진 여건을 최대한 이용하는 지략을 발휘해 승리를 거둔 것이다. 일찍이 노부나가를 만난 선교사 루이스 프로이스는 그를 '명예욕이 강한 과감한 행동가이다. 전쟁은 잘하지만 제멋대로 행동하고 포악스럽다. 신불神佛은 물론 그 밖의 우상도 모두 경멸한다'라고 평했다. 그는 이해력과 판단력이 뛰어난 사람이며 현실만 볼 뿐 사후세상 따위는 생각지 않았다.

전국 시대 말기인 1549년 선교사 프란시스코 자비에르에 의해 천주교가 처음 전해졌다. 당시 천황이나 쇼군, 여러 다이묘는 천주교를 환영했으며 노부나가도 그중 하나였다. 그가 천주교에 호의적인 태도를 보인 이유는 엔랴쿠지와 같이 막강한 세력을 가진 불교 때문에 고통을 겪고 있었기 때문이다. 그는 불교 세력을 견제하기 위한 목적에서 천주교 옹호 정책을 폈다. 그러나 자신은 천주교를 믿을 마음이 전혀 없었다. 또한 철포를 받아들인 것처럼 서양의 진보된 문명을 받아들이는 데도 매우 적극적이었다.

하지만 그가 뛰어난 전략가로 두각을 나타내기 전까지는 좀 모자라는 행동만 하여 바보라는 소문이 돌기도 했다. 어느 날 그의 장인인 사이토 도산은 이를 확인하고자 그를 절로 초대했다. 도산은 길옆에 숨어서 그의 모습을 살폈다. 노부나가의 머리는 괴상망측했고 옷매무새는 엉망이었다. 허리춤에는 부싯돌 주머니를 늘어뜨린 데다가 표주박을 열여덟 개나 매달고 있어 마치 원숭이에게 재주를 부리게 하고 돈을 받는 사람처럼 보였다. 하지만 대좌하는 자리에 나온 노부나가의 모습을 본 도산은 깜짝 놀랐다. 말끔한 외모에 침착하고 기품 있는 행동으로 그를 맞았기 때문이다. 그는 바보처럼 행동하며 세상을 속이고 있었던 것이다.

노부나가는 자신의 영내를 평정하는 과정에서 기동력이 얼마나 중요한지를 절실히 경험했다. 때문에 이즈미의 사카이나 오미의 구니토모촌國友村 등에 있던 철포 공장을 영내로 옮겨 대량 생산했다. 또 쇼군 요시아키를 공격할 때는 미리 준비해 두었던 쾌속정으로 비와호를 단숨에 건너 승리를 거두었다. 이처럼 노부나가는 최신 기술에 관심이 높은 앞선 무장이기도 했다.

노부나가는 시코쿠의 모리 가문을 정벌하고자 1576년 정월부터 오미의 아즈치산에 새로운 성을 쌓기 시작했다. 아즈치는 교토와 하루

오다 노부나가의 갑옷

오다 노부나가의 명으로 1576~1579년 사이에 세워진 아즈치성

거리이며, 도카이 지방이나 호쿠리쿠 지방으로 나가는 교통의 요지였다. 또 아즈치산은 비와호에 돌출한 곳으로 남쪽의 오쓰大津, 북쪽의 가이즈海津, 이마즈今津 등과 이어지는 수상교통의 요지였다. 가이즈, 이마즈에서 산을 넘으면 동해의 오바마小濱와 쓰루가로 연결되었다.

아즈치성이 눈길을 끄는 것은 외관상으로는 5층, 내부는 7층인 대천수각大天守閣이다. 천수각에는 많은 객실이 있으며, 객실 기둥은 검은색과 붉은색으로, 장지는 금박으로 장식하고, 호화로운 회화들을 걸어 일대 장관을 이루었다. 천수각 6층은 흰 벽에 붉은 기둥과 팔각 건물로 되어 있고, 7층은 안팎이 모두 금으로 장식되어 있다. 비와호 수면에서 100m 솟아오른 산 위에 지어진 천수각은 동쪽의 평야나 서쪽에서 바라볼 때 수면 위로 우뚝 솟아 한 폭의 그림 같았다. 특히 아침 햇살과 저녁노을을 받을 때면 금색 기와와 벽이 휘황찬란하게 빛났다. 또한 아즈치성을 에워싸듯 산기슭에 다이묘들의 저택을 조그마한 성처럼 지어 아즈치성을 수비하는 보루 구실을 하게 했다. 매립된 산 주변 늪지에는 성하 도시를 조성해 곧고 넓은 도로를 만들어 통행과 상업에 편리하도록 했다.

1577년 6월, 노부나가는 신도시를 활성화하고자 13조의 규정을 제정했다. 무로마치 바쿠후 시대 이래로 상업이 발달하면서 각지에는 누구든 자유로이 상업 행위를 할 수 있는 시장인 라쿠이치樂市가 출현했는데 이 제도를 아즈치에도 도입해 도시의 번영을 노린 것이었다. 이러한 노력으로 아즈치는 수년이 채 안 되어 수천 명의 인구를 가진 도시로 발전했다.

노부나가는 공사 3년 만인 1579년에 아즈치성을 완성하여 자신의 능력과 위력을 만방에 과시했다. 여기서 주목할 점은 그가 실시한 일련의 정책이 결코 백성을 위한 것이 아니라는 점이다. 이 정책의 주요 목적은 군용 도로를 정비하고, 군용 물자를 손쉽게 수송해 자신의 세력을 강화하고 나아가 대망을 이루기 위한 것이었다

이로 미루어 오다 노부나가는 전쟁을 좋아하는 무장으로서도 걸출했을 뿐 아니라 천하를 통일할 면모를 모두 갖추었음을 알 수 있다. 신전 개발新田開發, 교통 개혁, 아즈치성 신축 등은 모두 그가 이루고자 하는 대망의 포석이었다.

미망으로 끝난 오다 노부나가의 대망

노부나가 세력은 날이 갈수록 강대해졌으나 아직 주고쿠 지방에는 모리 가문이 버티고 있었다. 모리 가문은 노부나가가 교토로 처음 진출한 1568년 무렵부터 그를 강하게 견제했다. 더욱이 1576년에는 모리 가문의 수군이 노부나가의 수군을 격파하고 이시야마 혼간지에 군량을 보낸 일이 있었기에 노부나가는 절치부심 기회를 노리고 있었다.

마침내 노부나가는 하시바 히데요시羽柴秀吉에게 공격을 명령했다. 산인 방면에서는 이전부터 아케치 미쓰히데明智光秀가 준비하고 있었기에 히데요시는 그와 힘을 합쳐 산요와 산인에서 각각 공격하기로 했다. 미쓰히데는 히데요시보다 1년 반 정도 먼저 다이묘에 오른 사람으로 히데요시와는 출생, 출세 속도, 역량 등에서 숙명의 라이벌이었다.

미쓰히데는 단바丹波와 단고丹後를 제압하는 데 4년이 걸렸고, 히데요시는 미쓰히데와 다키가와 가즈마스龍川一益 등의 원조를 받고서도 깃카와 모토하루吉川元春와 고바야카와 다카카게小早川隆景에게 승리를 거두지 못했다. 그래서 모리 세력이었던 우키타 나오이에宇喜多直家가 노부나가에게 귀순할 때까지 산인 방면 진출에 크게 고전하고 있었다.

1580년 히데요시는 하리마의 히메지성姬路城을 손에 넣으면서부터 겨우 세력을 만회해 산인의 다지마와 이나바因幡를 제압하기 시작했다. 1581년에는 보급로 차단 작전으로 돗토리성鳥取城을 함락시켰는데 이 전투는 참혹함과 가공함을 여실히 보여 준 일전으로 전해진다.

돗토리성 공략에 나선 히데요시는 성 주위에 500~800m 간격으로 진지를 구축해 보급로를 완전히 차단했다. 성안에는 1,400여 명의 병

히메지성

사가 있었지만 히데요시에게 포위된 데다 이나바의 쌀을 히데요시가 모두 매점하여 식량 보급이 완전 중단되었다. 그러자 빈사 상태에 빠진 자들이 성책에 매달려 내보내 달라고 울부짖었다. 히데요시가 이들을 철포로 쏘아 죽이자 산 자들이 떼 지어 달려들어 인육을 먹었다. 그 참상은 아비규환 자체였다. 돗토리성의 깃카와 츠네이에吉川經家는 더 이상 버틸 수가 없었다. 그는 백성들만은 살려 달라고 부탁하고 할복 자살했다. 성을 차지한 히데요시는 그의 부탁을 들어주었으나 빈사 상태에서 갑자기 음식을 먹은 대부분의 사람들은 사망하고 말았다.

돗토리성을 차지한 히데요시는 다시 호키로 진출해 1582년에는 산요의 빗츄備中에 육박하는 눈부신 활약을 보였다. 이 무렵 동쪽에서는 가이의 다케다 가쓰요리武田勝頼가 오다, 도쿠가와, 호조 대군에게 공격을 받아 후퇴를 거듭하다가 끝내는 부하들에게 배반당해 3월에 가이의 덴모쿠산天目山에서 자결했다.

다케다 가문이 멸망하고 얼마 지나지 않은 1582년 5월, 히데요시는 마침내 빗츄의 다카마쓰성高松城을 포위했다. 다카마쓰성은 4m 높이의 언덕 위에 구축된 성이었다. 그는 지형에 착안해 수공水攻을 계획하고 10여 일간 공사한 끝에 폭 20m, 높이 6m의 제방을 3km에 걸쳐 쌓아 성 가까이 흐르는 아시모리강足守川을 막았다가 일시에 터뜨렸다. 그러자 얼마 후 다카마쓰성은 섬처럼 고립되었고 시간이

다카마쓰성

흐를수록 물이 점점 차올라 군사들은 불안에 떨었다. 히데요시의 군대는 배를 띄워 성루를 만들고 그 위에서 철포를 마구 퍼부었다. 그러자 모리 가문은 크게 놀라 깃카와, 고바야카와 등에게 원군을 요청했다. 히데요시도 노부나가에게 파발을 보내어 원군을 요청했다.

노부나가는 다케다 가문을 멸망시킨 여세를 몰아 자신이 직접 히데요시를 구원하고자 다카마쓰로 달려갔다. 5월 29일 아즈치를 떠난 노부나가는 교토로 들어가 혼노지에 여장을 풀었다. 그런데 6월 2일 새벽 아군이 혼노지를 포위하고 공략해 왔다. 이들을 공격한 아군은 바로 단바 영주 아케치 미쓰히데였다. 생각조차 못 했던 불의의 습격에 혼노지는 삽시간에 불바다로 변했다. 노부나가의 호위대가 용감히 대항했으나 허사였다. 최후가 다가왔음을 직감한 노부나가는 잠시 후 휠

훨 타오르는 혼노지로 들어가 자결로써 풍운의 일생을 마쳤다. 이때 니조성에 있던 노부나가의 장남 노부타다信忠도 반란군에게 포위되어 죽고 말았다.

전국 통일을 눈앞에 둔 일세의 영웅 노부나가는 수족처럼 믿었던 부하의 배신으로 일생을 마쳤다. 미쓰히데가 노부나가를 배반한 것에 대해 여러 가지 이야기가 전해진다. 가장 신빙성 있는 것으로는 노부나가의 가혹한 박대다. 노부나가는 술자리에서 미쓰히데의 머리를 가리키며 금관金冠 대가리라고 놀려 대면서 군선軍扇으로 머리를 툭툭 쳤다. 또 아즈치에서는 미쓰히데에게 이에야스 접대를 명하고는 접대 방법이 서툴다며 바로 교체했다. 다른 이유로는 노부나가가 단바에 있는 미쓰히데의 영지를 빼앗으려 한 것이 발단이 되었다는 말도 전한다. 어쨌든 미쓰히데의 심중에도 천하를 차지하고 싶은 욕망이 있었음이 분명하다.

한편 다카마쓰성을 공략 중인 히데요시에게 노부나가의 소식이 전해졌다. 히데요시는 이 사실이 적진에 누설되지 않도록 엄중한 경계망을 펴고 보안 조치를 취했다. 그는 시치미를 떼고 모리 가문에게 강화를 제의했다. 그러면서 첫째, 다카마쓰 성주 시미즈 무네하루清水宗治가 할복하고 다카마쓰성을 넘길 것, 둘째, 모리 가문은 오다 가문에게 빗츄, 미마

아케치 미쓰히데

오다 노부나가가 천하 통일을 목전에 두고 아케치 미쓰히데의 습격을 받아 생을 마감한 혼노지

사카, 호키를 양도할 것 등을 강화 조건으로 내세웠다. 모리 가문으로 서는 받아들이기 힘든 조건들이었다. 그런데도 이 제안은 선뜻 받아들 여져 강화가 쉽게 성립됐다.

　노부나가가 죽은 지 4일 후인 6월 6일, 히데요시는 급히 교토를 향 해 말을 달렸다. 댓줄기처럼 퍼붓는 폭우를 아랑곳하지 않고 달려 6월 11일에는 아마가사키尼崎, 13일에는 야마시로의 야마자키山崎에 이르 렀다. 폭풍처럼 달려온 히데요시의 병사들은 일거에 덴노산天王山을 점 령하고, 대항하는 미쓰히데의 군사를 마구 짓밟아 버렸다. 미쓰히데는 대패해 오미로 도망치려 했으나 도중에 농민에게 피살되었다. 미쓰히 데가 죽자 이제 천하는 히데요시의 것으로 바뀌게 되었다.

도요토미 히데요시의 천하 통일

1582년 6월 27일, 노부나가의 차남 노부카쓰信雄, 3남 노부타카信孝, 시바타 가쓰이에, 니와 나가히데丹羽長秀, 하시바 히데요시 등 오다 세력의 주요 인물들이 오하리의 기요스성에 모였다. 이때 히데요시는 니조성에서 피살된 노부나가의 장남 노부타다의 아들 산보시三法師를 무릎 위에서 어르며 좌중을 압도했다. 그러고서는 그의 의견대로 어린 산보시를 오다 가문의 후계자로 추대했다. 이어 노부나가의 영지 중에서 하리마 외에 야마시로, 단바, 가와치 등 알짜 지역이 그에게 돌아갔다. 안면에 웃음이 만연한 히데요시는 여세를 몰아 야마시로, 야마토, 단고 등에도 손을 뻗쳤다. 히데요시 세력이 나날이 팽창하자 여기저기서 불안한 목소리가 터져 나왔다.

10월 15일, 노부나가의 추모식이 교토의 절에서 성대하게 거행되었다. 그러나 노부타카, 가쓰이에, 가즈마스 등은 참가하지 않았다. 히데요시는 불탄 아즈치성을 수축해 산보시를 아즈치성으로 데려가려 했다. 그러나 노부타카, 가쓰이에, 가즈마스 등은 산보시를 기후성에 억류하며 히데요시에게 도전 의사를 보였다.

이보다 앞서 가쓰이에는 은밀하게 히데요시 토멸 계획을 세웠다. 하지만 그의 영국인 에치젠은 겨울에 눈이 많이 내려 군대를 움직이기에 용이하지 않았다. 그는 일단 양자인 나가하마長濱의 가쓰토요勝豊에게 화해 교섭을 벌이며 시간을 벌게 했다. 그러자 가쓰기에의 심중을 꿰뚫어 본 히데요시는 12월에 나가하마성을 선제공격해 굴복시키고, 기후성도 포위했다. 불의의 공격을 받은 노부타카가 인질을 보내며 항복하자 히데요시는 일단 야마자키성으로 철병했다.

1583년에는 다키가와 가즈마스가 이세에서 군사를 일으켰다. 이는 가쓰이에와 사전에 계획한 것으로 히데요시의 주의를 이세로 끌기 위한 작전이었다. 3월이 되자 더 이상 미룰 수 없었던 가쓰이에는 아직 눈이 수북이 쌓인 기타노쇼에서 출병해 오미로 진출했다. 사태를 주시하던 히데요시는 즉각 군사를 출동시켜 비와호 북쪽 시즈가타케賤嶽에서 가쓰이에와 대치했다. 시즈가타케 전투는 가쓰이에와 히데요시의 운명을 결정짓는 대회전이었다.

기후성에서 히데요시에게 항복한 노부타카는 히데요시와 가쓰이에가 대치하자 히데요시의 오가키성大垣城을 공격했다. 급보를 접한 히데요시가 즉시 오가키로 회군하자 이번에는 가쓰이에가 거세게 몰아붙였다. 히데요시는 밤새도록 달려 이른 아침에 시즈가타케에서 가쓰이에를 맹렬히 공격했다. 불을 뿜는 공방전이 계속되는 동안 전세는 점차 히데요시에게 유리하게 전개되었다. 가쓰이에가 슬슬 꽁무니를 빼자 히데요시는 이들을 추격해 에치젠까지 진출했다. 이때 에치젠 성주이자 가쓰이에 세력이었던 마에다 도시이에前田利家는 공교롭게도 히데요시의 죽마고우였다. 그는 히데요시를 반갑게 맞으며 선봉에 서서 기타노쇼에 있는 가쓰이에의 본성을 공격했다. 끝까지 분전한 가쓰이에는 성이 함락되자 천수각에 불을 놓고 자결했다.

시즈가타케 전투에서 후쿠시마 마사노리福島正則, 가토 기요마사加藤清正, 가타기리 가쓰모토片桐且元, 가토 요시아키加藤嘉明, 히라노 나가야스平野長泰, 와키자카 야스하루脇坂安治, 가스야 다케노리糟屋武則 등 7명의 무장이 눈부신 활약을 보이며 큰 공을 세웠다. 이들을 시즈가타케의 칠본창七本槍이라 부른다. 히데요시는 가가, 엣츄까지 평정하고 이

땅을 나가히데와 도시이에에게 주었다. 노부타카는 히데요시의 명령으로 노부카쓰에게 기후성을 넘기고 자결했다.

시즈가타케 전투에서 승리한 히데요시는 만방에 힘을 과시하게 되었다. 그는 도시이에의 딸에게 보낸 편지에 노부나가의 대업을 이어받겠다는 꿈을 노골적으로 드러냈다.

'잠시 동안 이곳 사카모토에 머물러 지행知行을 교체하고 성을 허물 작정이다. 그 후 오사카에 들어가 각국의 성을 허물 계획이다. 그러면 모반을 일으킬 수 없게 될 것이고 온 나라에 평화가 찾아들 것이다.'

'지행'이란 다이묘가 가신에게 토지를 맡겨 그곳을 다스리게 하는 것을 말한다. 다이묘를 중심으로 국내 무사가 모두 그의 가신이 되어 주군의 토지를 맡아 지행하면 무사들은 토지에 뿌리를 내리지 못하게 되고, 주군을 중심으로 한 무사 집단으로 개편된다. 이것이 히데요시의 의도였다. 필요에 따라서는 다이묘를 가신들과 함께 다른 나라로 이동시키는 것도 시행했다. 다이묘들의 영지를 바꿔서 다이묘와 영지의 유대 관계를 단절시켜 다이묘의 힘을 약화하려는 영지 전봉轉封 정책이었다.

히데요시는 영지 전봉 정책을 실시해 키나이(야마시로, 야마토, 가와치, 이즈미, 셋쓰)를 완전히 장악했다. 니와 나가히데를 사카모토에서 기타노쇼로, 이케다 노부테루池田信輝를 오사카에서 미노의 오가키로 이동시켰다. 그 후 곧바로 오사카로 들어가 심복 다이묘들을 오사카와 교토 주위에 배치했다. 그가 오사카를 근거지로 택한 이유는 앞으로 전개될 사태를 감안할 때 중요한 지역이라고 판단했기 때문이다. 오사카는 키나이 지방의 중심지일 뿐 아니라 교토와 가깝고 서쪽으로는 세토나이카이와 접한 수상 교통의 요지였다. 그리고 오사카의 이시야마 혼간지는 일찍이 노부나가가 10년 동안 공격하고도 굴복시키지 못했을 만큼 오사카는 전략상 유리한 조건을 갖추고 있었다. 또한 오사카 주위에는 덴노지天王寺, 스미요시住吉, 사카이 등 풍족한 도시가 있어 경제력을 이용할 수 있는 이점도 있었다.

히데요시는 오사카에 전국을 호령할 수 있는 웅장한 성을 만들 작정으로 1583년 9월 1일부터 대규모 축성 공사를 시작했고, 1585년에 내부 5층, 외부 9층의 천수각天守閣이 완공되었다(성 전체를 완성하는 데는 몇 년이 더 소요됨). 1586년 어느 날 분고의 다이묘 오토모 요시시게大友義鎭가 오사카성으로 히데요시를 방문했다. 그는 성의 엄청난 규모에 깜짝 놀랐고, 노역하는 많은 인부들의 움직임과 기술의 탁월함에 그저 감탄할 뿐이었다. 히데요시의 안내를 받으며 돌아본 본성과 서쪽 외성도 굉장했다. 눈이 부실 정도로 휘황찬란한 황금 다실, 금은을 수북이 쌓아 놓은 창고와 무기창, 그 밖에 진기한 보물을 모두 모아 놓은 듯한 방이 수없이 많았다. 히데요시의 곁에는 12~13세의 소녀들이 칼을 들고 시립해 있었다. 하늘 높이 치솟은 천수각에 오른 요시시게는 저멀리 사카이 항구를 바라

도요토미 히데요시가 세운 오사카성

보며 탄성을 연발했다. 이 거대한 성은 요도가와강을 끌어들여 이중 해자核字를 둘렀으며 본성과 외곽을 합치면 주위가 3km에 달했다. 실로 천하 통일의 본거지로 걸맞는 성이라 할 수 있었다.

오사카성의 주인인 히데요시의 지위도 일본 제일의 성에 어울릴 만큼 거듭 올랐다. 1582년 참의였던 그는 권대납언, 내대신, 관백을 거쳐 1586년에는 태정대신이 되었고, 도요토미農臣라는 성姓을 하사받았다. 관백이나 태정대신은 천황을 섬기는 관료일 뿐 무사 정치를 하는 히데요시에게는 어울리지 않음에도 이를 희망했다. 왜 그랬을까?

히데요시는 도요토미라는 성을 하사받기 전에도 여러 차례 성을 바꾸었다. 미천한 신분을 감추려고 자신의 가문을 명문인 다이라나 미나모토와 관련지으려 했다. 그는 승진할 때마다 천황이나 조정 관료들에게 갖가지 선물을 보냈으며 조정 정치에 대해서는 함구했다. 또 엔랴쿠지와 카스가 신사를 부흥시킨 것도 옛 전통이나 권위를 부활시키려는 형식적 행위였다. 그는 자신의 명령을 보다 엄격히 지키게 하려고 때때로 조정의 지위나 천황의 명령을 이용하는 형식을 취했던 것이다.

그렇다면 히데요시는 어떤 인물이었을까?

그는 1536년 1월 1일 해돋이와 함께 출생했다고 알려져 있다. 그의 외조부가 하기荻의 츄나곤中納言이라는 고급 관료였다는 설도 있지만 신빙성은 없다. 그의 아버지는 오와리국의 기노시타 야에몬木下彌右衛門으로 오다 노부나가의 아버지 노부히데의 부하로 있다가 부상당하며 평민이 되었다. 히데요시가 평민 출신이 분명한데도 터무니없는 여러 이야기가 나돌게 된 것은 그가 천하를 통치한 인물이 되었기 때문이다. 또 그가 미천한 자신의 가문과 신분을 세탁하려는 의도도 있었기 때문이다.

히데요시의 소년 시절은 자세히 전해지지 않는다. 다만 외모가 원숭이와 비슷했다는 것은 사실인 듯하다. 그가 노부나가의 명령을 받고 산요 방면 토벌에 나서는 모습을 지켜본 사람들은 그의 모습을 원숭이에 비유했다. 어쨌든 그가 언제 노부나가의 부하가 되었는지는 확실치 않지만 일찍이 이마가와 가문의 부하인 마쓰시타를 섬긴 것과 오케하자마 전투 이후 오와리국의 스기하라 사다토시杉原定利의 차녀와 결혼한 것은 확실하다. 또 노부나가의 부하로서 그의 존재가 부각되기 시작한 것은 1566년 스노마타성을 쌓을 때부터였다.

중국 역사서《명사明史》〈일본전〉에는 히데요시에 관한 다음과 같은 기록이 전한다.

'일본은 예부터 왕이 있고 그 밑에 관백이 있다. 당시 관백인 노부나가가 어느 날 사냥을 나갔다가 나무 밑에 누워 있는 사람을 만났는데 그 자는 자기 이름을 다이라노 히데요시平秀吉라 했고 사쓰마의 노예 출신이라 했다. 말을 잘할 뿐 아니라 행동이 웅용雄勇해 노부나가의 호감을 샀다. 노부나가는 처음에 마구간 일을 시키고 기노시타木下라 불렀으며, 이후 기노시타의 계책을 이용해 20여 주를 병합하면서 마침내 그를 셋쓰진 수비대장에 임명했다. 노부나가는 참모 아기지阿奇吉가 죄를 짓자 히데요시로 하여금 그를 토벌케 했다. 이윽고 노부나가가 부하인 미쓰히데의 배반으로 급서하자, 히데요시는 아기지를 토벌한 후 미쓰히데를 주멸함으

도요토미 히데요시

로써 명성을 더욱 높였다. 마침내 노부나가의 셋째 아들을 폐하고 관백에 오르니 그때가 만력萬曆 14년(1586)이었다.'

히데요시는 그의 낮은 신분을 은폐하기 위해 관백이 된 다음 날 오무라 유코大村由己에게 자신의 전기인《천정기天正記》를 편찬하게 했다. 또한 고산국(高山國, 대만)에 보낸 편지에 자신의 출생을 신비롭고 존귀하게 보이려고 애를 쓰기도 했다.

히데요시는 키나이 지방을 완전히 손에 넣었으나 가직 기이, 이즈미의 남부와 시코쿠, 규슈 등에는 세력이 미치지 못하고 있었다. 그가 이 지역을 어떻게 평정할지 골몰하고 있을 때 뜻하지 않은 사태가 발생했다. 그것은 도쿠가와 이에야스 세력과의 충돌이었다.

이에야스는 일찍부터 도고쿠로 눈을 돌려 다케다 가문이 멸망한 후 가이와 시나노에서 세력을 확장하고 있었다. 시즈가타케 전투 때는 가쓰이에의 제의를 단호히 거절했다. 그렇다고 히데요시 편에 선 것도 아니었다. 오직 노부카쓰와 가까이 지내며 은근히 히데요시를 견제했다.

1584년 3월, 노부카쓰가 히데요시를 배반하고 기요스성에서 이에야스와 강화를 체결했다. 이에 격분한 히데요시는 이에야스를 상대로 싸움을 벌였으나 좀처럼 끝을 내지 못하고 지구전에 들어갔다. 이에야스가 고마키산小牧山에 진지를 구축하고 항전하고 있을 때, 히데요시군의 노부테루는 이에야스가 없는 틈을 노려 미카와로 진격해 나가구테까지 진출했다. 그러자 이에야스는 재빨리 이들의 뒤를 쫓아 노부테루를 대파했다.

히데요시로서는 어처구니없는 패전이었다. 그는 목표를 바꾸어 이번에는 이세의 노부카쓰를 공략했다. 그런데 당연히 노부카쓰를 원조

할 줄 알았던 이에야스가 사태를 관망하고만 있었다. 그사이 노부카쓰는 다시 히데요시와 강화를 체결했다. 이제 이에야스도 히데요시를 상대로 싸울 수가 없었다. 이에야스는 아직까지 자신에게 천하를 노릴 만한 힘이 없다는 사실을 자인했다. 히데요시 또한 이에야스가 도고쿠를 지배하는 것을 너그럽게 봐주었다. 결국 이들 사이에도 강화가 체결되었다.

히데요시는 이에야스와 강화를 체결한 다음 해인 1585년 자신의 명령에 따르지 않는 기이, 이즈미, 시코쿠, 엣츄 등을 잇따라 평정했다. 당시 규슈에서는 남쪽의 시마즈 가문의 세력이 매우 강대해 1586년 무렵에는 기타큐슈 지방의 다이묘들이 위협을 받고 있던 상태였다. 오토모 요시시게가 오사카성 축조 공사가 한창일 무렵 히데요시를 찾아간 것도 원조를 요청하기 위해서였다.

1587년 3월 히데요시는 친히 2만 5천의 대군을 거느리고 규슈로 출발했다. 모리 가문이 선봉을 맡았고 사카이와 하카타 상인들도 히데요시를 지원했다. 히데요시는 아카마가세키赤間關까지는 마치 유람이라도 하듯 느긋했으나 그곳에서 준비를 마치자 수륙 양면에서 맹렬히 공격하기 시작했다. 시마즈 가문은 있는 힘을 다해 최후까지 항전했으나 도저히 승산이 없었다. 5월에 이르자 시마즈 요시히사島津義久는 사쓰마의 다이헤이지太平寺에서 머리를 깎고 히데요시 앞에 무릎을 꿇었다. 히데요시는 시마즈에게 사쓰마, 오스미人隅, 히유가 등 삼국을 수여하고 나머지 땅은 무장들에게 분배해 줌으로써 규슈를 평정했다.

이 무렵 관백 히데요시의 교토 사저私邸 주라쿠다이聚樂第의 공사가 완료되었다. 사저임에도 해자까지 두른 사치와 호화로움의 극치를 이뤘다. 1588년 4월에는 고요제이後陽成 천황을 주라쿠다이로 초대했다.

이때 노부카쓰는 내대신으로, 이에야스는 권대납언으로 그리고 다른 여러 다이묘들도 다이묘가 아닌 조정의 신하로서 시립하도록 명했다. 이리하여 히데요시는 천황을 표면에 내세워 여러 다이묘들로부터 관백의 명령에 따르겠다는 충성 서약을 받았다.

규슈를 평정한 히데요시는 아직 평정되지 않은 간토와 오우 지방 공격에 나서며 간토의 호조 가문에게 항복할 것을 종용했다. 그러나 이들은 토착 무사들과 힘을 합해 대항했다. 토착 무사들은 농번기가 되면 전쟁을 그만두고 농사를 지어야 했기에 간단히 출동할 수가 없었다. 노부나가 이전의 무사들은 대부분 이런 형태였다. 이와 비교하면 히데요시의 군대는 전쟁만 전문으로 하는 집단이었다. 그의 대부대는 언제 어디에서든 출동할 수 있는 기동력을 가지고 있었다.

1589년 11월 히데요시는 또다시 천황의 이름을 앞세워 호조 가문을 위협했다. 그러자 호조 가문은 사가미에서 대포를 만들게 하고 동원령을 내려 전투 준비를 했다. 호조 가문은 히데요시를 과소평가했다. 도고쿠라는 우물에 갇힌 호조 가문은 히데요시의 진일보된 군사력을 파악하지 못하고 있었다. 호조 가문의 군세는 모조리 모아도 3만 5천 정도에 불과했다. 이에 비해 히데요시의 군세는 총병력 30만, 철포도 수만 정에 달했다. 거기에 군선軍船과 수송선의 수도 어마어마했다.

호조 가문은 원정군의 약점인 보급을 노려 지구전을 준비했으나 오산이었다. 1590년 4월, 히데요시의 대군은 호조 가문의 본성인 오다와라성을 포위했다. 이때 호조 세력이 쌓은 전선前線은 잇따라 격파되었다. 히데요시는 오다와라 공격을 결코 서두르지 않았다. 그는 다이묘들로 하여금 본국에서 처자를 불러오게 해 함께 지내도록 하고, 병사들을 위한 오락 시설도 갖추게 했다. 히데요시는 느긋이 버티고 있으

도요토미 히데요시에게 패한 호조 가문의 본성인 오다와라성

면서 싸우지도 않고 호조 세력의 지성 支城들로부터 차례차례 항복을 받았다. 6월이 되자 오우의 다테 마사무네 伊達政宗가 히데요시를 찾아 갔고, 오다와라성이 함락되기 전에는 오우의 다이묘들이 모두 항복해 오면서 호조 가문은 완전히 고립되고 말았다. 7월에 이르자 호조 가문은 결국 히데요시에게 항복했다. 호조 우지마사 北條氏政는 할복하고 그의 아들 우지나오 氏直는 고야산 高野山으로 추방되었다.

마사무네가 히데요시를 찾아갔을 때 그는 허점만 보이면 히데요시를 척살할 계획으로 100명의 부하를 이끌고 품속에 단도를 숨겨 갔었다.

마사무네를 가까이 부른 히데요시는 짚고 있던 지팡이로 마사무네의 머리를 두드리며 말했다.

"너는 정말 억세게 운이 좋은 놈이다. 오늘 나를 찾아오지 않았더라면 이 모가지가 날아갔을 것이야!"

호기를 부리던 마사무네도 히데요시의 말과 담대한 행동에 간담이 서늘해져 벌벌 떨었다. 히데요시는 친히 마사무네 무리를 데리고 다니며 자신의 위엄 있는 대군을 구경시켜 주었다. 심지어 오다와라성 공격 상황을 설명하기도 했다.

히데요시는 호조 가문의 영지였던 간토를 이에야스에게 넘겨주고 지금까지 이에야스가 경영하던 영지는 다른 부하들에게 나누어 주었다. 마사무네의 영지는 대부분 마사무네의 것으로 인정했으나 아이즈 땅은 가모우 우지사토蒲生氏鄕에게 수여했다. 이것은 마사무네를 비롯해 오우 지방을 엄중히 감시하기 위함이었다.

이렇게 해서 히데요시는 노부나가가 혼노지에서 피살된 후 불과 8년 만에 일본 전국을 통일하기에 이르렀다.

도요토미 히데요시의 경제 정책

히데요시의 오다와라 정벌을 끝으로 근 100년 동안 이어져 오던 전국 시대도 막을 내렸다. 히데요시가 천하를 통일할 수 있었던 것은 다른 다이묘들보다 탁월한 정치 재능을 가지고 있었을 뿐만 아니라 월등한 군사력을 갖추었기 때문이었다. 이는 곧 강력한 경제력이 뒷받침되었다는 의미이기도 하다. 또한 시대의 흐름을 정확히 파악해 무사와 농민을 적절하게 활용한 것도 큰 보탬이 되었다.

노부나가와 히데요시는 이 같은 시대의 움직임을 정확히 파악해 전쟁을 진행하면서 시의적절한 새로운 정책을 변화 있게 실행해 나갔다. 1508년, 노부나가가 이시야마 혼간지를 굴복시키자 대부분의 영주들이 전쟁이 일단락된 것으로 생각했다. 하지만 노부나가는 가키가와 미쓰히데에게 대군을 주어 나라를 공격토록 했다. 그러면서 야마토 영주들에게 공문을 전했다.

'영주들은 소유하고 있는 토지 명세서를 제출하라. 명세서에 오르지 않은 영지는 노부나가에게 소유권이 있다. 만약 허위로 신고할 경우 모든 토지를 몰수한다.'

영주들은 얼굴이 새파랗게 질려 버렸다. 앞서 노부나가가 나라에 대군을 파견한 것은 압력을 가하기 위한 방책이었다.

지금까지 토지 조사는 장원 영주에 의해서 여러 차례 실시되었으나 노부나가의 방법은 훨씬 엄격했다. 게다가 신고하더라도 그 소유권이 어떻게 될지는 아무도 몰랐다. 장원 영주의 입장에서 보면 전란 속에서도 사력을 다해 지켜 온 토지였기 때문에 이번 조처는 그야말로 당혹스러웠다. 허위로 신고한 토호들은 죽임을 당했고, 명령에 따르지 않은 마키노오지槇尾寺는 전소되었을 뿐만 아니라 영지도 몰수당했다.

노부나가는 토지 신고서를 바탕으로 엄격한 검지(檢地, 토지 조사)를 실시함으로써 각 영주들의 토지 권리관계를 조정해 직할지를 정하거나 부하와 영주들을 지행에 임명했다. 노부나가는 검지를 통해 영주들보다 한 단계 높은 지배자로 우뚝 서게 되었다. 히데요시는 이 제도를 더욱 발전시켜 노부나가가 시행하지 못했던 일대 변혁을 가했다. 그의 토지 정책은 신고에 의한 것이 아니라 검지관儉地官을 파견해 토지를 실제로 측량하는 방법이었다. 이를 태합(히데요시를 가리키는 말)검지太閤檢地라 한다.

히데요시는 1583년 오미국 가모군蒲生郡 이마자이가今在家에 검지관을 파견하고 자신도 직접 그곳에 나가 조사를 실시했다. 그는 이곳에서 검지의 기준을 세워 전국에 준용토록 했다.

'토지 측정은 6척尺 3촌寸 1간間으로 하고, 300보步를 1단段으로 한다. 지목地目을 엄격히 구분하고 토지의 질을 조사해 등급을 나누고 수확량을 세밀히 계산한다. 경작자를 검지대장檢地臺帳에 등록해 연공 납부 책임을 분명히 한다. 연공을 납부할 때는 표준승(標準升, 곡식을 되는 데 쓰는 그릇)으로 경승京升을 사용한다.'

이전까지 토지 단위는 1단이 360보였지만 태합검지 이후 5단인 토지는 이제 6단이 되며 그에 따른 연공이 부과되었다. 검지대장에 등록된 농민은 토지 경작권을 보증 받았으며 정해진 연공은 엄격히 징수했다. 하지만 토호가 넓은 토지를 소유하고 농민을 지배했던 지방에서는 토지 조사에 어려움이 따랐다.

1587년 규슈를 평정한 히데요시는 삿사 나리마사佐佐成政를 히고의 영주로 임명하며 당분간은 검지를 보류하고 토호와 농민들을 안정시키는 데 최선을 다하라고 명했지만 삿사는 이를 무시하고 엄격하게 검지와 연공을 징수했다. 그러자 토호와 농민들은 세를 모아 반란을 일으켰다. 히데요시는 삿사의 실책에 크게 실망한 나머지 할복을 명하는 한편 토호와 농민 1천여 명의 목을 베었다. 그 후임으로 가토 기요마사, 고니시 유키나가小西行長 등을 기용해 히고를 남북으로 나누어 다스리게 했다.

1590년 히데요시는 오우 지방에서 엄격한 검지를 실시했다. 특히 데와를 담당한 우에스기는 검지에 반항하는 토호와 농민들을 사정없이 죽였을 뿐 아니라 무기까지 몰수했다. 히데요시는 앞서 1588년 대대적인 무기 몰수를 명령했었다.

"백성들이 쓸데없이 무기를 가지고 있으면 이를 믿고 연공을 바치지 않거나 심하면 반란을 일으킬 수 있다. 백성들은 농기구만 가지고 부지런히 농사만 지으면 대대로 편안한 삶을 누릴 것이다. 백성들은 즉시 무기를 내놓으라."

1591년 3월에는 전국에서 인구 조사를 실시해 마을 단위로 보고를 받았다. 이에 의해 작성된 가구별, 인구별 대장은 연공을 징수하는 검지대장과 함께 농민을 토지에 묶어 놓는 대장으로 토목 공사 등에 원장으로 활용되었다. 만약 농민이 농토에서 이탈하면 마을 사람들이 연대로 벌을 받았다. 다이묘라 할지라도 검지대장에 등록된 농민을 새 영지로 데리고 갈 수 없도록 모든 농민을 토지에 묶어 놓았다.

이렇게 해서 태합검지에 의해 전통적인 장원제는 종말을 고하고 봉건지행제封建知行制 아래 히데요시와 모든 다이묘의 관계는 주종 관계로 전환되었다. 이제 무사는 오로지 다이묘의 가신으로서 지행지를 다스리는 일만 했다.

히데요시의 심복이었던 고마이駒井益庵는 태합검지의 목표에 대해 '연공을 결정하는 데는 전답 등급에 따라 생활을 유지할 수 있을 만큼만 양곡을 남기고 수확량 대부분을 징수하라'라고 일기에 적었다. 즉, 농민을 연공을 바치는 도구로 취급할 뿐 무사나 영주의 꿈을 가질 여유조차 없애려는 것이 근본 의도였다. 히데요시는 이제 무사는 다이묘의 가신으로 충성을 다하게 하고, 농민은 오로지 농업에 열중하게 하는 정책을 추진함으로써 유례가 없는 강력한 지배력을 과시하게 되었다.

일정한 농경지를 일정한 수의 농민이 소유한다는 방침을 전국으로

확대하기 위해서는 농민이 연공을 바치고 생활할 수 있을 만큼의 토지
와 높은 생산력이 필요했다. 태합검지와 아울러 신전 개발新田開發이 대
대적으로 행해진 것도 이 때문이었다. 농민들은 토지를 개간하거나 생
산력을 높이기 위해 기술 개발에 힘썼으며, 영주들도 토목 기술을 확대
해 1594년에는 기소강 범람을 막는 대대적인 토목 공사가 시행되었고,
히고에서는 가토 기요마사가 치수 공사治水工事를 실시했다. 1600년에
는 지쿠젠으로 전봉된 영주 구로다 나가마사가 이모작을 권장했으며,
16세기 후반에는 미카와를 비롯해 도미, 쓰루가, 가이, 무사시 등에서
목화가 재배되어 특산물이 등장했다.

　농업이 활발해지자 상업도 발전하기 시작했다. 상인들은 농산품을
운반하거나 매매하며 많은 돈을 벌어들였다. 태합검지 실시 이후 연공
이 주로 쌀로 징수되었기 때문에 매년 막대한 양의 쌀이 다이묘들의
창고에 쌓였다. 이 쌀을 교토나 오사카까지 운반해 매매하는 것은 모
두 다이묘와 결탁한 어용상인御用商人이
담당했다. 사카이 상인 이마이 소큐今井宗
久는 일찍부터 노부나가와 인연을 맺고
자반(소금에 절인 생선 반찬)류의 관세 징수권
을 획득했다. 또한 무기상武器商으로서 철
포 외에 갑옷, 투구, 화약 등은 물론 이쿠
노生野의 은산銀山 경영권까지 독점했다.

　다이묘와 상인의 결탁은 노부나가와
이마이 가문에만 국한된 것이 아니었다.
슈인센(朱印船, 해외 무역 허가를 받은 무역선) 무
역으로 유명해진 오미나토大湊 무역상들

상인의 모습

은 일찍부터 이에야스와 결탁했다.

다이묘들은 먼 곳으로 군대를 파견할 때 무기와 군량을 운반하는 일을 상인에게 의뢰했다. 히데요시와 가깝게 결탁한 상인은 사카이의 고니시 유키나가였다. 그의 가문은 일찍부터 명나라와 무역하며 막대한 재산을 모았으며, 그의 아버지 고니시 류사小西隆佐는 히데요시로부터 사카이 봉행으로 발탁되어, 규슈 정벌 때 군량 등을 수송하며 크게 활약했다. 유키나가는 규슈 정벌 당시 수군을 지휘한 공로로 히고 남반부의 다이묘로 출세했다.

이 밖에 임진왜란 때 군량미 수송을 맡은 호상豪商은 쌀 3천 석을 단고의 미야즈高津에서 규슈의 나고야까지 운반했는데, 그 운임은 1천 석당 200석으로 운반하는 물자의 20%에 해당됐다. 이를 통해 다이묘와 결탁한 상인들이 얼마나 축재했는가를 짐작할 수 있다.

상업이 눈부시게 발전하면서 화폐가 통용되었다. 무로마치 바쿠후 시대에도 화폐가 통용되기는 했으나 동전 형태여서 대형 거래를 하기에 불편했으며 금은은 주로 선물로 사용되었다. 이후 금은이 차츰 화폐로 사용되기 시작해 노부나가 시대에는 극인極印을 찍은 판금判金이나 극인은極印銀 등이 통용되었다. 히데요시 시대에는 금산金山과 은산을 공유물로 인정했다. 즉 금화나 은화 원료를 캐는 광산은 모두 공유물이며, 이는 천하를 통일한 히데요시의 것이라는 입

도요토미 히데요시에 의해 주조된 텐쇼 오반

장을 취했다. 따라서 금산과 은산은 영주인 다이묘에게 위임하고 대신 히데요시에게 운산(運山, 공공 물품을 운반해 상납하는 일)을 물도록 함으로써 각지의 다이묘들이 금은을 상납했다.

금은을 일상생활에서 사용할 때는 중량을 달아 사용했다. 금은 고가였기 때문에 아주 작은 조각일지라도 비싼 값을 받았고, 은은 금과 동전의 중간이어서 사용하기 편리했다. 그러나 일상생활에서는 무게를 달 필요가 없는 동전이 편했기 때문에 백성들은 주로 동전을 사용했다. 그렇지만 국민 전체가 동전을 사용할 정도로 동전의 양이 풍족하지는 않았다.

도요토미 히데요시의 과대망상이 벌인 동아시아의 비극

1591년 히데요시는 당시 에스파냐 식민지였던 필리핀 장관에게 일본에 항복하라는 내용의 서신을 보냈다. 그의 해외 제국에 대한 강경한 태도는 국내를 통일한 자신의 세력을 국외로 확대하려는 야망의 표현이라고도 볼 수 있었다. 심지어 1593년에는 대만에도 일본에 항복하라는 내용의 서신을 보냈다.

1596년 에스파냐 무역선이 도사에 표류하는 사건이 발생했다. 이때 히데요시는 그 배에 실린 비단, 당목唐木, 황금, 원숭이 앵무새 등 130만 페소(에스파냐 화폐 단위)에 달하는 화물을 몰수했다. 화물을 몰수한다는 것은 난폭한 행위임에 틀림없었으나 당시에는 관습이었다. 당시 에스파냐는 동양 무역을 둘러싸고 포르투갈과 경쟁을 벌이고 있었다. 또 종교 전파에 있어서도 포르투갈계 예수회와 에스파냐계 프란시스코회가 경쟁을 벌였다. 이때 에스파냐 무역선 표류 사건이 발생하자 이 문제를 둘러싸고 포르투갈과 에스파냐는 상대방을 비난했고, 예수회와 프란시스코회의 대립도 한층 격화되었다. 이를 본 히데요시는 이들이 선교 활동을 하며 신도를 늘리는 것이 언젠가 일본에 군대를 파견해 나라를 빼앗기 위한 것이라는 생각마저 갖게 되었다. 그래서 무역선 난파 사건 이후 천주교에 대한 단속을 한층 강화하고 선교사나 신자들을 체포해 화형시켰다.

히데요시는 필리핀이나 대만에는 군대를 파견하지 않았으나 조선에는 두 차례나 대군을 파견해 난을 일으키고 피아간에 수많은 인명이 살상되는 비극을 초래했다.

히데요시가 전국을 통일하고 병농분리정책을 추진함에 따라 소유하고 있던 토지를 몰수당하거나 일부를 빼앗긴 사람들이 헤아릴 수 없을 정도로 많았다. 그러다 보니 다이묘 가운데도 해외 영토에 관심을 갖는 자들이 생겨났다. 게다가 무역상들은 해외 무역에 매력을 느낀 나머지 히데요시의 무력을 이용해 해외로 진출하려는 욕망을 숨기지 않았다.

이처럼 전국 시대의 전란이 수습된 후 몰락한 다이묘와 호족, 일반무사 등의 불만을 해소하기 위해서는 해외 영토를 획득할 수밖에 없었다. 이와 함께 히데요시는 세계에 위엄을 떨쳐 보겠다는 일종의 대아시아 제국 건설을 꿈꾸는 과대망상에 빠졌다. 결국 복잡한 국내 사정과 그의 과대망상이 조선 침략이라는 동아시아 전쟁을 일으키게 된 것이다. 다이묘들은 이에야스와 같이 조선 정벌 계획을 반대하는 자, 가토처럼 새로운 영토에 큰 희망을 거는 자, 고니시처럼 출병을 하는 것이 득이 될지 실이 될지 몰라 중립을 지키는 자들로 갈라져 있었다.

망상을 실천하기로 결심한 히데요시를 말릴 수 있는 사람은 아무도 없었다. 그의 충천한 의기와 강력한 태도 앞에 모든 의견은 물거품처럼 사라져 버렸다. 동원령이 내려지자 이키섬과 쓰시마에는 16만 대군이 집결해 출격 명령만 기다리고 있었다. 1592년 4월 12일, 고니시 유키나가와 소 요시토시宗義智가 거느리는 제1군이 쓰시마를 떠나 4월 13일 새벽 아직 잠에서 깨어나지 않은 부산포를 향해 돌진했다. 부산성을 지키던 정발鄭撥은 개미 떼처럼 몰려오는 배를 보고 깜짝 놀라며 명령을 내렸다.

"일본군의 침공이다. 성문을 굳게 잠그고 부산성의 군사 3천 명과 민병은 모두 집결하라."

군사들이 집결하는 동안 일본군은 일제히 함성을 지르며 상륙해 사다리를 놓고 성벽을 기어오르기 시작했다. 그러면서 조총을 마구 쏘아대니 그 소리는 마치 콩을 볶는 듯했다. 조선군이 쏘아 대는 화살은 맞아도 즉사하지 않는 것이 보통이었으나 조총을 맞으면 즉사하니 조총의 위력 앞에 조선군의 사기는 점점 떨어져 갔다.

"명나라를 칠 터이니 길을 터라. 만약 불응하면 모즈리 도륙하겠다."

제1군 지휘관 고니시가 항복을 권했으나 정발은 들은 척도 않고 계

임진왜란 당시 쓰였던 2.5구경의 조총

일본군의 침략으로 순절한 부사 송상현과 성민들의 항전을 그린 〈동래부사순절도〉

속 항전했다.

고니시는 부산성을 함락시키고 아침밥을 먹으려 했으나 정발의 필사적인 항전으로 하루해가 다 지도록 성을 함락시키지 못했다. 그는 날이 저물자 일단 배로 철수했다.

4월 14일, 철수했던 고니시의 제1군은 근처의 다대포를 함락시키고 동래성으로 향했다. 동래부사 송상현宋象賢은 성 밖에 참호를 파고 목책을 세우는 한편 울창한 잡목으로 성을 위장하며 항전 태세를 갖추었다. 14일 한낮 동래성 아래에 육박한 고니시는 흰 나무판자에 '전즉전부전즉가아도(戰則戰不戰則假我道, 싸울 테면 나와서 싸우고 싸우지 않을 테면 우리에게 길을 터라)'라고 크게 써서 남문 밖에 걸었다. 이를 본 송상현은 즉시 '사이가도난(死易假道難, 죽기는 쉬워도 길을 내주는 일은 어렵다)'이라고 써서 항전 의지를 보였다.

송상현의 결의를 확인한 고니시는 공격 명령을 내렸다. 제1군은 함성을 지르며 조총을 마구 쏘아 댔다. 이들의 함성이 점점 높아지며 동래성 동문, 서문, 북문 등이 무너지기 시작했다. 성문들이 삽시간에 뚫리자 이들은 남문으로 몰려갔다. 송상현은 덤벼드는 일본군의 목을 치며 독전했으나 압도적인 병력과 조총의 위력을 당해 낼 수 없었다. 고니시도 송상현의 전사 소식을 듣고 적장으로서 감복해 마지않았다.

한편 히데요시는 히젠의 나고야에 총사령부를 설치하고 제1군에 이어 가토를 제2군, 구로다 나가마사黑田長政를 제3군으로 편성해 계속 조선에 상륙시켰다. 동래성을 함락한 고니시 제1군과 가토 제2군은 파죽지세로 북상해 충주 탄금대에서 신립의 저항을 물리치고 불과 20일 만에 조선의 수도 한양을 함락시켰다. 한양을 함락한 일본군은 두 패로 갈라져 고니시는 평양으로, 가토는 함경도로 진군했다.

나고야 총사령부에서 승전 보고를 받은 히데요시는 자못 의기충천한 모습으로 천황을 연경으로 모시고 자신은 영파(寧波, 절강성 동부의 항주) 남쪽으로 이동한다는 둥 과대망상을 한층 고조시켰다.

한양을 함락한 일본군은 계속 진격해 제1군은 평양을 함락시키고, 제2군은 함흥을 거쳐 회령會寧까지 진출해 조선의 두 왕자를 포로로 삼는 등 호남을 제외한 조선의 전 지역이 일본군 말발굽 아래 놓였다. 조선의 왕 선조는 두려움에 떨며 의주까지 몽진하고 명나라에 원군을 청하기에 이르렀다.

육지에서 연전연승해 파죽지세로 회령까지 진출한 일본 육군에 비해 수군은 연전연패를 당하고 있었다. 조선의 바다에는 이순신李舜臣이 버티고 있었기 때문이다. 수군통제사 이순신은 뛰어난 작전과 거북선을 앞세워 일본 수군의 활동을 완전히 봉쇄하고 제해권을 장악했다. 조선 수군은 제1차 옥포玉浦, 제2차 사천泗川, 당포唐浦, 당항포唐項浦, 제3차 한산도閑山島, 제4차 부산에서 일본 수군을 모조리 쳐부수며 치명타를 가했다. 특히 한산도에서는 일본 수군 60여 척, 부산에서는 100여 척을 섬멸시켜 육상에서 뭉개진 자존심을 해상에서 완벽히 회복하고 있었다. 그 후 일본 수군은 전의를 상실한 채 전쟁이 끝날 때

해상에서 일본 수군을 섬멸시킨 거북선

까지 조선의 수군에게 한 번도 승리하지 못했다.

해상의 승전보와 함께 조선 각지에서는 양반층과 백성들이 주축이 된 의병들이 분연히 일어나 항거했다. 조헌趙憲은 금산에서 700여 명의 의로운 백성들과 함께 장렬한 최후를 마쳤고, 홍의장군 곽재우郭再祐는 의령, 창녕 등지에서 일본군을 물리친 후 김시민金時敏과 함께 진주성 전투에서 일본군을 대파했다. 또 묘향산의 서산대사는 제자 사명당과 함께 승병을 이끌고 평양성 탈환 전투에서 일본군에게 큰 타격을 입혔다. 이 밖에 호남에서는 고경명高敬命, 김천일金千鎰 등이 분전하고 있었다. 일본군이 호남에 발을 들여놓지 못한 것은 이순신이 거느리는 조선 수군과 의병들 때문이었다.

일본의 조선 침략 소식은 명나라에도 전해졌다. 대국을 자처했던 명나라로서는 조선의 원병 요청을 무시할 수 없었다. 명나라는 이여송李如松에게 구원군을 이끌고 가 조선을 구하게 했다. 이여송은 1592년

12월 25일 압록강을 건너 곧바로 평양성으로 향했다. 그는 대포와 화전(火煎, 불을 달고 쏘는 화살)으로 무장한 부대를 전방에 내세워 총공격 명령을 내리고 자신도 친히 진중으로 말을 달렸다. 고니시가 지휘하는 일본군은 조총을 쏘아 대며 완강히 저항했으나 1593년 1월 8일 명나라 군대가 쏘아 대는 대포의 위력 앞에 맥을 쓰지 못하고 대동강을 건너 한양으로 달아났다.

이여송은 여세를 몰아 개성을 수복하고 한양으로 각차를 가했다. 그가 거느린 원군은 직속 부대인 요동병과 남방병으로 남방병은 대포와 화전 등 강력한 무기로 무장한 부대였다. 그런데 이여송은 한양 탈환 작전에 직속 부대인 요동병만 거느리고 출병했다. 그는 일본군을 얕잡아 보고 요동병에게 한양 탈환 공을 독식하게 한 것이다. 이로 인해 이여송은 벽제관에서 일본군에게 포위되어 패전을 맛보게 되었다. 일본군은 대포나 화전이 없는 명나라 군사를 조금도 두려워하지 않았다. 이후 이여송은 개성까지 후퇴하고 전쟁보다는 강화에만 매달려 조선군의 원망을 샀다.

이 무렵 전라감사 권율(權慄)이 거느리는 1만여 명의 군사가 명나라 군사와 호응하며 한양을 탈환하기 위해 행주산성에 이르렀다. 그러자 일본군은 10만 명의 병력을 나누어 행주산성을 좌우에서 공격했다. 권율은 배수진을 치고 일당백의 용기로 수적으로 압도하는 일본군을 격퇴시켰다. 일본군은 계속해서 제2대를 투입했으나 역시 실패했고, 용병 고바야카와 다카카게(小早川隆景)를 다시 투입했다. 권율이 고바야카와를 향해 화살을 쏘아 어깨를 정통으로 맞히자 일콘군은 할 수 없이 후퇴했다. 계속되는 패전에 화가 머리끝까지 난 우키타 히데이에(宇喜多秀家)는 한양에서 군사를 몰고 행주산성을 공격했으나 권율을 당해 내지 못했다. 행주산성의 승리는 이순신의 한산도 대첩, 김시민의 진주 대첩과 함께 조선을 지켜 낸 커다란 승리였다.

소극적인 태도로만 일관하며 강화를 모색하던 이여송은 심유경沈惟敬을 보내 고니시, 가토 등과 강화를 논의했다. 그는 궁지에 몰린 고니시, 가토 등을 압박해 일본군을 한양에서 철수시킬 속셈이었다. 당시 한양 주둔 일본군의 사상자가 전체의 37%에 달했으며 조선 수군에 의해 해상로가 완전히 차단되어 본국의 보급이 막혀 있었다. 게다가 전쟁이 교착 상태에 빠지자 일본군 내부에서는 전쟁을 기피하는 풍조마저 일고 있었다. 휴전을 전제로 한 강화 교섭이 진전된 것은 이러한 배경 때문이었다. 참으로 안타까운 점은 전쟁의 당사자인 조선은 강화교섭에서 배제된 것이다.

강화에 나선 일본은 여러 조건을 내세웠다. 첫째, 명나라 황녀를 일본 천황의 후비로 삼을 것, 둘째 무역증서제貿易證書制를 부활할 것, 셋째 조선 8도 중 4도를 일본에 할양할 것, 넷째 조선의 왕자 및 대신을 인질로 보낼 것, 다섯째, 조선의 권신이 일본에 배반하지 않겠다는 서약을 할 것 등을 요구했다. 그러자 명나라에서도 첫째, 조선에서 완전 철병할 것, 둘째 조선의 두 왕자를 송환할 것, 셋째 관백 히데요시가 공식적으로 사과할 것 등을 요구했다.

심유경과 고니시는 피차가 양측이 제시한 조건이 도저히 받아들여지지 않을 것임을 감지하고 이런 내용들을 자국에는 숨긴 채 협상을 진행했다. 급기야 심유경은 명나라 황제에게 사죄문을 위조해 바치며 말했다.

"히데요시가 바라는 것은 오로지 자신이 일본 국왕으로 책봉되는 일이며 그리되면 신하로서 영구히 조공을 바치겠다 하옵니다."

명나라 황제가 도요토미 히데요시를 일본 국왕에 책봉하는 국서

　사죄문이 위조라는 사실을 알 리 없는 명나라에서는 책봉정사와 부사를 임명해 히데요시를 일본 국왕에 봉한다는 국서와 일본국왕지인日本國王之印이라 새긴 금인金印 그리고 명나라 관복을 가지고 일본으로 건너갔다. 히데요시를 속여 강화를 성립시키기 위한 고니시와 심유경의 계획은 이때까지 순조롭게 진행되었다. 그러나 특봉이위일본국왕(特封爾爲日本國王, 특별히 너를 봉해 일본 국왕에 임명한다)이라는 국서를 본 히데요시는 광분하며 제2차 출병을 명했다. 이것이 1597년에 일어난 정유재란丁酉再亂이다.

　히데요시의 제2차 출병은 이미 명나라 정복은 포기하고 오로지 조선 남부 영유領有를 목적으로 했다. 그러나 제2차 침공은 제1차 때와는 상황이 아주 달랐다. 의병과 이순신이 거느리는 수군, 명나라 군사의 활약으로 고전을 면치 못했다. 결국 1598년 히데요시의 죽음으로 전군이 철수하면서 7년간 끌어오던 전쟁은 막을 내렸다.

　1592년에 시작된 히데요시의 조선 침략을 일본 역사에서는 분로쿠文祿, 게이초慶長의 전쟁이라 부른다. 이 전쟁은 조선인에게 무한한 고통을 주었을 뿐 아니라 조선 왕조의 쇠퇴, 청나라 발흥, 명나라 쇠미 등 동아시아 3국에 큰 여파를 미쳤다.

히데요시는 53세가 되도록 후계자가 없었다. 1589년 쓰루마쓰鶴松라는 아들을 낳았지만 겨우 3세 때 죽고 말았다. 그는 조카인 히데쓰구秀次를 후계자로 정해 관백을 물려주고 자신은 태합(太閤, 관백에 대한 높임말)으로 후시미代見에 은거하기로 작정했다. 이때가 제1차 조선 출병의 해였다.

그러다가 1593년 히데요리秀賴가 태어났다. 히데요리의 출생은 히데쓰구에게 어두운 그림자를 드리웠다. 제1차 조선 출병 후 전쟁이 교착 상태에 빠지자 다이묘들은 서로 대립했고 히데쓰구가 모반을 꾀하고 있다는 소문마저 돌았다. 그러자 히데요시는 1595년 히데쓰구를 고야산의 절에 유폐했다가 자결하게 했다.

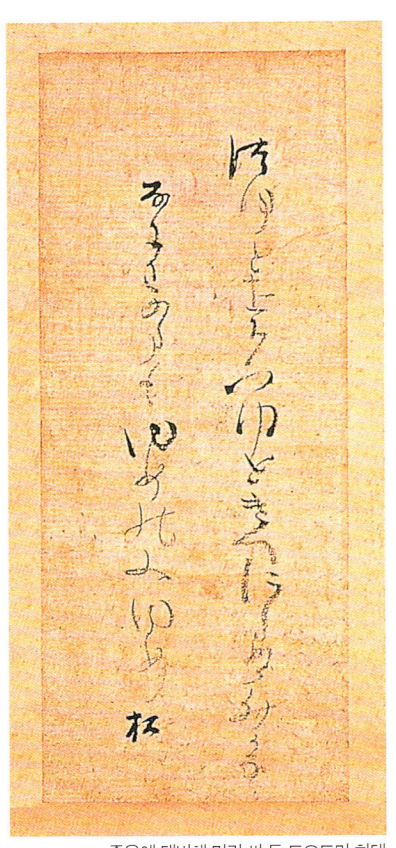

죽음에 대비해 미리 써 둔 도요토미 히데요시의 절명시

히데요시는 히데요리를 금지옥엽처럼 아꼈다. 그는 어린 히데요리의 앞날을 염려하여 다이묘들에게 히데요리를 힘껏 보호하겠다는 서약서를 받았다.

1598년 3월 히데요시는 부인과 애첩 그리고 히데요리와 다이고醍醐의 산보인 三寶院에서 호화스러운 꽃놀이를 하고 얼마 후 병석에 누웠다. 7월이 되자 아사노 나가마사淺野長政, 마시타 나가모리增田長成, 이시다 미쓰나리石田三成, 나쓰카 마사이에長束正家, 마에다 겐이前田玄以 등 5봉행(재정과 소송을 담당한 히데요시의 심복)과 도쿠가와 이에야스, 마에다 도시이에前田利家, 우에스기 가게카쓰上杉景勝, 우키타 히데이에宇喜多秀家, 모리 데루토모毛利輝元 등 5대로(大老, 히데요시의 보좌)에게 다시 히데요리를 돕겠다는 서약을 받고, 8월에는 5대로에게 혈판(血判, 손가락을 베어 그 피로 도장을 찍는 것) 서약서를 쓰게 했다. 또 숨을 거두기 직전까지 5대로에게 히데요리의 장래를 부탁하는 유언을 남겼다.

"부디 히데요리를 잘 부탁하오. 5대로 여러분, 정말 부탁하오. 히데요리가 훌륭히 해낼 수 있도록 다섯 분에게 부탁하오. 그 일밖에는 아무것도 걱정되는 일이 없소."

오직 아들이 걱정되어 차마 눈을 감을 수 없는 안타까운 심정이 역력했다. 1598년 8월 18일 62세의 히데요시는 이렇게 죽음을 맞았다.

인내와 끈기의 실력자 도쿠가와 이에야스

히데요시는 오로지 그의 아들 히데요리의 장래를 걱정하며 죽었다. 그러나 그 염려는 얼마 지나지 않아 현실로 다가왔다.

히데요시의 유언을 따르기 위해 5대로와 5봉행은 서약을 교환했다.

'다른 다이묘들과 담합하거나 작당해서는 안 된다. 히데요리를 배반하는 자가 있을 때는 다이묘들 모두가 상의해 결정한다.'

그러나 이에야스는 이 약속을 지키지 않고 여섯째 아들 다다테루忠輝의 아내로 다테 마사무네의 딸을 맞아들였다. 또 양녀를 후쿠시마 마사노리의 아들에게 시집보내는 등 여러 다이묘들과 활발히 교류하며 세력을 확대했다. 5대로와 5봉행이 그를 힐책하면 그는 간교한 방법으로 이를 받아넘기며 이들이 합심하지 못하도록 능수능란하게 대처했다.

일찍부터 도고쿠에 기반을 구축해 온 이에야스는 노부나가와 히데요시의 뒤에서 이들을 도우며 한 걸음씩 나아가 노부나가에 버금가는 세력을 갖기도 했다. 그러나 히데요시가 교묘한 작전으로 천하를 차지한 후부터는 그저 바짝 엎드려 있을 뿐이었다.

히데요시는 이에야스의 잠재된 힘을 주시하며 다른 다이묘들과 달리 취급했다. 그는 규슈의 시마즈 가문을 정벌할 때도 오다와라의 호조 가문에 대비해 그를 참가시키지 않았다. 조선 침략 때도 이에야스 군을 본토에 남겨 두었었다. 이런 배경으로 이에야스는 다른 다이묘들이 큰 피해를 입는 동안에도 힘을 축적할 수 있었다.

이에야스는 일찍부터 천하를 통치하겠다는 대망을 품고 만반의 준비를 했다. 에도성을 쌓을 때는 교토, 오사카 상인들과 손잡았고, 매년 백조 2마리, 금 10닢을 22회에 걸쳐 조정에 선물로 보냈으며, 히데요시의 노여움을 산 다이묘들을 구제하는 등 용의주도하게 물밑 작업을 해 나갔다.

이에야스의 원래 이름은 마쓰다이라 모토야스松下元康였다. 마쓰다이라 가문은 미카와의 소다이묘小大名로 동쪽의 이마가와 가문과

도쿠가와 이에야스

서쪽의 오다 가문 사이에 끼어 항상 불안에 떨며 전쟁의 소용돌이에 자주 휘말렸다.

이에야스는 어렸을 때 다케치요竹千代라 불렸다. 그가 3세 때 아버지 히로타다는 처가인 이마가와 가문에 배반당한 후 이혼했다. 6세 때는 이마가와 가문에 인질로 보내지던 중 오다 가문에게 체포되어 오다 가문의 인질이 되었다. 그러다가 이마가와 가문과 오다 가문이 강화하여 2년 만에 오카자키성으로 돌아올 수 있었다. 그가 돌아오기 반년 전 아버지는 부하에게 피살되었다. 오카자키성으로 돌아온 기쁨도 잠시 8세가 되던 해 다시 이마가와 가문의 인질이 되어 슨푸로 보내졌다.

다케치요는 이마가와 가문의 인질로 있는 동안 요시모토義元의 '원元' 자를 넣어 모토노부元信로 개명하고 요시모토의 양녀를 아내로 맞았다. 19세 때는 오케하자마 전투에서 이마가와 가문의 무장으로서 노부나가를 공격했다. 그는 이마가와 가문의 패전으로 13년 만에 자유의 몸이 되어 오카자키성으로 돌아왔다.

1561년 모토노부는 노부나가와 손잡고 이름도 이에야스로 고쳤다. 그리고 노부나가의 딸 도쿠히메德姬를 그의 아들 노부야스信康의 아내로 맞이해 노부나가와 사돈이 되었다. 그는 노부나가와 손잡은 무렵부터 다이묘로서 이름을 떨치기 시작했다. 특히 1563년에 일어난 종교 반란을 평정하고 이마가와 잔존 세력을 미카와에서 추방하면서 성도 도쿠가와로 바꾸었다.

1570년 이에야스는 미카와의 오카자키성에서 도토미의 하마마쓰성으로 이동했다. 1572년에는 신겐이 교토로 진격하는 것을 노부나가와 연합해 저지하려 했으나 미카타가하라에서 대패하며 하마마쓰성으로 도망쳤다.

나가시노 전투

　신겐이 죽은 후 이에야스는 다시 노부나가와 연합하여 1575년 신
겐의 아들 가쓰요리를 미카와의 나가시노에서 격파했다. 이렇게 해서
이에야스는 미카와, 도토미, 쓰루가 등 삼국에 그의 세력을 구축했고
1582년 3월에는 노부나가의 응원을 얻어 가쓰요리도 멸망시켰다.

　하지만 1582년 6월 노부나가가 교토의 혼노지에서 피살되자 상황
은 크게 변했다. 호시탐탐 기회를 노리던 히데요시가 천하를 장악하고
1590년에는 이에야스를 오다와라의 호조 가문의 영지로 전봉시켜 간
토로 보냈다. 간토 팔주八州라 하지만 이에야스가 간토에 들어갔을 때
는 히타치에 사타케佐竹, 아와에 사토미里見 등이 있었기 때문에 지배한
것은 6국에 불과했다. 당시 이에야스의 영지는 이케다 데루마사 등 히

데요시의 심복들에게 주어졌다. 이에야스는 히데요시로부터 철저한 감시를 받으며 인고의 시간을 보내야 했다.

히데요시는 이에야스의 간토 지배에 대해 일일이 간섭하지 않았다. 이에야스는 에도를 중심으로 무사시, 사가미 등을 직할지로 삼았다. 그는 히타치의 사타케 가문을 견제하고자 다테바야시에 사카키바라 야스마사榊原康政를 배치하고, 또 아와의 사토미 가문을 제압하려고 오타키에 혼다 다다카쓰本多忠勝를 배치했다. 이에야스는 자신을 존경하는 가신들을 에도 지역에 배치함으로써 친위대 구실을 하게 했다.

히데요시가 죽자 다이묘들 가운데 이에야스와 대항할 수 있는 세력은 도시이에가 유일했다. 그는 노부나가의 부하이자 히데요시의 선배였다. 하지만 히데요시가 죽은 후 반년 만에 도시이에도 세상을 떠나고 말았다. 이제 이에야스에게 대항할 수 있는 다이묘는 5봉행의 이시다 미쓰나리뿐이었다. 그는 여러 차례 이에야스 암실을 기도했으나 번번이 실패했다. 그러나 가토 기요마사에게 위협을 받자 숙적인 이에야스에게 구원을 요청했다. 일찍부터 그의 음모를 파악하고 있던 이에야스는 잠시나마 그를 구원해 주는 여유를 보이기도 했다.

1600년 6월 이에야스가 오사카성을 나와 아이즈의 가게카쓰 토벌에 나섰다. 그는 5대로 중 하나로 이에야스와 자웅을 겨룰 준비를 하고 있었다. 이때 이에야스는 자신이 도호쿠로 떠나면 미쓰나리가 군사를 일으킬 것을 예상하고 아주 천천히 토카이도를 따라 행군하며 7월 24일에야 시모쓰케의 오야마小山에 도착했다. 사와야마성佐和山城에 있던 미쓰나리는 7월 초 오사카성에 들어가 오타니 요시쓰구大谷吉繼, 안코쿠지 에케이安國寺惠瓊를 비롯해 봉행인 마에다, 나쓰카, 마시타 등과 모의하여 군사를 일으켰다. 그러자 미쓰나리에게 호응한 모리 데루모토를 비롯해 우키다, 고니시, 시마즈, 고바야카와, 조소카베 모리치카 長宗我部盛親 등이 잇달아 오사카로 집결했다. 미쓰나리의 군대는 이미 이에야스가 없는 후시미성을 포위하고 있었다.

미쓰나리의 거병 소식이 이에야스에게 전해진 것은 7월 24일이었다. 이에야스는 가게카쓰 정벌을 취소하고 간사이 방면으로 군대를 진출시켰다. 그가 서둘러 에도성에 되돌아온 것은 8월 6일이었다. 이때 이에야스 측에 가담해 미쓰나리의 서군西軍과 결전을 벌이기로 한 다이묘는 후쿠시마, 이케다, 호소카와, 야마노우치, 도도 등으로 이들을 동군東軍이라 불렀다.

이에야스는 마침내 에도성을 나와 9월 10일 오와리의 기요스성으로 갔다. 이 무렵 서군은 오가키성 일대에 포진하며 동군과 30km 거리를 두고 있었다. 당초 서군의 계획은 동쪽으로 진출해 히데요리를 추대하고 미카와 부근에서 결전을 벌일 예정이었으나 단고의 호소카와 가문과 오미의 교고쿠 가문 등이 이에야스 측에 가담해 배신했다. 또 서군의 데루모토가 오사카성에서 히데요리를 보호하고 움직이지 않았기 때문에 계획에 차질이 생기고 말았다.

이에야스는 기요스에서 오가키성이 내려다보이는 오카야마에 본진을 설치했다. 이에야스를 맞이한 동군의 사기는 점점 고조되었으나 오가키의 서군은 히데요리와 데루모토가 좀처럼 나타나지 않자 의기소침한 상태였다.

9월 14일 밤 오가키성에 있던 미쓰나리는 억수같이 퍼붓는 폭우를 무릅쓰고 성을 빠져나와 서쪽 세키가하라로 후퇴했다. 이것은 이에야스가 오가키성을 공격하지 않고 아카사카赤坂에서 단숨에 세키가하라를 거쳐 서쪽으로 진격할 움직임을 보였기 때문이었다. 세키가하라는 예로부터 난공불락의 관문으로 미노, 오와리, 이세, 오미 등 각 방면으로 나가는 관문이었다. 미쓰나리는 이곳에 진지를 구축하고 동쪽에서 공격해 오는 동군을 맞을 작정이었다. 당시 동군의 총병력은 약 10만, 서군은 약 8만이었다. 천하가 걸려 있는 대결전이었다.

9월 15일 오전 8시경, 보슬비가 내리고 안개가 자욱하게 깔린 가운데 양군이 충돌했다. 양측은 치열한 격전을 벌이며 정오 무렵까지 승부를 내지 못하고 있었으나 미쓰나리 부대와 우키다 부대의 분전으로 서군이 우세한 상황이었다.

이에야스는 몹시 초조해하며 고바야카와 부대만 기다리고 있었다. 참다못한 이에야스가 사격 명령을 내리자 그때까지 상황만 지켜보고 있던 고바야카와가 이에 호응해 마쓰오산松尾山을 내려와 서군을 맹렬히 공격했다. 서군의 요시쓰구는 뛰어난 지략의 소유자였다. 그는 진작부터 고바야카와가 서군에 가담하지 않을 것이라 짐작하고 있었다. 하지만 더 치명적인 것이 있었다. 바로 턱밑에 있던 와키사카 부대와 아카자 부대의 배신이었다. 이로 인해 정오까지 우세했던 서군은 오후 2시를 고비로 무너지기 시작했다. 이시다, 시마즈, 고니시 부대도 잇따라 격

도쿠가와 이에야스의 갑옷

세키가하라 전투

파되며 세키가하라 전투는 오후 4시경 동군의 대승으로 막을 내렸다.

이에야스는 오사카성에서 서군에 가담했던 여러 다이묘를 처벌한 후 동군에 대해 논공행상을 실시했다. 영지를 몰수당한 서군의 다이묘는 90명에 달했으며, 모시 가문처럼 감봉減封된 다이묘도 있었다. 이에야스는 많은 가신들을 독립 다이묘獨立大名로 승격시키며 간토에서 토카이도에 진출시켰다. 이제 이에야스에게 가장 중요한 과제는 어떤 방

법으로 전국의 지배 체제를 강화하는가였다.

    세키가하라 전투에서 패한 미쓰나리는 이부키산 깊숙이 들어가 숨어 있다가 죽마고우였던 다나카 요시마사田中吉政에 의해 체포되어 이에야스에게 압송되었다. 아이즈의 가게카쓰는 세키가하라 전투가 끝난 후 이에야스에게 항복했다.

신흥 계급의 출현과 모모야마 문화

노부나가와 히데요시 시대부터 에도 시대의 간에이(寬永, 연호) 때까지를 모모야마桃山 문화라 한다. 교토의 후시미성伏見城을 훗날 모모야마라 불렀기 때문에 생긴 이름으로 히데요시 시대의 문화 중심지였다.

전국 시대에 쇠퇴했던 문화는 통일 정권 성립과 다이묘 지행제人名知行制에 따라 질서와 평화가 회복되고 농업과 수공업 생산 증대 및 상업이 발달하면서 모모야마 문화가 꽃피기 시작했다. 이 시대 문화 주역은 권력과 경제력을 지닌 패자覇者와 다이묘 그리고 이들과 결탁해 부를 이룩한 호상들로 이들의 배후에는 도시민의 풍요로운 생활이 있었다. 이들 신흥 지배 계급은 호화로움을 즐기고 권세를 과시했으며, 기성 권위를 부정하고 자신의 실력을 확신하며 현세를 구가하는 현실적인 정신을 지니고 있었다.

현실성에서 가장 중요한 의의를 갖는 것은 종교의 쇠퇴였다. 불교는 고대와 중세를 거치며 교계教界와 속계俗界에 위력을 떨쳤다. 또 학문과 예술 발달에 이바지했으며 도덕 함양, 정신 형성에 끼친 영향은 지대했다. 그러나 무사 계급이 등장함에 따라 영주권 확립과 다이묘 지행제 형성 등 자신의 운명을 오로지 승패에 걸며 구제와 해탈을 구하는 종교보다는 현실을 긍정하고 권세에 의존하는 현실적 정신이 인간 행위를 지배하게 되었다. 이 정신은 유서 깊은 대사원이나 종단의 교권을 다이묘의 무권武權에 굴복시키는 원동력이 되었다. 이렇게 해서 불교는 완전히 무권에 굴복하고 오로지 불사佛事나 종학교의宗學敎義 연수 등에만 전념하게 되었다.

에도성을 중심으로 한 시가지의 모습

불교와 더불어 기성 문화의 일익을 담당하던 문예도 다시 찾아온 평
화와 함께 화한(和漢)의 고전학(古典學), 가학(歌學), 가도(歌道) 등이 부흥했다. 특
히 고요제이 천황이 조선의 동활자(銅活字)를 이용해 간행한 고전 12부(部)
는 일본 인쇄사상 획기적인 문화 사업으로 평가된다. 당시 무가 사회
의 최고 교양인은 호소카와 유사이(細川幽齋)였다. 그는 조정 문화와 무로
마치 바쿠후 시대 무가 문화의 전통을 집대성한 사람으로 과거에 완성
된 학예 부흥에 힘썼다. 이와 함께 무로마치 바쿠후 시대에 발달했던
렌가, 노가쿠 등도 유행했으나 발전은 없었다.

이 시대에는 학문이나 문예보다 건축, 공예, 다도(茶道) 등이 두각을 나
타냈다. 이는 기성 권위를 타파한 신흥 지배 계급의 풍요로운 생활과
번영하기 시작한 도시의 강렬한 의욕 그리고 청신한 감각이 선명하게
발휘되었기 때문이다. 특히 통일 정신과 무가의 권위를 조형적으로 표
현한 성곽 건축은 아름다운 흰 벽, 하늘 높이 치솟은 천수각, 깊이 파
서 두른 해자, 높이 쌓아 올린 돌담 등 모든 아름다운 위엄을 드러냄으

모모야마풍으로 유명한 이누야마성

로써 건축, 회화, 공예 등의 종합 예술로서 조형미를 창출해 냈다. 이
시대의 대표적인 성인 히메지성은 지금까지 남아 당시 건축 양식을 잘
보여 주고 있다. 이 밖에도 이누야마성과 나고야성도 모모야마풍으로
유명하다.

회화는 장지 그림이나 병풍화가 유행했는데 대표 화가로는 가노 에
이토쿠狩野永德, 가이호 유소海北友松, 하세가와 도하쿠長谷川等伯 등이 색
채화와 묵화에 뛰어난 솜씨를 보였다. 또 다와라야 소타쓰俵屋宗達는 야
마토화의 독자적인 수법을 발휘해 차분한 화풍을 창출했다. 이들 가운
데 에이토쿠는 가노파 대표 주자로 아즈치성, 오사카성, 주라쿠다이의
장지 그림 등을 모두 독점할 정도로 노부나가와 히데요시의 신임이 두
터웠다.

사카이 출신의 센노 리큐千利休는 당대 많은 다도가茶道家들과 함께

다도 발전에 크게 기여했다. 그는 미지근한 차를 경계했는데 이는 당시 무사들의 기풍과 히데요시의 기호에도 잘 맞았다. 그는 사치스러운 차, 이른바 다이묘 차茶라는 것을 꺼렸고 좁은 다실이나 소박한 다기를 애호해 다도 정신을 강조했다.

그의 제자 후루타 오리베古田織部는 다이묘 차를 좋아해 오리베 차 창시자로 유명했다. 오리베 제자인 혼아미 고에쓰本阿彌光悅와 고보리 엔슈小堀遠州는 다도를 비롯해 만능 예술가로 유명했다.

고에쓰는 서예, 회화, 칠기, 도자기 등 다방면에 훌륭한 업적을 남겨 이에야스로부터 교토에 땅을 하사받아 예술가촌을 세워 많은 문인들을 양성했다. 엔슈도 엔슈풍의 다도를 창시하고 찻잔을 만드는 명인으로 유명했다. 그는 이에야스, 히데타다秀忠, 이에미쓰家光 3대에 걸쳐 중용되어 훌륭한 건축과 정원을 많이 남겼다. 엔슈풍 건축과 정원으로 가장 유명한 것은 교토의 명소로 손꼽히는 가쓰라이궁桂離宮이다.

스미노쿠라 소안角倉素庵은 그의 아버지 료이了以와 함께 무역상과 토목 사업가로 유명했다. 그는 1608년부터 5년간 고전 문학 보급을 위해 막대한 돈을 투자하며 사가본嵯峨本을 출판했다. 당시 출판물 대부분은 유학과 불교 서적이었으나 이 사가본은《이세 모노가타리伊勢物語》를 비롯한 13부部로 이루어진 일본 고전 문학이었다. 장정, 디자인, 서체 등도 스승 고에쓰의 지도를 받아 한층 더 우아하고 아름답게 했다.

이 시대에는 유럽 문화가 전파되어 남만풍南蠻風 등이 풍속에 강하게 반영되었다. 각지에 교회가 세워지고, 오르간 등 서양 악기가 연주되었으며, 소년 소녀 합창단이 찬송가를 부르기도 했다. 크리스마스 때는 종교극이 공연되고 부활절에는 신자들의 화려한 행렬도 볼 수 있었다.

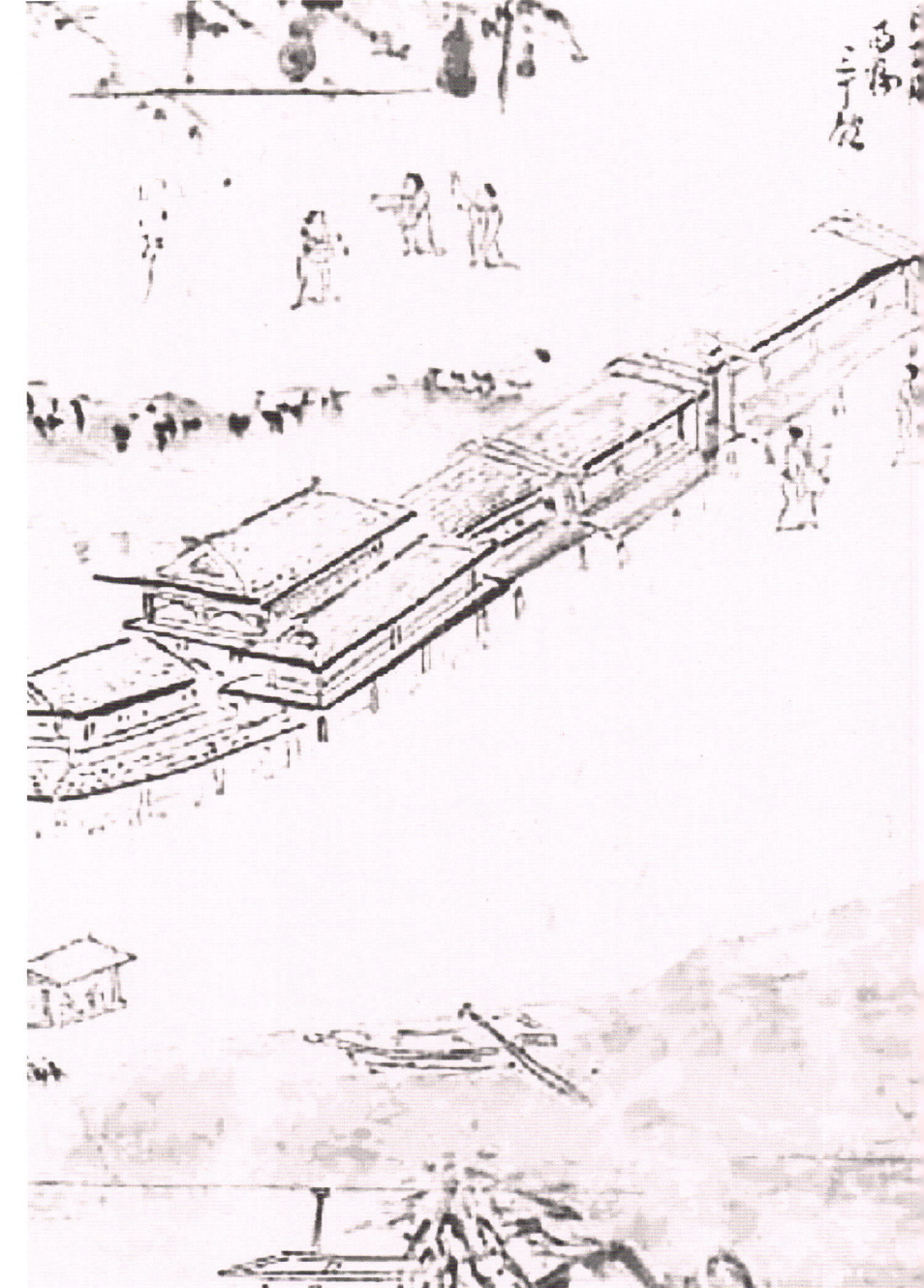

7

에도 바쿠후 시대

에도 바쿠후 시대

세키가하라 전투의 승리로 정권을 잡은 이에야스는 에도에 바쿠후를 설치했다. 그 후 에도는 250년간 국가 정치의 중심지로 눈부신 발전을 이루었다. 이에야스에게 염려스러운 일은 히데요시의 아들 히데요리를 중심으로 정권 만회 기회를 노리는 오사카성의 세력이었다. 이에야스는 오사카성을 함락하기 위한 싸움을 벌여 마침내 도요토미 가문을 멸망시켰다.

이에야스의 뒤를 이은 제2대 쇼군 히데타다와 제3대 쇼군 이에미쓰 시대에 바쿠후의 지위는 탄탄한 반석 위에 놓이게 되었다. 다이묘들은 무가제법도와 참근교대 등에 의해 완전히 바쿠후 지배하에 놓였으며 사상 통제 정책에 의해 유학(儒學)이 학문의 중심이 되었다.

외국과의 무역도 이에야스 시대부터 활발히 이루어졌지만, 이후 실시한 천주교 금지 정책은 히데타다, 이에미쓰 시대까지 계속되었고, 마침내 쇄국령 발표와 함께 해외 무역도 단절 상태에 이르렀다.

쇄국으로 인해 바쿠후 권력은 한층 강화되었으며 상공업 발전으로 에도와 오사카는 문화의 중심지가 되어 겐로쿠 시대를 맞이했다. 제5대 쇼군 쓰나요시는 문화 정책을 폈으나 이때 이르러 바쿠후 재정이 흔들리기 시작했다. 쓰나요시가 죽은 후 학자 출신의 아라이 하쿠세키가 의욕적으로 정치 개혁에 힘썼으나 제8대 쇼군 요시무네의 등장으로 하쿠세키의 이상은 물거품이 되고 말았다.

에도 바쿠후 설립과 도요토미 가문의 멸망

1603년 세키가하라 전투에서 승리를 거둔 도쿠가와 이에야스는 교토의 조정으로부터 정이대장군征夷大將軍에 임명되었다. 당시 규슈에서 세력을 떨치고 있던 시마즈 가문도 이때 이에야스에게 복속함으로써 이에야스는 명실공히 전국을 지배하게 되었다.

쇼군이 된 이에야스는 에도에 바쿠후를 설치해 센코쿠 다이묘들에게 쇼군의 위엄에 걸맞는 에도성 축조 명령을 내렸다. 에도성의 규모는 히데요시가 세운 오사카성을 훨씬 능가하는 것으로 축조는 제3대 쇼군 이에미쓰 시대까지 계속되었다.

에도성은 이중 해자로 둘러싸여 있다. 바깥쪽 해자는 간다강神田川에서 북서로 우시고미, 이치가야, 요쓰야, 아카사카를 띠를 두르듯 감싸며 36개의 성문을 설치해 출입을 엄격히 통제했다. 안쪽 해자로 둘러싸인 땅은 현재 일본 천황의 황거皇居로 약 30만 평에 이른다. 중심 건물인 5층 천수각에 오르면 도쿄만에 임한 사가미, 아와, 가즈사, 시모사 등을 한눈에 바라볼 수 있었다.

1605년 이에야스는 그의 아들 히데타다에게 쇼군 자리를 물려주고 전 쇼군이라는 뜻의 오고쇼 사마大御所樣라 칭하며 슨푸성으로 은퇴했다. 하지만 은퇴는 형식일 뿐이었다.

이에야스가 쇼군을 히데타다에게 물려주었다는 소식을 들은 히데요리와 그의 어머니 요도도노淀殿는 울분을 토했다. 이에야스는 히데요시가 죽었을 때 히데요리를 끝까지 보호하겠다고 맹세한 5대로 중한 사람이었기 때문이다. 이에야스는 히데타다의 어린 딸 센히메千姬

도쿠가와 히데타다

를 히데요리의 아내로 삼게 했으나 정권을 물려줄 생각은 없었다.

히데요시에 의해 중용되었던 다이묘들도 세월이 흐르자 하나 둘씩 변해 갔다. 히데요리와 요도도노는 염량세태(炎凉世態. 세력이 있을 때는 아첨하고, 없어지면 거들떠보지도 않는 세상 인심)를 뼈저리게 느끼며 세월을 탓했다.

이에야스는 자신이 살아 있는 동안 도요토미 가문을 멸망시켜야겠다고 결심하고 1611년 히데요리에게 교토의 니조성에 출두하라고 명했다. 이에야스는 히데요리가 니조성에 올라오면 암살하고 올라오지 않으면 그것을 구실로 오사카성을 공략할 생각이었다. 그러자 히데요리는 가토 기요마사, 아사노 유키나가 등과 함께 교토로 올라갔다. 히데요리와 니조성에서 회담을 마친 이에야스는 마음을 털어놓았다.

"히데요리는 영민한 사람이다. 명령에 따를 사람이 아니다."

이때부터 이에야스는 도요토미 가문을 멸망시킬 방법은 오직 무력밖에 없다고 판단했다.

도요토미 가문을 멸망시키기 위해서는 오사카성을 공략해야 했다. 그러나 오사카성은 난공불락의 금성탕지나 다름없었다. 더구나 성 중앙에는 히데요시가 남겨 놓은 수많은 금은보화와 무기, 탄약 등이 있어 히데요리가 의지하는 최후의 보루였다.

이에야스는 먼저 제1 계략으로 히데요리에게 각처에 산재해 있는 신사와 사원을 보수할 것을 권하여 경제력 약화를 꾀했다. 히데요리는 막대한 비용을 들여서 보수 공사를 추진했다. 특히 히데요시가 건립한 교토의 호코지方廣寺 대불전은 1596년 대지진으로 파괴되어 보수하는 데 무려 6년이 걸렸다.

1614년 8월 마침내 보수 공사를 마친 대불의 개안공양(開眼供養, 불상을 만든 뒤에 처음으로 불공을 드리는 공양)을 며칠 앞두고 종명(鐘銘, 종에 새긴 글) 사건이 발생했다. 문제의 구절은 다음과 같았다.

'국가안강 군신풍락 자손은창國家安康 君臣豐樂 子孫殷昌'

도요토미 가문을 멸망시킬 기회만 노리던 이에야스는 이 종명을 하야시 라잔林羅山과 고산五山 승려들에게 보이고 해석하게 했다. 그들은 이에야스의 비위에 맞게 해석을 내놓았다.

'국가안강은 안安 자를 넣어 이에야스 쇼군의 이름家康을 둘로 분리해 저주한 것이고, 군신풍락은 신臣과 풍豐 자를 이어 놓아 도요토미豐臣 가문의 번영을 기원하는 뜻입니다.'

그러자 이에야스는 크게 노하며 개안식을 연기했다. 이것이 바로 호코지 종명 사건이다. 이에야스는 이 사건을 계기로 도요토미 가문을 멸망시키기 위한 전쟁을 시작했다.

긴급회의가 열린 오사카성에서는 이에야스의 요구를 받아들여 도요토미 가문의 안녕을 꾀하자는 가쓰모토와 일전을 겨루자는 오노 하루나가大野治長가 대립했다. 그런 가운데 화평을 주장하던 가쓰모토가 이바라키茨木로 돌아가고 말았다.

히데요리 세력은 마침내 이에야스와 일전을 겨룰 결의를 다지기에 이르렀다. 이 소식이 전해지자 이에야스는 마치 젊은 무사처럼 칼을 빼 들고 펄쩍펄쩍 뛰며 즐거워했다.

히데요리와 요도도노는 이에야스의 침공에 대비해 히데요시에게 중용되었던 다이묘들에게 원군을 요청했으나 응하는 자가 하나도 없었다. 오사카성에 모인 사람은 사나다, 조소가베, 고토, 반단에몬 등 세키가하라 전투에서 이에야스에게 대항했다가 몰락한 다이묘들이나 주군이 몰락해 실직한 무사들이 전부였다. 그래도 총병력은 10만 정도에 달했다.

이에야스는 20만 대군을 지휘하여 여러 차례 오사카성을 공격했으나 끄떡도 하지 않았다. 그는 작전을 바꾸어 강화를 제의하며 강화 조건으로 오사카성 바깥 해자를 메운다는 조항을 포함시켰다.

오사카성에서는 강화를 놓고 찬반양론이 엇갈렸으나 결국 강화로 기울었다. 그러자 바쿠후에서는 곧바로 오사카성 바깥 해자를 메우기 시작했다. 이들은 바깥 해자를 메우는 데 그치지 않고 계속해서 안쪽 해자까지 메우고 성루城樓도 무너뜨렸다. 이렇게 되면 성은 그 기능을 완전히 상실한 것이나 다름없었다. 히데요리 세력이 계속 항의했지만 때는 이미 늦었다. 오사카성은 이제 방비가 허술한 본성本城만 외롭게 남게 되었다.

이에야스는 히데요리에게 극단적인 제의를 하며 흥분시켰다.

'히데요리가 야마토나 이세로 물러나든지 아니면 성중에 있는 낭인들을 추방하라.'

물론 히데요리가 이 제의를 받아들일 턱이 없었다. 이는 이에야스의 선전 포고와 같았다.

1615년 이에야스는 오사카성을 다시 공격했다. 오사카성에서는 고토, 스스키다, 기무라, 사나다 등이 바쿠후의 30만 대군을 맞아 분전했

오사카 전투

지만 기능을 상실한 오사카성은 함락되고 말았다. 히데요리와 요도도
노는 자살했고, 이에야스의 소원대로 도요토미 세력은 멸망하고 말았
다. 다만 이에야스의 손녀 센히메만 불 속에서 구조되었다.

도요토미 가문을 멸망시킨 이에야스는 이제 마음에 걸리는 일이 아무엇도 없었다. 그가 75세를 일기로 세상을 떠난 것은 도요토미 가문을 멸망시킨 다음 해였다.

이에야스는 나이가 들어서도 젊은이 못지않게 원기가 왕성해 평소 즐기던 매사냥을 하다가 1616년 정월부터 병상에 눕더니 4월 17일에 세상을 떠났다. 그의 유언에 따라 그의 유해는 구노산久能山에 안장되었고 다음 해에 닛코산日光山으로 이장되었다. 조정에서는 그에게 도쇼다이곤겐東照大權現이라는 시호를 추증했다. 이후 이에야스는 에도 바쿠후의 신으로 추앙되어 도쇼신군東照神君, 곤겐사마權現樣 등으로 불리게 되었다.

쇼군과 다이묘

제2대 쇼군 히데타다의 뒤를 이어 이에미쓰가 제3대 쇼군이 된 것은 그의 나이 20세 때였다. 이에미쓰 시대에 이르러 다이묘를 통제하는 규정이 새로이 제정되며 바쿠후가 정비되었다. 그때까지 쇼군과 다이묘의 관계는 주군과 부하라는 엄격한 구분이 없었으나 이에미쓰 때에 이르러 비로소 쇼군이 다이묘들 위에 군림하게 되었다.

"내 조부 이에야스와 아버지 히데타다는 그대들과 친구였을 뿐만 아니라 그대들의 협력으로 천하를 차지할 수 있었다. 때문에 그대들을 손님으로 여기며 그대들이 에도에 온다는 소식을 들으면 관리들을 보내 맞이하고 또 친히 나가 맞는 일도 있었다. 그러나 나는 경우가 다르다. 나는 태어날 때부터 쇼군으로 태어났다. 지금부터는 그대들을 직

계 다이묘들과 똑같이 부하로 취급할 것이다. 만약 불만이 있거든 3년
의 여유를 줄 터이니 영지로 돌아가 내게 도전하도록 하라. 그러면 이
이에미쓰가 상대해 주겠다."

이에야스는 도쿠가와 바쿠후 정권을 영원히 지속하기 위해 센코쿠
다이묘들을 구분했다. 당시 다이묘들은 쇼군과의 유대 관계에 따라
크게 세 가지로 나뉘어 있었다. 우선 도쿠가와 가문의 친척으로 고산
케御三家와 고카몬御家門으로 이루어진 신판 다이묘親藩大名가 있다. 고
산케는 이에야스의 세 아들로 각각 오와리, 기이, 미토 등에 영지가 있
었다. 고카몬은 이에야스 후대에 분가한 다이묘로 성을 마쓰다이라라
했다.

다음으로 후다이 다이묘譜代大名는 이에야스의 가신이었던 가문의
다이묘로 세키가하라 전투 이전부터 이에야스를 섬긴 자들이다. 이들
은 쇼군을 보좌해 바쿠후 정치를 일선에서 담당하는 중
역들이 많았으며, 쇼군 직할지인 간토는 물론 킨키, 토
카이도, 기타 지방의 정치, 경제, 군사상 중요한 곳
에는 대부분 신판, 후다이 다이묘들이 배치됐다.

끝으로 도자마 다이묘外様大名는 이에야스
가 대권을 장악한 뒤 자진해서 머리를 조
아린 다이묘들이다. 이들 가운데는 가
가의 마에다 가문, 사쓰마의 시마
즈 가문처럼 강력한 세력을 소
유한 다이묘들도 있었다. 하지
만 아무리 강력한 다이묘일지
라도 도자마 다이묘인 이상 후대를

도쿠가와 이에미쓰

인정받지 못했으며, 이들의 영지는 간토에서 멀리 떨어진 도호쿠, 시코쿠, 규슈 등지로 국한되었다. 또한 이들이 다른 도자마 다이묘들과 손잡고 바쿠후를 배신하는 일이 없도록 주위에 신판 다이묘나 후다이 다이묘를 배치하고 항시 감시했다.

이러한 다이묘들 위에 군림하는 쇼군은 전국에 걸쳐 광대한 영지를 소유했다. 이것이 이른바 천령으로 바쿠후의 관리가 군대郡代나 대관代官이 되어 지배했다. 천령은 간토 지방을 비롯한 킨키, 토카이도 지방에 특히 많았으며 그중에서도 쌀이 많이 생산되는 호쿠리쿠 지방 여러 곳에 산재해 있었다. 에도 바쿠후 시대 후반에 이르면 천령은 전국 쌀 수확량의 4분의 1을 차지할 정도로 확대되었다. 이와 함께 에도를 비롯해 교토, 오사카, 나가사키 등 주요 도시와 사도, 이와미, 이쿠노 등 금은이 많이 채굴되는 광산도 모두 천령으로 지정되었다.

또 바쿠후에는 쇼군의 신변을 보호하고 바쿠후를 지탱하는 하타모토旗本와 고케닌御家人이라는 직속 군대가 있었다. 이들 대부분은 영지를 하사받지 않고 쌀로 봉급을 받았다.

에도 시대에는 다이묘가 1만 석 이상의 영지를 소유했다. 하지만 1만 석 이상의 영지를 소유했다고 해서 모두가 다이묘는 아니었다. 몇십만 석의 영지를 소유한 다이묘는 그의 가신에게 1만 석 이상의 지행을 둘 수 있었기 때문이다. 따라서 지행이 1만 석 이상의 영지를 소유했더라도 다이묘라 부르지 않는다. 한마디로 다이묘란 직접 쇼군을 섬기는 신분으로 쇼군으로부터 1만 석 이상의 영지를 수여받은 무사에 국한되었다.

다이묘는 쇼군에게 받은 영지에 부임해 영지와 영민을 지배하고 정치를 책임졌다. 이 같은 다이묘의 영국 지배 조직을 번藩이라 불렀다.

번 정치는 대체로 바쿠후 법률에 따랐지만 세부 사항은 독자적인 법률을 제정해 처리하고 바쿠후에 반독립적인 형태를 취했다.

다이묘가 쇼군에게 수행해야 할 의무는 병역이었다. 병역이란 전쟁이 일어날 경우 일정한 수의 무장을 갖춘 병력을 출진시키는 것을 말한다. 병력 수와 무장 정도는 수여받은 영지의 석고石高에 다라 정해졌다. 예를 들면 10만 석 다이묘는 철포 350정, 활 60장張, 깃대 20개, 창 150개, 기마 170두, 노무자 2,155명 등을 부담했다. 그러나 에도 바쿠후 시대에는 전쟁이 일어나지 않았다. 시마바라의 난이 일어나 규슈의 다이묘들이 출진하긴 했으나 그것도 소수였기 때문에 실제로 다이묘들이 병역을 이행한 일은 거의 없었다.

쇼군이 다이묘에게 영지를 나누어 주듯, 번에서도 다이묘가 가신들에게 지행지를 나누어 주었다. 지행지 비율이 어느 정도였는지는 일괄해서 말할 수 없지만 17세기 중반 조슈번長州藩은 거의 절반 정도였다는 기록이 전한다. 번에서는 영지의 농민들로부터 거둬들인 연공으로 재정을 충당했다. 가신 가운데는 현미現米로 봉급을 받는 자가 많았다. 이들에게 지급하는 쌀도 연공에서 지급하고, 나머지는 현금화해 번주인 다이묘의 활동 경비와 생활비로 사용한다.

도자마 다이묘인 마에다前田 가문은 102만 석을 소유한 더번大藩이었다. 이 가문의 제2대 번주 도시쓰네利常의 부인은 바로 제2대 쇼군 히데타다의 딸이다. 또 현재 도쿄 대학에 국보로 보존되어 있는 아카몬赤門은 제11대 쇼군 이에나리家齊의 딸이 마에다 가문의 제13대 손인 나리야스齊泰에게 시집갈 때 만들어진 것이다. 이와 같이 바쿠흐에서는 유력 다이묘 가문에 쇼군의 딸을 시집보내 인척 관계를 맺는 일이 활발했다. 친딸이 아니더라도 유력 다이묘의 딸을 쇼군의 양녀로 삼아 결혼시

에도성으로 향하는 다이묘의 행렬

키는 예도 있었다. 또 후다이 다이묘와 도자마 다이묘 사이에도 이 같은 일이 빈번했다. 이렇게 서로 인척 관계를 맺음으로써 바쿠후에 반항하는 일을 쉽게 생각할 수 없게 되었다.

결혼에 의한 새로운 인척 관계가 정치적으로 큰 의의를 갖게 되자 제2대 쇼군 히데타다는 1615년 바쿠후의 승낙 없이는 다이묘 가문끼리의 결혼을 금지하는 무가제법도武家諸法度를 공포했다. 무가제법도에는 다이묘들이 반드시 지켜야 할 규정으로 성을 새로 축조해서는 안 되며, 파괴된 곳을 보수할 경우에도 바쿠후의 허락을 받아야 하며, 바쿠후의 양해 없이 다이묘들끼리 결혼해서는 안 된다는 조항이 상세히 언급되어 있다. 이후 무가제법도는 여러 차례 수정되었으나 에도 바쿠후 시대 말기까지 다이묘들을 엄격히 규제하는 법률로 군림했다.

제3대 쇼군 이에미쓰 시대에는 다이묘가 지켜야 할 규정으로 참근교대(參勤交代. 쇼군을 알현하고 일정 기간 바쿠후에서 근무하는 일)가 무가제법도에 포함되었다. 참근교대는 다이묘들의 가족은 에도에 정착하고, 다이묘는 1년 주기로 에도와 자신의 영지에서 집무하는 제도였다. 이는 다이묘들의 정치, 경제, 군사상의 기반을 약화하고 바쿠후 권력을 강화하려는 목적이었다. 이 규정에 예외는 없었다. 다이묘들은 부하들을 거느리고 에도와 영지 사이를 1년 주기로 왕래해야 했다. 이들의 행렬은 동요로 불릴 만큼 규모도 크고 화려했다.

　다이묘들의 행렬은 행렬이 이어지는 길가의 백성들과 여행자들을 매우 불편하게 했다. 행렬의 맨 앞에 선 별배가 '물렀거라'라고 벽제를 외치면, 행인들은 행렬이 다 지나갈 때까지 길 양쪽에 엎드려야 했다. 아무리 급한 용무가 있더라도 행렬을 가로지를 수 없었으며, 목이 날아가도 호소할 곳이 없었다.

　다이묘들에게도 참근교대는 번거롭고 성가신 일이었다. 가족과 많은 부하를 거느리기 위해서는 에도에 대규모 저택을 지어야 했고, 경제적 부담이 따랐다. 17세기 중엽 죠슈번을 보면 1년 수입의 대부분을 에도에서 소비했고, 이는 만성 적자 요인이 되었다. 게다가 1년 주기로 긴 여행을 해야 했기에 영지가 멀수록 경비가 더 많이 소요되었다.

　정이대장군이라는 쇼군의 관직은 원래 천황이 수여했다. 그래서 바쿠후는 표면상으로는 조정을 존중하는 척하지만 조정에 정치 실권을 부여하지는 않았다. 1615년에 제정된 공가제법도公家諸法度를 보면 천황은 오로지 학문이나 와카에만 전념할 것을 권하고 있다. 또 바쿠후가 서쪽 지방의 다이묘들을 감시하고자 교토에 설치한 소사대所司代는 조정이나 관료들을 감시하는 역할도 겸했다. 결과적으로 조정은 연호를 제정하거나 관작을 수여하는 의례적인 정무만 보았다.

서양과의 접촉으로 철포, 그리스도교, 서양 서적, 물품 등이 유입되었다. 맨 오른쪽은 도쿠가와 이에야스가 발행한 네덜란드와의 무역 허가증

일본의 대외 진출

1543년 포르투갈 무역선이 일본에 처음으로 철포를 전한 후 일본과 유럽의 교역은 차츰 확대되었다. 1600년 4월 말에는 분고의 우시키만白杵灣에 네덜란드 국적의 리푸데호가 입항하자 오사카성에 있던 이에야스는 그 배를 사카이로 회항시키고 대표자를 불러들였다. 선원들 가운데 영국인 수로 안내자 윌리엄 애덤스가 선장을 대신해 상륙 경위와 유럽 사정을 상세히 설명했다. 그러자 이에야스는 천주교 전파가 아닌 무역만 희망한다는 사실에 크게 기뻐했다.

애덤스는 이에야스에게 수학을 가르치기도 하고 세계 지도를 펼쳐놓고 세계 각국의 사정을 설명하기도 했다. 그러면서 이즈의 이토伊東에 영국식 선박을 건조했다. 그는 이에야스로부터 특별 대우를 받으며 미우라三浦를 영지로 받았다. 사람들은 그를 미우라 안진三浦按針이라고 불렀는데 안진은 수로 안내자를 뜻한다.

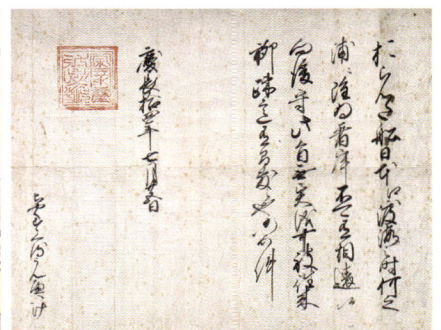

　1609년에는 히라도에 도착한 네덜란드인이 쓰루가에서 이에야스
와 회담을 갖고 히라도에 네덜란드 상관 설치를 허가받았다. 영국 또
한 1613년 영국왕 제임스 1세의 국서를 갖고 온 존 세리스 사령관이
히라도에 입항해 네덜란드 선장의 중재로 무역 거래에 합의했다.

　일찍이 1599년에는 이에야스가 후시미성으로 에스파냐 선교사 헤
로니모 데 헤스스를 불러들였다. 그는 필리핀에서 건너와 히데요시의
금교禁敎 정책에 탄압받던 자로 이에야스는 그를 통해 필리핀 장관에
게 편지를 보냈다.

　'천주교를 보호하겠으니 종전대로 친교를 회복하기 바람. 우라가를
에스파냐에 개항하며 무역을 희망함. 광산 기사와 항해사를 파견해 주
기 바람.'

　이후 우라가에는 에스파냐 상선이 드나들게 되었고 프란시스코파
를 비롯한 도미니크회, 아우구스티노회 등 에스파냐계 선교사들이 건
너와 활동했다.

　이에야스는 멕시코와도 무역을 희망했다. 당시 멕시코는 노바 에스

파냐라 불리는 에스파냐 식민지였으며, 정기선定期船이 필리핀과 멕시코를 오가고 있었다. 이에야스는 정기선에 승선한 전 필리핀 장관을 후대하고 애덤스가 만든 범선으로 무사히 멕시코에 보내 주었다.

얼마 후 화답으로 멕시코에서 사절이 당도하자 신교도인 영국과 네덜란드는 포르투갈과 에스파냐가 무역을 미끼로 일본에 천주교를 전파하고 급기야는 식민지로 삼으려 한다며 에도 바쿠후에 고했다. 또한 금은도金銀島를 탐색한 것도 일본 침략을 위한 사전 준비라고 소리를 높였다. 영국과 네덜란드가 포르투갈과 에스파냐를 비난하는 이유는 경쟁자를 일본에서 추방하려는 속셈이었다. 이렇게 해서 결국 에스파냐와 일본의 무역은 실현되지 않았다.

센다이의 다이묘 마사무네는 당시 도호쿠 지방에서 강력한 세력을 소유하고 있었다. 그는 이에야스와 마찬가지로 멕시코와의 무역을 희망하며, 에스파냐 신부 루이스 소테로의 권유에 따라 하세쿠라 쓰네나가支倉常長를 로마 교황청에 보냈다. 하세쿠라는 1613년 가을 소테로와 함께 일본이 직접 만든 유럽풍 범선帆船을 타고 쓰키노우라항月浦港을 떠나 멕시코와 에스파냐로 갔다. 그들은 마드리드에서 국왕 펠리페 3세를 알현하고 마사무네의 편지를 바쳤다.

'선교사를 보내 주기 바람. 일본 상선의 멕시코 취항을 희망함. 에스파냐 상선이 센다이에 도착한다면 크게 환영하겠음.'

이들은 지중해를 거쳐 이탈리아까지 건너가 로마에서 교황 바오로 5세를 알현했다. 하지만 이들이 마드리드로 돌아왔을 때 이에야스가 천주교 금지 정책을 실시했다는 소식이 전해졌다. 게다가 필리핀의 마닐라 상인들은 멕시코와 일본의 무역이 자신들의 상권을 침해한다며 맹렬히 반대했다. 이 같은 사정으로 인해 하세쿠라는 목적을 달성하지 못한 채 필리핀을 거쳐 1620년 일본으로 돌아오고 말았다.

이에야스가 유럽을 비롯한 주변 국들과 무역을 적극 추진한 이유는 에도 바쿠후의 경제 성장을 위해서였다. 그는 쓰시마 영주를 중재자로 내세워 임진왜란을 치른 조선과 1607년 국교를 회복한 뒤 명나라와도 관계 회복을 시도했으나 실패했다. 그러자 당시 명나라 속국이었던 류큐를 통해 무역을 꾀했으나 이마저도 여의치 않았다. 하지만 명나라에서 건너오는 무역선의 수는 해마다 증가했고, 규슈의 나가사키로 이주해 오는 명나라인의 수도 증가했다.

로마 교황청을 방문했던 하세쿠라 쓰네나가

이에야스는 동남아에도 눈을 돌렸다. 그는 세키가하라 전투가 끝나자 곧바로 남쪽 여러 나라에 편지를 보내어 자신이 일본 전국을 지배하게 되었음을 알리고 무역을 제의했다.

'일본 상선이 귀국과 무역을 하기 위해 떠났으니 무사히 상업 활동을 할 수 있도록 조처 바람. 금후 일본의 무역선은 반드시 바쿠후 인장이 찍힌 증명서를 휴대하게 할 것임. 따라서 이 증명서가 없는 일본 상선에 대해서는 결코 무역을 허락하지 않도록 조처 바람.'

그 결과 샴과 인도차이나의 안남(安南, 베트남), 파타니 등과도 선린 교

슈인센과 안남에 세워진 일본인 거리

역善隣交易이 시작되었으며, 이들 제국으로 건너가는 일본 상선의 왕래
가 끊이지 않았다.

　슈인센(朱印船, 17세기 전반에 도쿠가와 바쿠후가 내려준 붉은색 인주가 찍힌 문서인 주
인장朱印狀을 가지고 동남아와 무역하던 무장 상선)으로 해외 무역에 종사한 사람
은 무역상뿐만 아니라 해외 무역에 관심을 가진 규슈의 시마즈 이에히
사島津家久, 가토 기요마사, 아리마 하루노부有馬晴信, 마쓰라 시게노부松
浦鎭信 등의 다이묘도 있었으며 애덤스처럼 일본에 거주하는 외국인도
슈인센 무역에 참가하고 있었다. 따라서 슈인센이 왕래하는 주요 무역
국 항구에는 일본인들이 정착한 일본인촌이 형성되었다.

　일본인촌에는 상인들뿐만 아니라 죄를 짓고 도망친 죄수들도 있었
다. 또 천주교 금지령 이후 신앙을 지키기 위해 일본을 떠난 사람들도
많았다. 이들은 슈인센에서 상품을 사들이는 중간 상인, 하역부, 무역
상, 유럽 사람들의 상관商館에 고용된 사무원, 병사, 선원 등 다양한 직
업을 가지고 있었다. 그 가운데 샴에는 국왕 호위병으로 공을 세워 이
름을 떨친 사람도 있었다.

에도 바쿠후의 쇄국 정책

히데요시 시대부터 시작된 슈인센 무역은 도쿠가와 바쿠후 시대에 들어서면서 더욱 활발해졌다. 그러나 그렇게 활발했던 무역도 쇄국령과 함께 점점 활력을 잃고 일본은 고립 상태에 빠져들게 되었다. 그렇다면 에도 바쿠후는 무슨 이유로 쇄국 정책을 취했을까? 쇄국의 주요 원인 중 하나가 천주교 금지라고 하는데 왜 천주교를 금지해야만 했을까?

천주교가 일본에 처음 전해진 이후 집권층에서는 회의적인 견해가 컸다. 이들은 선교사가 일본에 건너와 천주교를 전파하고 신자를 늘리는 목적은 결국 신자들로 하여금 모반을 일으키게 하고 천주교국 군대를 불러들여 이들과 함께 일본을 점령하기 위함이라고 보았다. 따라서 천주교는 유해한 종교이므로 금지해야 한다는 여론이 히데요시 시대부터 일기 시작했다. 이에야스 또한 히데요시와 거의 같은 생각이었지만 외국과의 무역을 통해 이익을 얻는 것이 시급했기 때문에 이를 묵인했을 뿐이었다. 이런 와중에 간토에서 도호쿠 지방에 이르기까지 천주교 신자 수가 날로 증가했다.

들불처럼 번지는 천주교를 보고 크게 놀란 이에야스는 1613년 전국에 천주교 금지령을 내렸다. 교회는 파괴되고 선교사와 신자들은 체포되어 가혹한 처벌을 받았다. 바쿠후에서는 신앙을 버리지 않는 자에게 고문을 가하며 포기를 종용했고 따르지 않으면 화형火刑에 처했다.

가혹한 박해에도 마닐라와 마카오로부터 비밀리에 일본으로 건너오는 선교사들의 발길은 끊이지 않았다. 그러자 1623년 바쿠후에서는 일본 무역선의 마닐라 취항을 금지했고, 다음 해에는 무역 재개를 요청하는 마닐라 장관의 사신을 추방했다. 히라도에 설치되었던 영국 상관도 폐쇄하여 영국과의 교역도 단절했다.

이에 앞서 1613년 바쿠후에서는 다음과 같은 쇄국령을 공표했다.

'슈인센 이외의 상선은 절대 해외로 나가지 말 것, 외국에 거주하고 있는 일본인은 귀국하는 즉시 사형에 처한다. 다만 거주 기간이 5년 미만인 자는 정상을 참작한다.'

그리고 나서 2년 후에는 '어떠한 사정이 있더라도 일본인의 해외 출국을 금하며, 해외에서 입국하는 일본인은 모두 사형에 처한다'라고 법령을 한층 가혹하게 고쳤다.

쇄국령이 내려지자 지금까지 활발했던 슈인센 무역이 전면 금지되었다. 바쿠후가 엄격한 쇄국 정책을 취하게 된 주요 목적은 앞서 말한 것처럼 천주교가 바쿠후 체제를 흔든다고 생각했기 때문이었다. 또 서일본의 여러 다이묘들이 슈인센 무역업자와 결탁해 부를 축적하며 세력을 확대하는 것도 문제였다. 이 때문에 바쿠후는 여러 다이묘의 무역을 금지시키고 해외 무역을 독점하려 했다. 이를 간파한 네덜란드 상인들은 일본 무역을 독점하고자 바쿠후를 충동질했다.

'천주교는 일본에 유해하다. 천주교를 봉쇄하기 위해서는 해외 제국과의 왕래를 봉쇄하는 것이 효과적이다.'

이런 영향으로 쇄국 정책을 확고히 한 바쿠후는 나가사키의 포르투갈인들을 단속하고자 나가사키 항구에 데지마出島라는 작은 섬을 만들고 그곳에 이들을 가두어 일본인과 교류하지 못하게 했다. 동시에 숨어 있는 천주교 신자를 색출하려고 선교사나 신자를 고발하는 자에게 포상금을 내렸다. 또 천주교인인지 확인하려고 그리스도나 마리아 상

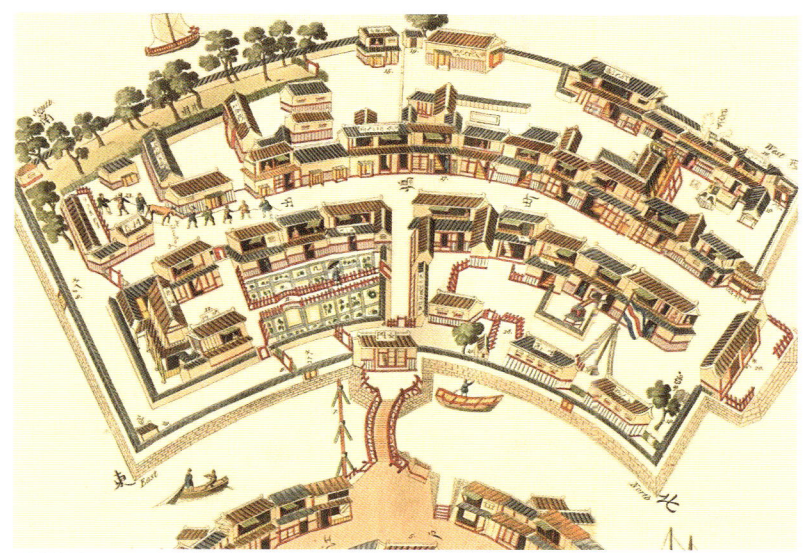
데지마 지도

을 밝게 하는 방법까지 동원했다.

천주교 박해가 계속되는 가운데 1637년 가을 규슈의 시마바라 반도와 아마쿠사섬天草島에서 농민 반란이 일어났다. 이들은 영주들의 가혹한 연공 착취에 견디다 못해 봉기했다. 그런데 이 지방에는 천주교가 널리 퍼져 농민들은 모두 십자가 아래 굳게 단결하고 있었다. 반란의 중심인물이자 총대장은 마스다시로 도키사다益日四郞時貞라는 16세 소년으로 사람들은 그를 이 세상을 구원하기 위해 하늘에서 보낸 사자로 믿었다. 이들의 세력은 매우 강대해 지방 영주들의 힘으로는 도저히 진압할 수 없었다. 그러자 바쿠후에서는 노중(老中, 장군 직속의 정무 담당 최고 책임자) 마쓰다이라 노부쓰나松平信綱를 파견해 반란을 진압하게 했다.

도키사다는 3만 7천 명의 반란군을 거느리고 시마바라 반도 남쪽에 하라성原城을 축조하고 그곳에 웅거해 12만 4천 명의 바쿠후군을 상대로 무려 4개월간 치열한 싸움을 계속했다. 노부쓰나는 히라도의 네덜란드인들을 동원해 대포로 성을 공격했다. 그러자 반란군은 국내 분쟁에 외국인의 힘까지 빌린다며 노부쓰나의 행동을 비난했다. 이 문제에 대해서는 일부 다이묘들도 반대하여 노부쓰나는 네덜란드인의 포격을 중지시켰다.

1638년 2월 말경에 이르자 반란군의 군량과 탄약이 바닥나기 시작했다. 그런 데다 바쿠후군의 격렬한 공격이 끊이지 않았기 때문에 더 이상 버틸 수가 없는 극한 상황에 다다랐다. 반란군은 최후의 순간까지 저항했으나 도키사다를 위시한 주요 지휘자들이 잇달아 전사하고 생존자들도 모두 피살됨으로써 반란은 진압되었다.

바쿠후는 시마바라의 반란을 계기로 천주교에 의한 단결력이 얼마나 단단한지 절실히 깨닫고 단속을 더욱 강화하는 한편 1639년에는 나가사키의 데지마에 있던 포르투갈인들을 모두 마카오로 돌려보냈다. 이로써 지금까지 포르투갈과의 무역으로 번영했던 나가사키는 폐허처럼 쓸쓸하게 되었다.

바쿠후는 쇄국 정책을 조법(祖法, 선조가 제정한 법)이라 해 거의 250년 동안 개정하지 않았을 뿐 아니라 정책에 대한 비판도 허용치 않았다. 이로 인해 국내의 평화는 그런대로 유지되었으나 세계의 움직임과 일본의 발전은 몇백 년 동안 답보 상태를 면치 못했다.

겐로쿠 시대

　1651년 제3대 쇼군 이에미쓰가 죽고 11세인 이에쓰나家綱가 뒤를 이었다. 그리고 그해에 유이 쇼세쓰由比正雪, 마루바시 츄야丸橋忠彌 등을 중심으로 3천 명의 낭인浪人들이 연루된 반란 계획이 사전에 발각되어 가담자들은 물론 그들의 가족들도 체포되어 죽임을 당했다.

　이 반란 모의의 주동자들인 낭인들은 세키가하라 전투에서 멸망한 다이묘들의 부하들과 반세기 동안 멸망한 많은 다이묘들 수하의 무사들로 주군을 잃고 헤매는 자들이었다. 이들 중에는 이에야스가 오사카 성을 공략할 때 히데요리 세력에 가담한 자들도 있었으며, 시마바라 반란 때 농민들을 지휘한 자도 있었다.

　쇼세쓰 반란 전후에도 몇 차례 낭인들의 소요가 있었다. 사태의 심

낭인의 반란

덕을 중요시 여기는 정치를 펼친 도쿠가와 쓰나요시

각성을 깨달은 바쿠후에서는 다이묘들을 더 이상 멸문滅門시키지 않도록 배려함과 동시에 이들의 취업을 알선하는 등 낭인들이 더 이상 증가하지 않도록 주의를 기울였다.

1680년 제4대 쇼군 이에쓰나가 병사한 후 그의 동생 쓰나요시綱吉가 그 자리를 승계했다. 죽은 이에쓰나는 모든 정치를 사카이 다다키요酒井忠清에게 맡겨 바쿠후에는 도적들이 들끓었고 그의 권세는 하늘을 찔렀다. 쓰나요시는 쇼군에 오르자 곧바로 다다키요를 내치고 모든 정치를 직접 처리했다. 다이묘나 하타모토, 쇼군 직속의 무사들을 다루는 데도 사정을 고려하지 않았다. 세상이 하루아침에 변한 것처럼 모든 사람이 어리둥절해했다.

이 시기에는 산업이 융성해 시민들의 생활도 풍요로웠다. 쓰나요시는 무사들에게 학문을 권장하고 학문과 교육을 중시하는 정책을 펼쳤다. 일본 역사는 이 시대를 겐로쿠 시대라 한다. 겐로쿠 시대의 시민들은 풍요로운 경제 상황에 힘입어 생활 수준이 크게 향상되었고 교양 수준도 상당히 높았다. 이와 함께 훌륭한 학자들과 문학, 연극, 미술 등에서 우수한 작품들이 많이 배출됐다. 특히 바쿠후에서는 고서적 수집과 인쇄 및 출판에 힘을 기울였으며 일본 역사 정리 작업에 주력해 다이묘와 하타모토의 가계家系를 정리한 《칸에이제가계도전寬永諸家系圖傳》을 완성했다. 또 미토 고몬水戶黃門의 〈만유기漫遊記〉, 미쓰쿠니의 《대일본사大日本史》도 출간되며 문화 부흥기를 맞았다.

오래전부터 많은 사람들의 사랑을 받았던 와카는 가마쿠라 시대에 형식만 중요시해 본래의 생명력을 상실했으나 에도 시대에 들어서면서 도다 모스이戶田茂睡가 새롭게 하고, 게이쥬契沖가 《만요슈萬葉集》를 펴내며 차츰 발전했다.

한편 렌가에서 파생한 하이카이(俳諧, 익살스러운 렌가의 한 형식)는 마쓰나가 데이토쿠松永貞德, 니시야마 소인西山宗因에 의해 새로운 기운이 일었다. 일상생활을 솔직하고 자유롭게 짧은 시 형식으로 표현하는 하이카이는 시민이나 농민들에게 크게 환영받았다. 이하라 사이카쿠井原西鶴는 하이카이 정신을 소설로 살려 훌륭한 문장으로 시대 상황과 인간 심리 등을 섬세하게 묘사하며, 《호색일대남好色一代男》, 《무도전래기武道傳來記》 등을 남겼다.

이가의 우에노에서 무사의 아들로 태어난 마쓰오 바쇼松尾芭蕉는 낭인으로 하이카이 연구에 몰두해 그때까지 언어유희로만 여겼던 하이카이를 격조 있는 예술로 격상시켰다. 1689년에는 도호쿠 지방에서 호쿠리쿠 지방을 여행하며 〈오쿠노 호소미치奧の細道(유수한 오솔길)〉라는 유명한 기행문을 남겼다.

노부나가와 히데요시 시대부터 장지 그림과 병풍화로 유명했던 가

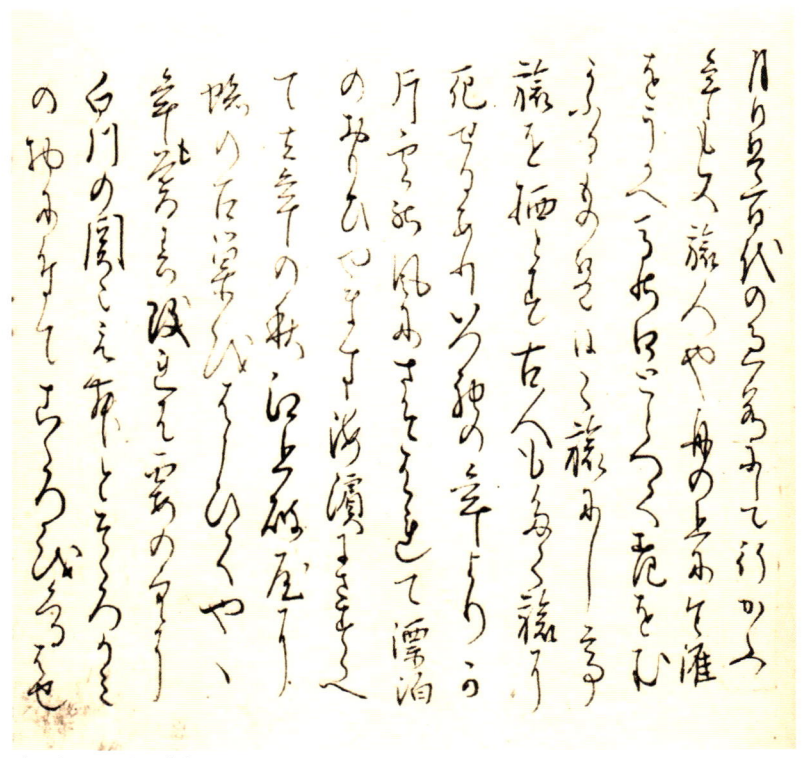

바쇼의 〈오쿠노 호소미치〉

노狩野 가문은 에도 시대에 들어서면서 바쿠후 화가로 영화를 누렸다. 가노 단유狩野探幽는 나고야성과 교토 니조성의 장지 그림으로 유명했다.

　가노파가 무사 사회에서 번영을 누리는 동안 일반 백성들 사이에서는 일상의 생생한 모습과 풍속을 그린 우키요에浮世畵가 유행했다. '우키요'란 덧없는 세상이라는 뜻이다.

　이 밖에 교토에서는 오가타 고린尾形光琳이 야마토화 전통을 이은 다와라야 소타쓰俵屋宗達의 화풍을 받아들여 장식성이 강한 회화를 그렸다.

유교는 당시 쇼군을 섬기는 사회 분위기와 일맥상통하는 부분이 많았기 때문에 에도 시대에 이르러 학문의 주류를 이루었다. 이에야스는 유학자 후지와라 세이카藤原惺窩의 강의를 즐겨 들었으며 그의 제자 하야시 라잔을 중용해 유학을 정치에 반영했다.

에도 시대에는 성리학이 유행했다. 제5대 쇼군 쓰나요시는 공부하거나 강의를 듣는 것만으로 만족하지 않고 무사와 다이묘들을 모아 놓고 직접 강의도 했다. 그는 공자 사당을 간다의 유시마陽島로 옮기고, 1691년에는 공자묘孔子廟가 완성되자 이곳에 학문 연구소를 개설했다. 이것이 바로 성당학문소聖堂學問所, 창평판학문소昌平坂學問所이다. 창평판이란 공자가 탄생한 노나라 창평향에서 따온 것이다. 이처럼 쇼군이 앞장서서 성리학 보급에 힘쓰자 무사들의 교양은 더없이 넓어졌으며, 백성들 사이에서도 유행했다.

그러나 세상은 성리학 이론이나 이상대로 다스려지지 않았다. 학자들 가운데 성리학에 의문을 제기하고 다른 주장을 내세우는 이들이 나타났다. 오미 성인近江聖人이라고 불리는 나카에 도주中江藤樹와 그의 제자 구마자와 반잔熊澤蕃山은 양명학陽明學에 정진했다. 양명학은 명나라 왕양명王陽明이 제창한 학설로 지행합일(知行合一. 이론과 행동의 일치)을 강조한 학문이다. 또 성리학에 바탕을 두고 신도神道를 제창한 야마자키 안사이山崎闇齋와 성리학과 양명학에 구애받지 않고 유학 고전을 연구해 현실에 적용할 학문 개발에 역점을 둔 이토 진사이伊藤仁齋 등도 등장했다.

정치에 적극적이고 학문에 열중했던 쓰나요시도 후대에 이르며 차츰 정치에 무관심해지고 사치와 방종을 일삼았다. 그는 엉뚱하게도 살

에도 바쿠후 때 세워진 최초의 유교 학문 연구소인 유시마의 성당학문소

생 금지령을 내려 사람들을 당혹케 했다.

쓰나요시는 아들이 일찍 죽고 난 후 다시 아들을 두지 못하고 있었
다. 그가 후계자 문제로 고민하고 있을 즈음 쓰나요시의 신임이 두터
웠던 류코隆光 스님이 그의 어머니에게 진언했다.

"쇼군께서 후사를 두지 못하는 것은 전생에 살생을 많이 하신 업보
때문이오니 살생을 삼가도록 해야 합니다. 더욱이 쇼군께서는 술년戌
年에 태어났으니 개를 아끼고 사랑하도록 하심이 좋을 듯합니다."

쓰나요시의 어머니는 즉시 류코의 충고를 따르도록 권했다. 그리
하여 1687년부터 살생 금지령을 내렸다. 이로 인해 먹기 위해 물고기
와 새를 기르는 것도 금지되었다. 심지어 모기를 죽여서 벌을 받은 일
까지 있었다. 새를 잡는 것도 금지되었다. 특히 개를 소중히 여겨 개를

놀리거나 몽둥이로 때리면 즉시 체포되었다. 어이없는 법령으로 사람들은 개를 기르는 것이 점차 번거로워지자 개들을 버려 들개가 득실거렸다. 바쿠후에서는 요쓰야, 오쿠보, 나카노 등에 4만 마리가 넘는 개를 수용하고 쌀과 정어리 등을 먹이로 공급했다. 물론 비용은 백성들에게 전가했다. 인간의 생명보다 개를 중시하는 어이없는 이 정책은 쓰나요시가 죽을 때까지 20여 년간 계속되었다.

에도 시대 초기부터 다이묘나 하타모토는 무거운 부채를 지고 있었다. 그러나 바쿠후의 재정은 제3대 쇼군 이에미쓰 시대까지 유례가 없을 정도로 풍부했다. 1631년 제2대 쇼군 히데타다가 이에미쓰에게 물려준 금은 약 300만 냥이었고 친척들에게 선물로 보낸 금도 약 30만 냥에 달했다. 그러나 제4대 쇼군 이에쓰나 시대부터 수입이 차츰 감소하기 시작했다. 감소 원인으로는 쇄국 정책으로 인한 무역 이익의 결핍과 주요 재원이었던 은산의 산출량이 5분의 1로 격감했기 때문이었다.

수입 격감과는 반비례로 지출은 늘어만 갔다. 화재로 굴탄 에도성 복구비로 약 100만 냥, 기타 다이묘에 대한 대출금, 에도 시민에게 배정한 금 16만 냥 등 지출이 엄청났다. 쓰나요시 시대에는 일상 지출이 급증하는 한편 사원과 신사의 공사비로 막대한 금이 지출되었다. 예를 들면 1688년부터 10년간 에도 이외의 사원, 신사 수리비로 금 21만 냥, 쌀 2만 석이 지출되었다. 이렇게 지출이 확대되자 풍족했던 바쿠후 재정도 차츰 바닥이 드러나기 시작해 1709년 한 해에 약 100만 냥의 적자를 기록했다. 이때 바쿠후의 관리 오기와라 시게히데荻原重秀가 해결책을 제안했다.

'국가 경제를 풍부히 하기 위해서는 금은화의 양을 늘려야 한다. 바

에도 시대의 금화와 은화

쿠후가 발행하는 금은화는 그 질의 좋고 나쁨이 문제되지 않는다. 따라서 화폐를 개조해 질을 떨어뜨리고 양을 늘려야 한다.'

바쿠후에서는 그의 제안을 받아들여 1695년에 금은화를 개조했다. 이를 원록금은元祿金銀이라 한다. 크기와 중량은 경장금은慶長金銀과 다를 바 없으나 금화에는 은을 섞고 은화에는 동과 주석을 많이 섞어 질을 떨어뜨렸다. 그러자 바쿠후의 재정은 원록 16년까지 8년간 452만 냥의 흑자를 기록하며 일시적으로 안정됐다. 바쿠후는 이후에도 적자가 나면 화폐를 개조해 위기를 모면했다. 하지만 이 방법은 갑자기 물가를 치솟게 해 경제에 악영향을 끼쳤으며 서민 생활을 어렵게 했다.

살생 금지령으로 세간의 비난을 샀던 제5대 쇼군 쓰나요시가 1709년에 죽자 조정 관료인 고노에 모토히로近衛基熙가 그의 심정을 가감 없이 펼쳤다.

'쓰나요시가 쇼군으로서 정치를 좌지우지한 지 30년, 그동안 1년도 편할 날이 없었다. 백성들의 생활은 날이 갈수록 고통만 더할 뿐이었다. 제국의 백성들은 그의 사망 소식을 듣고 모두 기뻐했을 것이다. 그러나 그것은 절대 비밀이다.'

쓰나요시의 정치는 사람들로부터 혐오를 받았다. 그의 자리는 쓰나요시의 형의 아들 이에노부家宣가 이었다. 이에노부는 쇼군에 오르자 제일 먼저 살생 금지령부터 폐지했다. 그는 일찍이 학자인 아라이 하쿠세키新井白石를 사사하며 학문에 정진했기 때문에 바쿠후 정치에도 하쿠세키의 의견이 많이 반영되었다. 하쿠세키는 바쿠후 정치를 바로잡는 데 주력하는 한편 지금까지 외국 사절을 맞이하는 데 소요된 낭비를 크게 감축했다. 또 쓰나요시 시대에 이루어진 화폐 개조를 바로잡아 1714년 마침내 경장금은과 동일한 새로운 금화와 은화를 제조했다.

이에노부와 이에쓰구 2대에 걸쳐 중용되었던 하쿠세키도 제8대 쇼군 요시무네吉宗의 등장과 함께 소외당하며 그가 실시한 일련의 정책들도 하나하나 자취를 감추고 말았다.

에도 바쿠후의 쇠퇴

에도 바쿠후의 쇠퇴

기이 지방의 도쿠가와 가문에서 제8대 쇼군에 오른 요시무네는 바쿠후 정치를 바로잡고 정체에 빠진 재정을 회복하기 위해 과감한 개혁을 실시했다. 오랫동안 평화가 계속되어 도시가 번영하고 시민들은 사치에 빠져 호화 풍조가 판치고 있었다. 무사들 역시 이 같은 풍조에 젖어들어 무사들의 생활을 뒷받침하는 농민들은 더욱 무거운 짐을 질 수밖에 없었다. 요시무네는 검약을 권장하고 무사도를 고취하는 한편 신전개발과 산업 장려에 주력하고 유럽의 학문과 기술을 도입했다. 이처럼 큰 이상을 바탕으로 추진된 개혁은 일시적으로 효과가 있었으나 봉건 사회와 새로운 움직임의 모순으로 바쿠후를 정상 궤도로 올려놓기엔 역부족이었다.

요시무네에 이은 다누마 시대는 정치가 문란했던 때로 평가되지만 적극적인 정치를 시도했다는 점에서 주목할 만하다. 이때에 이르러 유럽 제국의 세력이 일본에 파급되어 쇄국 정책을 동요케 함으로써 바쿠후를 곤경에 빠뜨렸다.

마쓰다이라 사다노부에 의해 추진된 관정 개혁과 미즈노 다다쿠니에 의해 추진된 천보의 개혁도 그 근본 방침은 교호 개혁에 따른 것이었다.

바쿠후와 다이묘들은 재정난과 함께 가난을 탈피하려는 민중의 위협을 받고 있었다. 그러나 에도나 오사카 시민들은 풍부한 경제력을 바탕으로 새롭게 등장했다. 이러한 변화는 가부키나 풍속화, 소설 등에 반영되었다. 이 시대의 작품은 정체된 세태를 반영하듯 생생하고 발랄한 모습을 찾아볼 수가 없었다.

요시무네의 정치 개혁

에도 바쿠후의 토대는 제3대 쇼군 이에미쓰 시대에 이르러 확고히 구축되었다. 그러나 평화가 계속되고 생활이 윤택해짐에 따라 차츰 정치가 문란해지고 바쿠후와 다이묘의 재정 상태도 원활하지 못했다. 이때 정치를 개혁하고 재정을 정비해 바쿠후를 부흥시키려 한 사람이 제8대 쇼군 요시무네吉宗였다.

요시무네는 1716년 8세 때 제7대 쇼군 이에쓰구의 뒤를 이어 쇼군에 올랐다. 그는 선천적으로 무예를 좋아하는 쾌남으로 항시 3척尺이 넘는 큰 칼을 차고 다녔으며 힘도 장사였다. 또한 검소와 질박을 생활 신조로 삼아 겨울철에도 무명 속옷을 입었으며 자식들에게도 무명옷을 입히고 현미를 먹였다. 하지만 부하들에게는 매우 후했으며 농정에도 힘을 기울여 농민들의 생활 안정과 수입 증대에 기여했다. 그의 정치는 지금까지 이어진 고질적인 관례를 깨고 소신껏 일을 처리해 나감으로써 아낌없는 찬사를 받았다.

이와 함께 제5대 쇼군 쓰나요시 시대부터 곤란한 상태에 빠져 있던 재정을 활성화시키고 부패한 관리와 문란한 정치를 바로잡기 위해 시효 적절한 조치를 취해 나갔다. 그는 노중들을 불러 놓고 당연히 알고 있어야 할 중요한 문제들에 대해 질문했다.

"바쿠후의 1년 수입이 어느 정도

도쿠가와 요시무네

되는가? 성에 투구는 몇 개나 있는가?"

노중들 중에 그 질문에 대답하는 자가 하나도 없었다. 이후 노중들은 요시무네 앞에서 감히 머리를 들지 못했다.

"제1대 쇼군 이에야스 때부터 격식으로 정해진 사항에 대해서는 가치가 없다고 생각되는 일도 폐지하지 않겠지만 그 나머지는 내 소신껏 깨끗이 처리하겠다."

이처럼 고질적으로 이어진 관례를 깨고 청렴한 이상을 지향한 요시무네의 개혁 정책을 교호享保의 개혁이라 부른다.

또 요시무네는 살생 금지령이 공포된 이후 전면 금지되었던 매사냥을 원래대로 허락하고, 부하들에게 승마, 수영, 무예 등을 장려하고 기량을 평가하기도 했다. 1724년에는 다이묘부터 일반 백성에 이르기까지 사치를 금하는 법령을 공포했다. 하지만 법령이 좀 누그러지면 곧바로 원상태로 돌아가고, 강경해지면 다시 사치가 수그러드는 등 사치는 좀처럼 사라질 줄을 몰랐다.

예로부터 재판은 습관이나 선례를 중시했으나 권력과 재판관 재량만으로 적당히 판결하는 경우도 많았다. 요시무네는 1742년 당시까지 답습된 전국 시대 형벌을 대폭 개정한 형벌 규정 100개조를 제정했다. 그가 형벌 규정을 개정한 것은 지금의 개혁 정치가 일시적인 것이 아니며 법과 조례를 토대로 만인이 호응하는 사회를 구현하겠다는 의지를 천하에 알리기 위함이었다.

요시무네는 민생에도 크게 귀를 기울인 쇼군이었다. 그는 1721년 윤 7월에 니혼바시日本橋에 이색적인 방문을 붙였다.

'이달부터 매월 2일, 11일, 21일 등 3회에 걸쳐 평정소評定所 밖에 투서함을 내놓을 것이다. 쇼군에게 직접 호소할 일이 있으면 서슴지 말

고 정오까지 진정서를 넣도록 하라.'

이 투서의 요구로 요시무네는 가난한 사람들을 위해 시약소施藥所와 무료 진료소를 설치했다. 정치를 개혁하는 일은 쇼군 한 사람만의 힘으로는 불가능한 일이다. 이를 잘 알고 있었던 요시무네는 훌륭한 인재들을 발굴해 이들의 말에 귀를 기울였다. 이들 중에는 투서함을 제안한 오오카 다다스케人岡忠相도 있었다. 그는 정치, 경제 등 다방면으로 안정을 꾀하는 데 크게 기여했을 뿐만 아니라 훌륭한 재판관으로도 유명했다.

요시무네는 국내 정치 개혁과 함께 해외 문물을 받아들이는 데도 관심이 높았다. 그는 1717년 2월 28일 에도성 앞에서 나가사키 데지마에 와 있는 네덜란드 상관장으로부터 배례를 받았다. 지금까지 관례로는 쇼군이 외국인을 접견할 때는 발을 늘어뜨리고 예를 받는 것이 보통이었으나 요시무네는 발을 걸고 상대와 마주 보고, 그것도 광장에서

바쿠후 시대의 유일한 개항장 데지마의 외국인들

접견했다. 이는 에도 사람들을 비롯한 일본 전역에 외국과의 교역을 확대하고 발전된 해외 문물을 받아들이는 데 앞장서겠다는 일종의 퍼포먼스였다. 그는 이후에도 여러 차례 네덜란드 사람들을 성으로 불러들여 해외에서 일어나고 있는 새로운 소식을 물었다.

이 밖에도 외국 산물을 일본에서 직접 재배해 산업을 일으킬 계획도 세웠다. 일례로 1727년 사쓰마의 오치아이에게 매년 다량 수입하는 사탕수수를 재배토록 하고, 쓰루가, 나가사키 등지에도 권장했다. 그리고 중국인들에게 사탕수수 가공법을 배우게 했다. 또 약초 재배도 장려해 조선 인삼 재배에 성공했다.

여러 계층의 호응을 받으며 차근차근 개혁 정치를 실시하던 요시무네를 괴롭힌 것은 바로 자연이었다. 세간에서는 그를 가리켜 쌀 쇼군이라 불렀다. 그것은 그가 쇼군 자리에 있는 동안 쌀값이 요동쳤기 때문이었다. 1732년 여름 세토나이카이를 중심으로 메뚜기 떼가 극성을 부리자 서일본 일대의 벼농사는 그야말로 전멸 상태에 놓이고 말았다. 이로 인해 200만 명 이상이 기아에 허덕이고, 1만여 명이 아사했다. 이 때문에 에도나 오사카에선 쌀값이 폭등했으며 다음 해인 1733년 정월에는 에도에서 빈민 폭동이 일어나기도 했다.

구리 동전 카네이 츠호

자연재해로 쌀값이 크게 오르자 바쿠후의 재정 안정 계획에도 차질이 생겼다. 환전상換錢商들이 타개책으로 화폐의 양을 늘릴 것을 제안하자 바쿠후에서는 1736년 5월 또다시 질이 떨어지는 화폐를 개조했다. 이렇게 해서 일시적으로 쌀값을 하락시켰으나 근본 대책은 되지 못했다. 도리어 물가가 오르면서 무사 계급을 크게 괴롭혔다.

요시무네의 장남 이에시게家重는 뛰어나지 않았으나 차남 무네타케宗武, 4남 무네타다宗尹는 총명했다. 요시무네는 이에야스가 고산케를 세웠던 예에 따라 무네타케를 에도성의 다야스田安 가문으로, 무네타다를 히토쓰바시一橋의 히토쓰바시 가문으로, 이에시게를 시미즈清水 가문으로 만들어 삼경三卿이라 했다. 이것은 쇼군의 후사가 끊겼을 경우를 대비함과 동시에 세 가문을 잘 융합하기 위함이었다. 이후 쇼군의 후사가 없을 때는 반드시 삼경에서 쇼군을 계승하게 했다.

1745년 요시무네는 30년 동안 지켜 왔던 자리를 그의 장남 이에시게에게 물려주고 1751년 6월 68세로 일생을 마쳤다. 그는 시종일관 이상적인 정치를 실현하고자 노력했던 쇼군으로 후대의 평가를 받고 있다.

사치와 부패로 얼룩진 다누마 시대

요시무네의 뒤를 이은 제9대 쇼군 이에시게는 병약했으며, 제10대 쇼군 이에하루家治도 무기력했다. 최고 권력자가 무능하고 무력하니 정치가 정상적으로 운영될 수 없었다. 이 시기에는 전국에 소요가 잇따라 일어남으로써 무기력한 바쿠후의 모습을 여실히 드러냈다. 그 가운데 가장 큰 사건은 조슈에서 히가시무사시에 걸쳐 일어난 텐구(天狗, 하늘을 자유롭게 날고 깊은 산에 살며 신통력을 가졌다는 얼굴이 붉고 코가 높은 상상의 괴물) 소동으로 1764년 20만 명에 달하는 농민들이 일으킨 폭동이다.

당시 바쿠후는 닛코 토쇼궁 150주기를 맞아 토쇼궁에 소속된 각 마을에 '쌀 수확고 100석당 인부 6명, 말 3필씩을 바쳐라. 만약 말을 내놓을 수 없는 마을은 말 한 필당 5냥의 비율로 현금을 내놓아라'라고 압박했다. 이와 더불어 조선 통신사가 오는 해의 봄에는 100석당 3냥 1푼의 임시세를 부과했다.

농민들은 고민 끝에 바쿠후에 청원해 다른 마을에 협조를 구했으나 다른 마을에서도 이를 거부했다. 그 와중에 바쿠후 관리가 내려오자 농민들은 그동안 참았던 울분을 터뜨렸다. 이때 반란을 텐구가 지휘하고 있다는 소문이 나돌아 텐구 소동이라 불렀다.

이때 다누마 오키쓰구田沼意次는 쇼군의 측근으로 권력을 휘둘렀다. 오키쓰구의 아버지 오키유키意行는 원래 기슈번紀州藩의 하급 무사였으나 요시무네가 쇼군이 되면서 출세 가도를 달려 요시무네가 죽던 1751년에는 이에시게의 측근이 되었고, 얼마 후에는 5만 3천 석의 노중에 올랐다. 그의 아들 오키토모意知도 1784년 요직에 등용되어 부자가 함께 바쿠후에서 권력을 휘둘렀다.

이 시대를 한마디로 표현한다면 부패와 타락의 시대라 해도 과언이 아닐 것이다. 바쿠후 관리에게 선물을 보내는 풍조는 에도 시대에 흔히 있었지만 다누마 시대에는 특히 심했다. 다누마의 저택은 승진과 이권을 노리는 다이묘, 하타모토, 상인들로 문전성

다누마 오키쓰구

시를 이루었다. 어느 날 다누마의 저택에 '아름다운 인형'이라고 쓰인 큰 상자가 도착했다. 오키쓰구는 인형이려니 생각하고 상자를 열자 인형처럼 아름다운 미인이 들어 있어 깜짝 놀랐다. 오키쓰구는 항상 이런 말을 했다.

"사람들이 제일 좋아하는 것은 금은보화이다. 그토록 소중한 금은보화를 아낌없이 바쳐 관직에서 봉사하려는 것은 군주에게 충성을 표시하는 가장 확실한 증거이다. 따라서 액수의 다과에 따라 그 사람의 봉사 정신 정도를 측정할 수 있다."

한편 다누마 가문은 형식에 얽매이지 않고 과감한 정책을 취하기도 했다. 특히 러시아와 무역을 개설하고 홋카이도를 개척하려는 계획은 주목할 만하다. 당시 센다이번의 구도 헤이스케工藤平助는 러시아가 캄차카를 거쳐 치시마까지 진출한 점과 마에마쓰번前松藩이 구나시리섬國後島 부근에서 러시아인과 밀무역을 하고 있다는 점을 들어 1783년 《아카에조풍설고赤蝦夷風說考》에 '러시아와 공무역을 행하고 그 이익금으로 홋카이도를 개척해야 한다'고 피력했다. 다누마는 그 의견을 받아들여 1785년 감정봉행勘定奉行 마쓰모토 히데모치松本秀持 등에게 홋카이도 조사를 명하여 그들 중 모가미 도쿠나이最上德內는 치시마를, 오이시 잇페이大石逸平는 사할린을 조사했다. 마쓰모토는 보고서에서 홋카이도 면적은 11,664,000헥타르이고, 10분의 1 정도를 전답으로 개발할 수 있다는 의견을 제시했다. 그러자 바쿠후에서는 7만 명을 이주시킬 계획을 세웠으나 다누마의 실각으로 좌절되고 말았다. 후대에서는 이 계획이 실행되었더라도 당시 기술로는 도저히 불가능했을 것으로 보고 있다.

새롭고 진기한 이국의 물건이 유행한 것도 다누마 시대였다. 학문에서 난학(蘭學, 네덜란드와 교역을 통해 유입된 서양 학문)이 유행하자 다이묘들 사이에는 네덜란드에서 건너온 것을 선호하는 경향이 나타났다. 특히 가고시마의 다이묘 시마즈 시게히데島津重豪, 후쿠치산의 다이묘 구치키 마사쓰나朽木昌綱 등은 난벽蘭癖 다이묘라 불릴 정도로 이국의 새로운 것들을 모았다. 당시 바쿠후의 실권자 다누마 오키쓰구도 네덜란드에서 건너온 청우계晴雨計, 한란계寒暖計, 진뢰험기震雷驗器, 암실사진경暗室寫眞鏡 등을 받아 보고 만족해했다고 한다.

다누마 시대에는 정치 부정과 함께 천재지변이 잇따라 백성들의 생활은 몹시 괴로웠다. 1773년에는 전염병이 유행해 19만 명이 죽었고, 교토와 히유가에서는 대홍수, 이즈 칠도伊豆七島에서는 화산이 폭발하는 등 천재가 잇따랐다. 무사 계급 또한 힘든 시기를 보내고 있었다. 이들은 봉급에 의존하며 생활했으나 바쿠후와 번 재정이 곤란해지자 봉급을 제대로 지급받지 못했다. 무사들은 해결책으로 고리로 돈을 빌리거나 부업을 했다. 그래도 생활이 불가능할 경우에는 무사 신분을 팔아넘기기도 했다.

다누마 부자가 제멋대로 정치를 이어 가던 1784년 3월 뜻하지 않은 사고가 발생했다. 오키쓰구의 아들 오키토모가 에도성에서 하타모토 사노佐野善左御門의 습격을 받아 죽고 말았다. 사람들은 사노를 가리켜 구세대명신救世代明神이라 부르며 기뻐했다. 그 이유는 지금까지 폭등했던 쌀값이 때마침 하락했기 때문이었다.

오키토모의 죽음과 함께 그의 아버지 오키쓰구도 실각의 날을 맞았다. 1786년 노중에서 해직된 후 장군 이에하루家治가 죽자 2만 석의 영지와 저택이 몰수되고 폐문(閉門, 외부와 일체 접촉을 금함) 처분이 내려져 다누마 시대는 종지부를 찍게 되었다.

관정의 개혁

제8대 쇼군 요시무네에 의해 추진되었던 개혁이 다누마 시대가 시작되며 다시 혼란에 빠져 바쿠후에 대한 비판이 차츰 높아졌다. 이때 마쓰다이라 사다노부松平定信가 노중에 올라 관정의 개혁을 실시하며 바쿠후 세력을 부흥시키려 노력했다. 그는 1758년 다야스 무네타케田安宗武의 아들로 태어났다. 무네타케는 쇼군 요시무네의 셋째 아들이자 다야스 가문 계승자로 사다노부는 요시무네의 손자였다. 사다노부는 어렸을 때부터 총명해 12세 때 《지쿄우칸自教鑑》을 썼으며 17세 때 무쓰 시라카와의 마쓰다이라 가문의 양자로 들어가 11만 석의 번주가 되었다.

사다노부는 1787년 쌀값 폭등으로 도탄에 빠진 백성들이 일으킨 폭동이 겨우 수습될 무렵 노중으로 발탁되었다. 이때가 그의 나이 30세였다. 그는 시라카와 번주로 있을 때 선정을 폈기 때문에 명군으로서 평판이 매우 높았다. 사다노부는 문란한 정치를 바로잡기 위해 우선 인재를 등용하고 뇌물을 금지했다. 그리고 지금까지 독직 행위를 한 관리들을 차례로 파면하여 바쿠후에 청신한 바람을 불어넣었다.

사다노부는 무엇보다도 바쿠후 재정 확충에 힘을 쏟으며 사치를 금하고 절약을 강조하는 명령을 발표했다.

마쓰다이라 사다노부

1789년 9월에는 기연령(棄捐令, 영주에게 빌려준 금품이나 곡물의 변제를 면제하는 법령)을 내려 부채에 허덕이는 무사들에게 활로를 열어 주었다. 아울러 교토나 오사카에서 재난에 대비한 비축미備蓄米 제도를 실시해 백성들의 생활을 안정시켰다. 또한 성리학을 숭상해 성리학 이념을 정치 근거로 삼기 위해 학제 개혁을 단행해 그때까지 하야시 가문에서 운영한 성당학문소와 창평판학문소 등을 관학官學으로 전환했다. 그리고 성리학 대가인 시바노 리쓰잔柴野栗山, 오카다 간센岡田寒泉, 비토 지슈尾藤二洲를 바쿠후 유관儒官에 임명해 성리학을 강의하도록 했다.

1792년 9월 홋카이도 네무로根室에 러시아 선박이 나타났다는 보고가 사다노부에게 전해졌다. 이 선박에는 9년 전 표류한 일본인들이 탑승하고 있었다. 이들은 1783년 기이번의 쌀을 신쇼마루神昌丸에서 싣고 에도로 향하던 중 풍랑을 만나 8개월간 표류하던 끝에 알류샨 열도에 표착해 구조되었다. 러시아 정부는 이들을 페테르스부르크로 송치했다가 이들의 송환을 계기로 일본과 통상을 교섭하고자 러스크만 중위를 동승시켰다.

러스크만 중위의 통상 제의는 즉시 마쓰마에번을 통해 바쿠후에 전달되었고, 바쿠후의 실권자 사다노부에게 전해졌다. 그는 선원들을 인도받고 통상을 요구하는 러시아 국서는 받지 않았다. 그러면서 굳이 통상을 원한다면 규슈의 나가사키에서 교섭하는 것이 좋겠다는 의사를 전했다. 그는 지금까지 고수해 오

일본인의 눈에 비친 러시아인

던 쇄국 정책과 러시아의 태도를 살피며 나가사키나 홋카이도 중 한 곳을 열 것을 고려했다. 이렇게 해서 바쿠후는 본의 아니게 쇄국 정책을 수정하는 움직임을 보이게 되었다.

러시아의 출현에 불안했던 사다노부는 1793년 3월 해안 방비를 더욱 엄중히 하라는 명령을 하달하고 직접 시찰하기도 했다. 하지만 그해 7월 에도로 돌아온 사다노부는 쇼군 이에나리와 불화를 겪으며 노중에서 해임되었다.

사다노부가 노중에서 물러난 후 개혁의 기풍은 차츰 사라졌다. 1817년에는 다누마 시대의 노중 미즈노 타다토모水野忠友의 양자 타다나리忠成가 노중에 오르면서 다시 다누마 시대로 돌아가 사치와 뇌물이 유행했다. 쇼군 이에나리의 생활은 사치와 호사의 극을 치닫고 있었다. 그에게는 55명이나 되는 아들이 있었는데 이들이 먹는 과자를 만들기 위해 하루에 백설탕 1천 근을 소비했다고 한다.

에도 바쿠후의 쇠퇴

1800년대에 이르자 바쿠후 정치도 차츰 침체되어 가고 있었다. 교호, 간세이의 개혁과 함께 덴포天保의 개혁이 추진되긴 했으나 이마저도 기울어져 가는 바쿠후를 바로 세우지는 못했다. 또한 1830년 이래 6~7년간 전국을 휩쓴 기근과 유행병으로 죽는 사람이 헤아릴 수 없을 정도로 많아지자 각지에서는 반란이 일어났다. 교활한 상인들은 이 틈을 노리며 쌀을 매점하는 데 열을 올렸다. 오사카에서는 쌀 매점으로 인해 굶어 죽는 자가 날로 증가했다. 하지만 관리와 상인들은 백성들의 고통은 외면한 채 온갖 사치를 부리고 있었다.

이즈음 봉행소 관리인 오시오 헤이하치로大鹽平八郎는 굶어 죽는 백성들을 보며 가슴 아파하고 있었다. 그는 가난한 사람들 편에서 일했기 때문에 평판이 좋았으나 건강을 이유로 물러난 상태였다. 이후 양명학에 전념하고자 사숙을 열었지만 지행일치를 강조하는 양명학을 공부하는 그에게 난세에 울부짖는 백성들은 가장 큰 숙제였다.

"부정을 알면서도 가만히 앉아 있다면 어찌 양명학을 터득했다 할 수 있겠는가?"

생각이 여기에 미치자 목숨을 버려서라도 백성들을 구원해야겠다는 일념으로 관리와 대상인들을 찾아가 창고를 열 것을 주문했다. 하지만 그의 말을 따르는 자는 아무도 없었다. 오시오는 참을 수 없었다.

그는 제자와 동지들을 규합해 다이묘 저택, 대부호 창고 등을 털어 아사 직전의 백성들을 구원하기로 결심했다.

1837년 2월 19일 오시오는 구민救民 깃발을 높이 들고 호상豪商들을 습격해 빈궁한 백성들의 허기를 달래 주었다. 하지만 오합지졸의 규휼단은 관군의 포격을 받고 뿔뿔이 흩어지고 말았다. 오시오도 얼마 후 자결해 세상을 떠났다. 이 소식은 전국에 퍼져 백성들에게 커다란 위안이 되었으며 민중의 원성은 점차 높아져 바쿠후의 기초를

호사스러운 생활을 한 쇼군 이에나리

뒤흔들 정도로 강력해져 갔다.

1834년 노중에 오른 미즈노 다다쿠니水野忠邦는 정치 개혁만이 바쿠후를 살리는 길이라 생각했다. 하지만 쇼군 이에나리가 살아 있는 동안은 섣불리 손댈 수가 없었다. 마침내 1841년 이에나리가 죽자 다다쿠니는 비로소 정치 개혁을 시작했다.

그는 무엇보다 민심을 안정시키는 데 역점을 두고 지금까지 쇼군 주변에서 부패를 저지른 관리들을 파면시키며 개혁 의지를 분명히 했다. 또한 질서와 검약을 권장하고 사치를 엄금하는 정책을 추진해 재정을 안정시켰다. 그의 정책은 관정의 개혁보다도 한층 더 엄격해 에도 시민들이 즐겨 먹는 가다랑어까지 금했다. 이로 인해 나라 전체가 마치 불 꺼진 항구처럼 쓸쓸했다. 이와 함께 토지령土地令을 펼쳐 에도 주위 사방 10리와 오사카 주위 사방 5리 안에 있는 다이묘와 하타모토 등의 영지를 바쿠후 직할지로 하고 이들에게는 다른 지역의 토지를 수여했으나 보상지의 질이 나빠 초기부터 이들의 반대에 부딪쳤다.

다이묘들을 비롯한 백성들의 원성이 자자해지자 쇼군은 마침내 토지령을 거둬들이고 다다쿠니를 노중에서 물러나게 했다. 그의 해직 소식이 전해지자 에도 시민들은 환호성을 지르며 그의 저택에 돌을 던졌다.

일본이 쇄국 정책을 고수하며 고립되어 있는 동안 유럽은 눈부신 발전을 이루며 근대 국가로 발전하고 있었다. 특히 영국은 산업 혁명을 일으키며 기계화에 의한 근대 공업 시대를 개막했다. 산업화에 몰입한 유럽은 잉여 제품과 원료 및 시장을 확보하고자 앞다투어 해외 진출을 기도했다. 특히 영국, 프랑스, 러시아 등은 식민지 쟁쟁을 벌이며 아시아로 눈길을 돌렸다.

유럽 제국들 가운데 가장 먼저 일본에 도전한 것은 러시아였다.

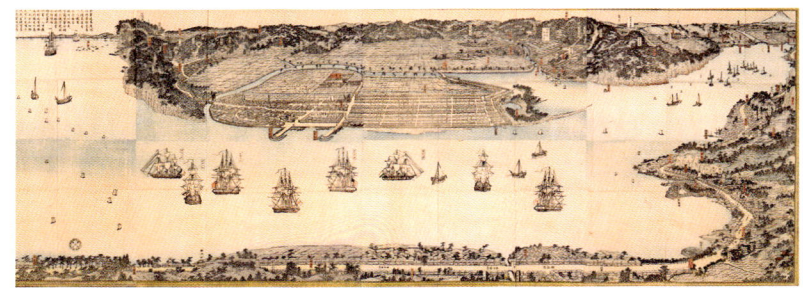
항구 가까이에 정박해 있는 외국선의 모습을 그린 요코하마 항구 전도

1792년 사다노부가 실권을 잡고 있을 때 러스크만 중위가 홋카이도
의 네무로에서 교역을 요구했다. 이후 1804년에도 다시 무역을 요구
했다. 이번에는 약속에 따라 나가사키에 나타났다. 당시 사절인 레자
노프는 황제 알렉산드르 1세의 국서를 휴대하고 있었다. 그러나 바쿠
후에서는 쇄국 정책을 변경할 수 없다는 결론을 내리고 반년 동안이나
회답을 기다리던 사절을 돌려보냈다.

목적을 달성하지 못한 러시아는 일본 북방에 자주 출몰하다 1807년
사할린과 에토로프 어장을 습격했다. 긴장이 고조되는 가운데 치시마
방면을 탐험하던 러시아 함장 고로우닌이 쿠나시리섬에 상륙해 식량
과 식수 보급을 요청하며 교섭을 벌였다. 이 교섭은 일본 관리와 통역
의 미숙함으로 좌절되고 고로우닌은 3년간 억류 생활을 하게 되었다.

영국은 나가사키항 주변을 측량하는 등 일본 근해에 자주 모습을 보
였다. 1813년에는 나가사키에 내항해 네덜란드 상관장에게 네덜란드
가 프랑스 속국이 되었다는 사실을 통고하고, 네덜란드 대신 영국과
무역하자고 교섭했으나 실패로 끝났다.

영국은 끈질기게 일본 해안에 모습을 나타냈다. 특히 고래잡이를 위

중국의 아편 전쟁

해 태평양 연안에 왔다가 식량과 연료, 식수 등의 보급을 위해 기항하
는 경우도 많았다. 하지만 양국의 오해가 얽혀 일본인의 외국인에 대
한 반감이 고조되었다. 그러자 바쿠후에서는 1825년 외국 선박 격퇴
령을 내렸다. 이는 국내 실정도 모르는 자가당착의 명령이었다. 연안
을 수비하는 제번諸藩은 재정난으로 인해 군비가 미비한 상태였다.

  이즈음 미국의 모리슨호가 일본 어부 2명을 송환하려고 1837년 우
라가에 입항하려 했으나 일본은 격퇴령에 따라 포격을 퍼부었다. 그러
자 모리슨호는 다시 가고시마로 접근했으나 그곳에서도 포격을 받고
그대로 철수했다.

  모리슨호 사건 이후 중국에서는 아편 전쟁이 일어났다. 아시아에서
식민지를 구축하던 영국이 인도를 손에 넣자 이번에는 중국에 눈독을
들였다. 영국은 인도산 아편을 수출하려 했으나 중국은 백성들을 괴롭

히는 마약이라는 점과 결제 대금인 은이 국외로 유출되는 점을 들어 철저히 금지했다. 그런데도 비밀리에 아편이 유입되자 중국 정부는 영국 상인들을 엄중히 단속하고 아편을 몰수해 불살랐다. 영국은 이를 구실로 1840년 아편 전쟁을 일으켰다. 이 전쟁은 근대 무기로 정비된 영국이 승리하며 난징조약南京條約이 체결되었다. 중국은 홍콩을 영국에 할양하고 상하이와 광둥廣東 등 5개 항을 개방하게 되었다.

온 세계를 놀라게 한 아편 전쟁 소식은 바쿠후에도 전해졌다. 외국 사정에 어두웠던 바쿠후도 이 소식을 듣고 경악을 금치 못했다. 일본도 중국과 같은 운명에 처하게 될 것이라는 위기감이 증폭되자 1842년에는 외국 선박 격퇴령이 취소됐다. 아편 전쟁으로 중국에 시장을 확보한 영국이 다음으로 노리는 곳은 일본이 분명했기 때문이다.

이 같은 사태를 예견한 네덜란드 국왕 빌헬름 2세는 1844년 친서를 보내 개국할 것을 권했다. 아편 전쟁에서 중국이 영국에 패배한 것처럼, 일본이 외국에 빌미를 주며 실수할 경우 중대한 사태가 올 것이라고 설득했다. 네덜란드의 친서는 200년 동안 우호 관계를 지켜 온 호의이기도 했으나 다른 어느 나라보다도 유리한 위치를 점하기 위한 공작이기도 했다.

하지만 바쿠후는 대세에 따르지 않고 쇄국을 고수했다. 산업 발달과 기선汽船 발명으로 해상 교통이 활발해지고 교역 범위가 확대되어 가는 이 시점에서 일본만 쇄국을 고집한다는 것은 의미가 없는 일이었다. 이로써 일본은 국내 정치 개혁도 순조롭지 못한 상태에서 개방이라는 엄청난 회오리에 직면하게 되었다. 이렇게 해서 바쿠후 멸망의 날이 서서히 눈앞에 다가오게 되었다.

에도 바쿠후 시대의 교육과 문화

바쿠후 시대의 대표자는 무사들이다. 이들은 초기에 무를 숭상했으나 차츰 학문에도 정진해 문화를 이끌어 가는 핵심 세력이 되었다. 무사 계급은 유학을 공부하며 교양을 쌓았다. 번에서도 학교를 세워 유학은 물론 국학, 의학, 난학, 무술 등을 가르치기도 했다. 1641년에 오카야마 번주 이케다 미쓰마사池山光政가 유학자 구마자와 반잔熊澤蕃山 등과 함께 하나바타케花畠 교장을 세우자 각 번에 240여 개의 학교가 세워졌다.

에도 시대 중기 이후에는 시민 세력이 차츰 강화됨에 따라 지금까지 무사와 부유층 시민 중심이었던 학문이 차츰 서민들에게도 보급되었다. 이 시기에는 일본 고유의 와카나 국문학을 연구하는 국학國學이 일어났다. 유학을 중시하는 편향적 경향에 대항해 국학이라는 새로운 학문 연구가 활발해졌다. 국학이란 중세 이래 주로 조정 귀족들에 의해 계승, 발달되어 온 것으로《겐지 모노가타리》,《고킨슈》등을 연구하는 학문이다. 당시 유명한 국학자 가모노 마부치賀茂眞淵는《만요슈》연구로 이름을 떨쳤으며, 모토오리 노리나가本居宣長는 30년간 연구한 끝에 《고사기전》을 완성했다.

한편 러시아와 북방에 관한 문제가 불거지자 외국 사정을 조사하려는 분

모토오리 노리나가

에도 시대 서민에게 큰 인기를 끈 가부키

위기가 고조되며 난학도 크게 발달했다. 난학은 일찍이 나가사키에 설
치되었던 네덜란드 상관에 외국 지식을 얻기 위해 일본인들이 드나들
며 시작되었다. 그러다가 제8대 쇼군 요시무네는 네덜란드 문물을 적
극 받아들이며 아오키 곤요靑木昆陽와 노로 겐죠野呂元丈에게 네덜란드
어를 배우게 했다. 1774년에는 마에노 료타쿠前野良澤, 스기타 겐파쿠杉
田玄白 등이 유럽 해부서解剖書를 번역하며 《해체신서解體神書》를 출판했
다. 당시 겐파쿠는 이 새로운 학문을 난학蘭學이라 불렀다.

난학이란 네덜란드 학문이란 뜻이지만 새로운 학문이란 자각自覺의
뜻도 포함되어 있었다. 그 후 난학은 겐파쿠의 문인들에 의해 전국에
보급되었다. 거꾸로 1690년 켄페르는 일본에 건너와 《일본사》를 저술
해 최초로 일본을 유럽에 소개했고, 1776년에는 츤베르크가 일본에

서 여러 학문을 가르쳤으며 귀국 후에는 《일본식물지》, 《일본동물지》, 《일본화천지日本貨泉志》 등을 저술했다. 이 책은 일본에도 전해져 일본인들을 놀라게 했다.

이 시기에는 아동들이 공부할 수 있는 학교 시설은 없었으나 데라코야(寺子屋, 書堂)에서 습자習字, 읽기, 쓰기, 주판 등을 배웠다. 1722년 에도에만 약 800여 개의 데라코야가 생겼으며, 바쿠후 말기에 이르러서는 농촌에도 생겼다.

에도 시대 초기에 꽃피운 겐로쿠 문화는 오사카와 교토가 중심이었다. 이후 분카文化, 분세이文政 시대에는 에도가 중심이 되었다. 1721년 에도 인구는 50만 1,394명이었다. 여기에는 무사, 신관神官, 승려 등은 포함되지 않았다. 이들까지 합하면 110만 명에 달하니 무사의 수가 얼마나 많았는지 놀라울 뿐이다. 하지만 세월이 지남에 따라 지방에서 에도로 전입하는 인구가 급격히 증가하며 시민의 수가 차츰 많아지게 되었다. 이들은 무사와 상인들 밑에서 일하거나 기능인의 제자 또는 막노동에 종사했다. 에도 시민들은 싫든 좋든 무사들의 눈치를 살피지 않을 수 없었다. 이들은 무사들에게 아무런 잘못 없이 죽임을 당해도 호소할 곳이 없었다. 그들은 무사들에게 받은 스트레스를 연극, 문학, 회화 등을 통해 해소했다.

에도 시민에게 인기가 높았던 것은 가부키(歌舞伎, 일본의 전통 연극)로 당시 에도에는 나카무라中村, 이치무라市村, 모리타森田 등의 유명한 극장이 있었다.

가부키와 함께 에도 사람들의 사랑을 받은 것은 스모였다. 스모는 예로부터 신사 축제일 등에 각 지방의 씨름꾼에 의해 신불神佛에게 바치는 행사의 하나로 행해졌으나 에도 시대에 들어서며 전문 씨름꾼이

〈후카쿠 36경〉 중 〈불타는 후지〉, 〈가나가와 앞바다 파도〉, 〈슨슈 에지리〉

탄생했다. 다이묘들은 자신들의 명예를 위해 다니카제谷風, 오노가와小野川, 라이덴雷電 등과 같은 전문 씨름꾼을 고용하는 티 열을 올렸다.

무사들에게 돈을 빌려줄 여력이 있으면서도 사회적으로 억압받았던 시민 계층의 불만과 반감을 해학 문학을 통해 발산한 것이 센류川柳와 쿄카狂歌이다. 모든 것이 시민의 관점에서 이루어진 이 문학은 인정의 섬세한 움직임과 날카로운 풍자가 섞여 있다.

회화에서는 육필화肉筆畵에서 판화版畵로 바뀌면서 우키요에가 민중에게 보급되었다. 기타가와 우타마로喜多川歌麿는 1806년 54세로 타계할 때까지 미인화의 일인자로 이름을 떨쳤다. 가쓰시카 호쿠사이葛飾北齋는 풍경화로 유명했는데 후지산을 여러 각도에서 그린 〈후카쿠 36경景〉이 대표작이다. 이케노 다이가池大雅는 문인화로 유명했으며, 마루야마 오쿄圓山應擧는 사생화로 유명했다. 시바 고칸司馬江漢에 의해 서양화도 그려지기 시작했다.

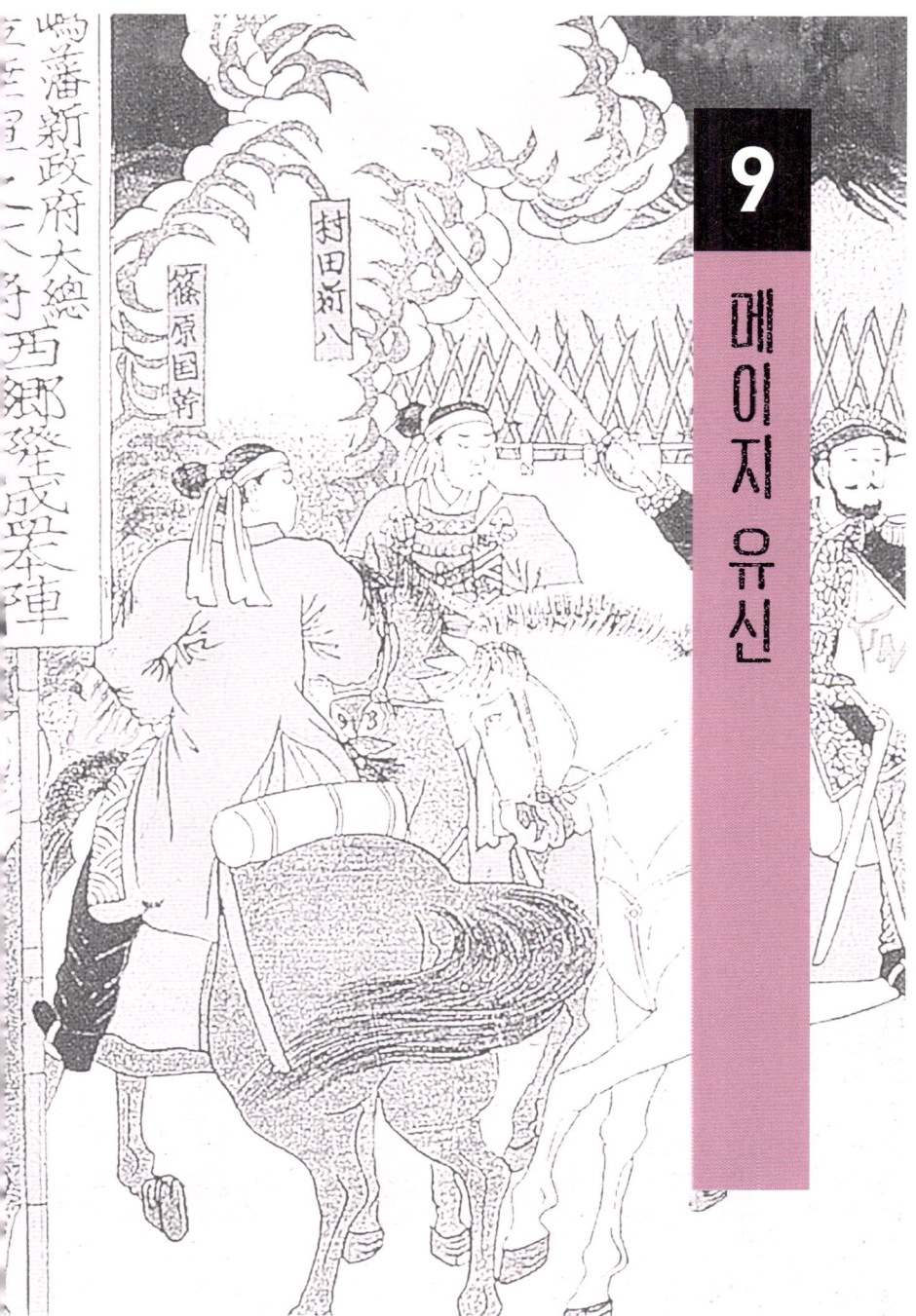

메이지 유신

메이지 유신은 에도 바쿠후가 번 단위로 행하던 정치 제도를 전면 폐지하고 중앙 집권 체제와 자본주의를 육성해 새로운 국민 국가를 건설하려는 정치 활동의 결과이다.

외국 선박들이 일본에 내항해 개항을 요구하자 일본 내에서는 봉건 체제보다 한층 강력한 정치 체제를 요구하는 세력들이 나타났다. 이들은 유럽 각국을 둘러보며 쇄국으로는 더 이상 국가를 끌고 갈 수 없음을 통감했다. 하지만 낡은 바쿠후 정치를 놓지 못하는 이들이 쇄국을 고수함으로써 양자 사이에는 격렬한 싸움이 이어졌다.

한편 바쿠후에서는 조정과 협력하자는 '공무합체'가 대두되는 가운데 바쿠후를 폐지하고 왕정을 복고해야 한다는 여론이 대두되었다. 이 같은 조류에 편승한 조정은 이와쿠라 도모미와 바쿠후 정치에 실망한 사쓰마 번과 죠슈 번 등의 젊은 무사들과 함께 왕정복고를 실현했다. 이들은 메이지 천황을 중심으로 부국강병과 문명개화에 역점을 두고 해외 제국에 문호를 개방했다.

하지만 변화에 불만을 품은 일부 무사와 사족들이 잇따라 반란을 일으킴으로써 메이지 정부 초기에는 불안한 기운이 만연했다.

강압으로 열린 일본

1853년 6월 3일, 낯선 검은 군함이 우라가 앞바다에 닻을 내렸다. 돛대에는 미국 국기가 펄럭이고 있었다. 평화로웠던 우라가에는 삽시간에 전쟁이 벌어질 것 같은 불안이 엄습했다. 이 함대를 이끈 페리 제독은 미국 정부의 조건을 제의했다.

'첫째, 일본 근해에서 난파당하거나 폭풍을 피해 일본에 정박하는 미국 선원의 생명과 재산을 보호한다. 둘째, 미국 선박에 연료, 식수, 음식 등 보급 및 정박 편의를 위해 항구를 개항한다. 또는 일본 해안이나 무인도에 저탄장을 설치한다. 셋째, 미국 상품과 일본 상품의 교환을 위해 일본 항구를 개항한다.'

그는 수락하지 않으면 대포의 위력을 보여 주겠다며 겁박하며 바쿠후 턱밑인 에도만에 측량선을 보내 요코하마 가까이 있는 고시바까지 들어왔다. 이에 당황한 바쿠후는 6월 9일 우라가 봉행 이도 히로미치井戸弘道와 도다 우지요시戸田氏榮를 친서와 함께 보냈다.

페리 제독

'우라가는 외국과 회담할 수 있는 장소가 아니므로 조속히 철수하기를 바란다.'

바쿠후의 고집에 페리 제독은 예상했다는 듯이 조용한 어조로 주변을 압도했다.

"국서에 대한 회답을 내년 봄까지 연기하는 것은 인정한다. 그러

페리 제독의 함선

나 그때는 더 많은 군함이 올 것이다."

그러고는 에도만을 계속 측량하면서 에도 근처까지 접근했다. 이는 페리 제독의 계획된 위협이었다. 처음 보는 외국 군함에 놀란 에도 시민은 크게 동요했다. 페리 제독은 6월 12일에야 군함을 오키나와의 나하로 철수시켰다.

바쿠후는 페리 제독이 다녀간 후 반년이 지났는데도 확실한 방침을 결정하지 못했다. 하지만 또다시 강경한 태도에 직면하자 완전히 그에게 압도되었다.

"개항을 인정할 수밖에 없다."

이렇게 해서 1854년 3월 31일 화친 조약이 체결되었다. 이 조약은 가나가와에서 체결되어 가나가와 조약이라 부른다.

페리 제독은 이 조약에 만약 일본이 다른 외국과 조약을 체결하며 미국에 부여하지 않았던 권익을 수여할 때는 이와 동일한 권익을 미국에도 보장한다는 최혜국 조항을 두었다.

1854년 11월, 바쿠후가 미국과 불평등 조약을 맺으며 앞날을 걱정하고 있을 즈음 토카이도 일대에 대지진이 일어났다. 다음 해 10월에는 에도에 대지진이 일어나 막대한 피해가 발생했다. 바쿠후의 무능에 천재지변까지 겹치자 세상은 불안하기 짝이 없었다.

대지진 직후 노중(老中)이었던 사쿠라 번주(佐倉藩主) 홋타 마사요시(堀田正睦)가 수석 노중에 올랐다. 그는 외국 선박은 이유 여하를 막론하고 격퇴하는 한다는 격퇴령에 신중한 태도를 보였다. 그는 일본 근해를 위협하는 외국 선박을 보고 서양의 앞선 군사력에 놀라움을 감추지 못하고 있었다.

홋타는 자신과 생각을 같이 하는 바쿠후와 다이묘의 지지를 받으며 안세이(安政, 연호) 개혁을 추진했다. 우선 이즈 니라야마에 반사로(反射爐, 용광로의 일종)를 설치하고 서양식 대포를 제작했다. 그리고 시나가와에 포대를 설치하고 에도만을 수비했다. 1855년에는 나가사키에 해군 전습소(海軍傳習所)도 개소했다.

교토의 조정은 에도 바쿠후가 개설된 이래 정치에 일체 개입하지 못하고 있었다. 하지만 바쿠후의 토대가 흔들리자 유력한 다이묘가 바쿠후 정치에 발언권을 행사하게 되었으며, 이들은 자신의 발언과 행동을 정당화시키는 데 조정을 이용하려 했다. 그러자 다이묘와 조정을 중재하는 낭사(浪士, 섬길 영주를 잃은 무사)와 지사(志士)가 등장했다.

다이묘들이 조정에 의탁하려는 움직임을 노골적으로 드러내자 조정에서는 바쿠후를 비판함은 물론, 조정이 정치 일선에 나서야 한다고 주장했다. 이것이 이른바 존왕론(尊王論, 천황 중심으로 정치를 행함)으로, 야나가와 세이간(梁川星巖)과 우메다 운빈(梅田雲濱) 등이 제창해 점점 확산되었다. 이로써 바쿠후를 존속시켜야 한다는 바쿠후 지지파와 바쿠후가 조정과 협력해야 한다는 개혁파로 나뉘며 서로 대립하기 시작됐다. 이들의 대립은 페리 제독 후임으로 온 주일 총영사 타운젠드 해리스의 통상 요구 사건으로 격화되었다.

해리스는 페리 제독이 체결한 조약을 진전시켜 1857년 일미(日美)조

요코하마에 입항하는 외국선들

약을 체결함으로써 통상 조약 체결을 위한 발판을 마련했다. 같은 해 10월에는 에도에 올라와 이에사다家定 장군에게 미국 대통령 친서를 전달하고, 홋타와 두 시간 동안 회담했다.

'첫째, 일본의 쇄국 정책은 세계의 움직임에 역행하는 것이다. 둘째, 무역만이 부국강병을 위한 근본 대책이다. 셋째, 영국은 청나라에 이어 일본을 노리고 있다. 미국은 영국과는 반대로 평화주의를 우선으로 한다. 넷째, 영국이 오기 전에 미국과 조약을 체결하는 것이 안전하다. 다섯째, 미국 공사의 일본 주재를 승인하고 자유 무역과 개항장을 증설하도록 하라.'

해리스의 요구에 바쿠후에서는 1개월이 지나도록 회답하지 않았다. 그러자 해리스는 2차 회담에서 윽박지르며 위협했다.

"만약 일본이 계속 꾸물거린다면 이번에는 군함이 포탄을 퍼부을 것이다."

1858년 2월 25일, 바쿠후에서도 더는 버티지 못하고 회담을 성사시키고 조인 날짜만 기다려야 했다. 바쿠후나 다이묘들은 조약을 체결하는 것을 시대적 추세로 보고 어쩔 수 없다는 입장을 취했지만 반대 의견도 만만치 않았다.

"통상 조약을 체결하면 일본은 청나라와 같은 형편이 될 것이다."

홋타는 교토로 올라가 천황의 칙허(勅許, 천황의 재가)를 받기로 했다. 칙허를 받는다면 반대 여론을 누를 수 있을 것으로 생각했기 때문이다. 바쿠후 내에서도 이 문제를 둘러싸고 지지파와 개혁파가 대립하고 있었다. 그러면서 쇼군의 후계 문제가 새롭게 대두되었다. 당시는 쇼군의 역량이 보다 강력하게 요구되는 시기였으나 제13대 쇼군인 이에사다는 건강도 나빴고 자식도 없었다. 그래서 일찍부터 후계자 문제가 거론되었다. 후계자 물망에 오른 사람은 히토쓰바시一橋 가문의 요시노부慶喜였다. 그는 미토水戸의 도쿠가와 나리아키德川斉昭의 일곱째 아들로 뛰어난 인물이었다. 이에 대해 지지파에서는 히코네彦根의 이이 나오스케井伊直弼가 앞장서서 기슈의 도쿠가와 요시토미德川慶福를 추대하려 했다.

천황의 칙허를 받고자 1858년 2월 5일 교토로 올라온 홋타는 조약 체결과 후계자 문제를 한꺼번에 처리하려고 활발한 공작을 벌였다. 그 결과 개혁파가 승리하며 조약 칙허는 불허되었다. 이처럼 천황과 조정을 포섭하려는 세력들의 움직임이 활발해짐으로써 조정은 혼란에 빠졌으나 한편으로는 조정이 정치 최일선으로 급부상했다.

1858년 4월 23일, 지지파인 나오스케가 대로에 오름으로써 바쿠후 정치를 개혁하려던 사람들을 실망시켰다.

한편 해리스는 바쿠후와 약속한 날짜까지 기다릴 수 없는 상황에 처했다. 영국과 프랑스가 청나라에 승리한 여세를 몰아 일본으로 오고 있다는 첩보를 받았기 때문이었다. 그는 홋타와 7월 27일 조인하기로 약속한 바 있었다.

"만약 그날까지 칙허를 받지 못한다면 바쿠후 단독으로 조인해야 한다. 이것이 바쿠후의 힘을 과시하는 길이기도 하다."

나오스케는 해리스의 독촉을 못이기는 척 받아들여 6월 19일에 수호 통상 조약을 체결했다. 이 조약은 영사 재판권, 협정 세율協定税率, 최혜국 조항 등을 포함한 불평등 조약으로 네덜란드, 러시아, 영국, 프랑스 등과 맺게 될 조약의 모델로 일본의 멍에가 되었다.

1858년 6월 12일, 바쿠후는 에도 다이묘들에게 미국과 수호 통상 조약을 체결했다고 알렸다. 동시에 홋타를 해직시키고 마나베 아키카쓰間部詮勝를 노중으로 등용했다.

칙허 없이 조약을 체결했다는 소식이 전해지자 개혁파는 크게 분노했다. 6월 24일 도쿠가와 나리아키는 미토의 요시아쓰富士慶篤, 오하리의 도쿠가와 요시쿠미德川慶恕, 마쓰다이라 요시나가松平慶永, 히토쓰바시 요시노부一橋慶喜 등과 함께 에도성에 몰려가 나오스케에게 항의했다. 나오스케는 다음 날 쇼군 후계자로 요시토미가 결정됐음을 발표하고, 7월 5일에 불시등성(不時登城, 바쿠후의 허락 없이 에도성에 출두함)의 죄를 적용해 나리아키 등에게 각각 근신과 등성 박탈 처분을 내렸다.

수호 통상 조약 조인 소식을 접한 고메이孝明 천황은 크게 노하며 물러날 뜻을 밝히기까지 했다. 미토, 에치젠, 사쓰마 등 개혁파 다이묘들은 이를 이용해 지지파를 제압하고 히토쓰바시파派 세력을 만회하고자 공작을 펼쳤다. 때마침 미토

요시다 쇼인

번주에게 바쿠후 실정을 힐책하라는 내칙(內勅, 은밀한 칙령)이 내려졌기 때문에 지사들의 움직임은 더욱 활발했다.

바쿠후에서는 조약 체결 경위를 변명하고자 노중 마나베를 교토로 올려 보냈다. 그는 교토에서 벌어지고 있는 반바쿠후 운동을 목격하고는 관련된 지사들을 체포해 엄한 처벌을 내렸다. 이것이 '안세이 대옥'이다. 바쿠후의 반바쿠후파 탄압은 전국에 확대되어 에치젠의 하시모토와 죠슈의 요시다 쇼인吉田松陰도 체포되며 많은 조정 귀족이 처벌을 받았다.

에도 바쿠후의 멸망

1860년 3월 3일, 에도성에서 나오스케의 행렬이 사쿠라다몬櫻田門에 접어들었을 무렵 한 발의 총성이 울렸다. 이를 신호로 십스 명의 낭사들이 일시에 행렬을 덮치자 삽시간에 나오스케의 목이 날아갔다. 나오스케의 목을 자른 것은 사쓰마 낭사 아리무라였으며, 나머지는 모두 미토의 낭사들이었다. 나오스케의 죽음으로 쫓겨났던 구제 히로치카久世廣周가 다시 수석 노중이 되었다. 그는 히토쓰바시파로 조정과 바쿠후가 서로 협력하는 이른바 공무합체公武合體를 중점 정책으로 삼았다.

한편 개혁파는 존왕양이론尊王攘夷論을 제창하며 바쿠후를 공략했다. 존왕양이는 원래 별개의 뜻으로, 존왕은 일본 고유의 전통과 역사 과정에서 형성된 사상이고, 양이는 쇄국 정책과 유학의 화이사상華夷思想에 의해 형성된 자존독선自存獨善 세계관에 기초를 둔 배외사상이다. 이

둘을 결합시킨 것은 바쿠후 말기의 위기의식에서 유래한 것으로 천황을 중심으로 국가 체제를 강화해 외세를 물리치자는 발로였다.

이 같은 개혁파의 움직임에 바쿠후에서는 나오스케 때부터 추진해오던 정책을 계승해 안도 노부마사를 내세워 천황의 누이 가즈노미야和宮와 쇼군 이에모리家茂를 1862년 2월 11일 혼인시켰다. 하지만 이보다 조금 앞선 1월 15일에 안도는 사카시타몬坂下門에서 미토의 낭사 히라야마平山兵介 등의 습격을 받아 부상당한 후 노중에서 물러났다.

당시 사쓰마, 죠슈 다이묘는 동요하던 바쿠후 세력을 수습하며 전면에 나섰다. 특히 죠슈 다이묘는 1861년 나가이 우타長井雅樂의 항해원략책航海遠略策을 공무합체 정책으로 채택할 것을 요구했다. 항해원략책은 해군력을 증강해 개국을 일본 스스로 선포하고 외국에 무역을 먼저 요구함으로써 외국의 위협에서 벗어나자는 것이었다. 이는 죠슈 다이묘인 모리 다카치카毛利敬親는 물론, 반바쿠후파도 지지했으나 존왕양이파의 반대에 부딪혔다. 이때 사쓰마 다이묘인 모치히사茂久의 아버지 히사미쓰島津久光가 1862년 3월 군사를 이끌고 교토에 올라와 죠슈번이 제출한 공무합체 정책을 채택하지 못하도록 압력을 가했다.

하지만 시간이 지날수록 공무합체를 묵살하고 존왕양이를 요구하는 세력이 점차 커져 이제 교토는 죠슈번과 도사번의 지원을 받는 존왕양이의 급진파가 장악하게 되었다. 그러자 바쿠후도 1863년 5월 10일부터 양이 정책 추진을 조정에 알리지 않으면 궁지에 몰리게 되었다. 그러자 아이즈번과 사쓰마번은 1863년 8월 18일 정변을 일으켜 존왕양이파를 교토에서 축출했다.

존왕양이의 물결이 거세지는 가운데 새로 개항된 요코하마橫浜는 외국 무역선이 입항하고 도시가 형성되면서 국제도시 면모를 갖추게 되

외국과의 무역 사무를 취급하는 운상소

었다. 항구 한가운데는 무역 사무를 취급하는 운상소運上所가 생겼으며
운상소를 중심으로 서쪽은 일본인 거주지, 동쪽은 외국인 거주지가
형성되었다. 에도를 비롯한 기타 지역 상인들도 무역 편의를 위해 이
곳으로 이주했으며 바쿠후 어용상인 미쓰이三井도 이곳에 지점을 설
치했다.

　1862년 8월 21일 천황의 바쿠후 개혁 명령을 전달하고자 에도로 갔
다가 귀환 중이던 히사미쓰의 행렬이 나마무기에 다가르고 있었다. 이
때 말 탄 영국인 4명이 행렬을 피하려고 길옆에 섰다가 돌아서는 순간
부딪히고 말았다. 그러자 호위하던 무사가 '무례한 놈'이라고 소리치
며 단칼에 베었다. 영국인이 비명을 지르며 말에서 떨어지자 다른 무
사가 나머지 영국인의 허리를 모두 잘라 죽였다. 이른바 나마무기生麥
사건이 발생한 것이다.

이 소식은 삽시간에 퍼져 요코하마 시내를 들끓게 했다. 영국, 프랑스, 네덜란드 등은 히사미쓰를 체포하고자 하여병을 총동원했다. 영국 대리 공사 니르는 1863년 2월 영국 정부령으로 바쿠후의 사죄와 배상금 10만 파운드를 요구했다. 또 사쓰마번에 대해서는 영국 사관英國士官 입회하에 당사자 처형, 배상금 2만 5천 파운드를 요구했다. 만약 거절할 경우 12척의 군함을 요코하마에 집결시켜 무력으로 관철시키겠다고 위협했다. 바쿠후에서는 5월 9일 배상금 10만 파운드를 약속하며 사태를 수습했다.

나마무기 사건은 죠슈번과 기타 존왕양이파를 극도로 흥분시켰다. 바쿠후도 이들 주장에 굴복해 5월 10일부터 양이 정책을 실시하겠다고 결정했다. 그런데 죠슈번에서 갑자기 시모노세키下關 앞바다에 정박 중인 미국 상선을 포격하고, 23일에는 프랑스 통보함通報艦, 26일에는 네덜란드 군함을 포격했다. 그러자 이에 대한 보복으로 6월 1일에는 미국 군함, 5일에는 프랑스 군함이 시모노세키에 나타나 죠슈번의 군함 2척을 격침시키고 1척을 대파했다.

그 무렵 가고시마에서도 영국 함대와 포격전이 벌어졌다. 1863년 6월 27일 영국 대리 공사 니르를 태운 7척의 영국 함대가 가고시마만에 들어와 나마무기 사건 관련자 처형과 배상금 지불을 요구했다. 가고시마 번주는 관련자들이 행방불명되었으며 배상금 문제는 바쿠후와 협의해 처리하겠다고 회답했다. 그러자 니르는 7월 2일 사쓰마번의 기선 3척을 나포했다. 사쓰마번에서는 때마침 불어오는 폭풍을 이용해 이들을 물리쳤다.

1863년 8월 5일, 영국, 미국, 프랑스, 네덜란드 등은 양이파를 응징하고자 죠슈번을 공격했다. 이들 연합함대 17척은 시모노세키에 포격

시모노세키에서 맹렬하게 진군하는 미 해병대와 해군

을 가하고 2천여 명을 상륙시켜 포대를 모두 파괴해 버렸다. 8월 14일 죠슈번은 마침내 모든 조건을 수락하고 항복했다.

두 차례 전투로 정치 양상은 크게 달라졌다. 사쓰마번은 양이 정책을 무역 정책으로 전환했다. 그러자 대일 외교에서 우위를 차지하고 있던 영국은 바쿠후를 버리고 개혁파인 사쓰마번에 접근했다. 영국과 대립하던 프랑스는 바쿠후에 접근해 영국과 프랑스의 대립도 불거졌다.

존왕양이를 강력히 제창한 죠슈번과 이를 지지하던 세력은 1863년 8월 18일 정변으로 밀려났다. 그러자 공무합체를 지지하고 죠슈번을 의지하던 고메이 천황도 태도를 바꾸어 죠슈번을 엄중히 힐책했다. 존왕양이파에서는 천황 측근의 교사로 천황의 태도가 돌변한 것으로 보고 천황을 바쿠후에 빼앗긴다면 유신을 단행할 수 없다고 생각해 세력 정비에 열을 올렸다.

이러한 존왕양이파의 움직임은 신센구미新撰組의 표적이 되었다. 이 조직은 교토 슈고직守護職의 수족으로 세리자와 카모芹澤鴨, 곤도 이사미近藤勇, 히지가타 도시조土方歲三 등 3인이었다. 이들은 1864년 6월 5일 밤 이케다야池田屋에 묵고 있던 존왕양이 지사들을 습격해 세상을 놀라게 했다.

1864년 7월 19일부터 다음 날까지 교토 하마구리몬蛤御門을 사이에 두고 격렬한 싸움이 벌어졌다. 지난해 8월에 있었던 정변으로 교토에서 축출당한 죠슈번이 세력을 만회하고자 아이즈, 구와나, 사쓰마와 전투를 벌인 것이었다. 하마구리몬 정변은 죠슈번의 패배로 하루 만에 끝났지만 교토는 2만 8천 호가 불타는 큰 피해를 보았다.

고메이 천황은 7월 23일 죠슈번이 궁궐을 향해 발포한 죄를 물어 바쿠후에 토벌 명령을 내렸다. 바쿠후는 주고쿠, 시코쿠, 규슈 등 21개 번에 출병 명령을 내려 죠슈번을 포위했다. 당시 죠슈번에서는 바쿠후에 따르는 것이 죠슈번을 위한 길이라는 의견이 존왕양이파를 압도해 10월 21일 바쿠후에 항복하고 정벌군은 10월 27일 해체되었다.

죠슈번에서 후퇴한 존왕양이파는 하층 무사와 농민, 상인을 포섭해 바쿠후 타도를 외치며 일어났다. 동시에 양이 정책을 외국과 무역을 스스로 확대한다는 정책으로 전환했다. 이때 지도자로 부상한 사람이 다카스기 신사쿠高杉晋作, 기도 다카요시木戶孝允, 이토 히로부미伊藤博文, 이노우에 카오루井上馨 등이었다.

죠슈번에서 다시 반바쿠후파가 득세하자 바쿠후에서는 1865년 4월 쇼군이 친히 죠슈번 정벌에 나서겠다고 포고했다.

다카스기 신사쿠와 오쿠보 도시미치

　이 무렵 사쓰마번에서는 오쿠보 도시미치大久保利通, 사이고, 고마쓰 다테와키小松帶刀가 중심이 되어 외국의 발전된 기술을 받아들이는 한편, 함선을 사들이며 힘을 축적하고 있었다. 당시 사쓰마번은 죠슈번이 패할 경우 자신들도 똑같은 운명에 처하게 될 것이 분명했기 때문에 죠슈번과의 동맹을 강력히 희망했다. 도사번의 사카모토 료마坂本龍馬와 나카오카 신타로中岡愼太郎는 사쓰마번과 죠슈번 사이를 중재해 1866년 정월 21일 마침내 동맹을 성립시켰다. 동맹 조건은 죠슈번이 바쿠후와 싸움을 시작하게 되면 서로 협조하고, 조정에 중재해 사건을 수습한다는 것 등이었다.

　1865년 8월 중순에 이르자 영국, 프랑스, 네덜란드 등 9척의 연합 함대는 효고 앞바다에서 그들의 위력을 과시하고, 영국, 미국. 프랑스, 네덜란드 등 4국 공사는 시모노세키 사건의 보상금 3분의 2를 받지 않는 조건으로 조약 칙허, 효고항 개항, 관세율 인하 등을 쇼군에게 요구했다. 이에 굴복한 일본은 조약 칙허를 내렸으나 효고항 개항은 보류되었다.

1865년 9월 21일, 마침내 죠슈번 정벌 칙허가 내려졌다. 그러나 세상은 정벌군 뜻대로 움직이지 않았다. 당시 치솟는 물가에 민중은 바쿠후를 원망하고 있었으며, 반란이 각지에서 일어나 바쿠후의 몰락이 눈앞에 보이는 듯했다.

1866년 7월 20일, 죠슈번 정벌이 실패로 돌아가자 쇼군 이에모치는 21세의 나이로 죽었다. 후계자 물망에 오른 사람은 히토쓰바시 가문의 요시노부였다. 그는 1862년부터 쇼군 후견인으로 일하면서 개혁에 힘쓰는 한편, 바쿠후와 조정의 융합에도 많은 노력을 기울인 인물이었다. 요시노부는 이에모치가 급사했다는 소식에 죠슈 정벌군의 사기가 떨어지자 1867년 8월 21일 천황에게 휴전 명령을 내리도록 하고 가쓰가이슈勝海舟를 죠슈 군진에 보내 휴전을 제의했다.

한편 도사번의 고토 쇼지로後藤象二郎는 1867년 6월 사쓰마번과 동맹을 체결했다. 이 동맹은 바쿠후와 여러 번이 동등한 자격을 지니며, 쇼군을 의사원議事院 의장으로 하는 열번列藩 공의정체론公議政體論에 바탕을 둔 것이었다. 이것은 사쓰마와 죠슈 양번이 맺은 무력에 의한 결전책과는 달리 바쿠후와 타협을 전제로 한 것이었다. 그리고 고토는 대정봉환(大政奉還, 정권을 천황에게 반환함)에 관한 건의서를 도사번주 야마노우치 도요시게山內豊信 명의로 바쿠후에 제출했다. 1867년 10월 14일 요시노부는 메이지明治 천황에게 대정봉환 계획을 제청했다.

한편 이 개혁안이 받아들여질 경우 무력으로 바쿠후를 타도할 구실

대정봉환 논의

이 없어질 것을 염려한 사쓰마번에서는 바쿠후 타도 밀칙(密勅)을 일각이라도 빨리 내려주도록 공작을 폈다. 10월 6일 오쿠보 도시미치는 죠슈번사 시나가와 야지로(品川彌二郎), 이와쿠라와 함께 교토 교외의 나카미카도(中御門經之) 별장에서 무력토막(武力討幕, 무력으로써 바쿠후를 토멸함), 왕정복고(王政復古, 옛날처럼 천황이 정치를 하는 체제로 돌아감) 절차를 논의했다. 이후 요시노부가 대정봉환을 제청한 날 사쓰마, 죠슈 두 번주의 부자에 의한 바쿠후 토벌 밀칙이 오쿠보의 손에 쥐어졌다. 이에 따라 사쓰마, 죠슈번주는 교토로 진군했다.

　오쿠보와 이와쿠라는 사쓰마, 죠슈번의 무력을 등에 업고 조정에

도쿠가와 바쿠후의 마지막 쇼군 요시노부

서 바쿠후 지지파를 축출하는 정변을 계획했다. 1867년 12월 9일 조정에서는 죠슈번 부자의 관직 회복, 교토 입경入京 허용, 앞서 추방한 이와쿠라 등의 사면이 결정되었다. 이에 반발한 바쿠후 지지파들은 퇴장했으나 권대납언 나카야마 다다야스中山忠能 등 4~5명의 공경이 자리를 지키는 가운데 조금 전 사면받은 이와쿠라가 칙서를 가지고 나타났다. 그러는 사이 오하리, 에치젠, 아키, 도사, 사쓰마 등 5개 번병藩兵이 궁궐문을 장악하고, 아이즈, 구와나, 오가키 등의 번병과 함께 경비병들을 축출했다.

이윽고 친왕, 공경, 번주 등이 회의장에 들어오자 이와쿠라가 천황 앞에서 칙서를 발표했다. 거기에는 왕정복고, 즉 바쿠후와 섭정, 관백을 없애고 천황 밑에 총재摠裁, 의정議定, 참여參與 등 3직職을 두는 중앙 정부를 조직한다는 내용으로 천황의 친정이 발표되었다.

그날 밤 어전 회의에는 메이지 천황을 위시해 3직과 그 밖의 사람들도 열석했다. 이 회의에서 이와쿠라와 오쿠보의 압력으로 도쿠가와 쇼군 가문은 사관납지(辭官納地, 쇼군직을 사직하고 영지를 바침)를 강요당했다. 요시노부는 눈물을 머금고 오사카로 떠났다. 결국 이와쿠라와 오쿠보의 뜻대로 회의를 마치며 대정변이 이루어졌다.

메이지 유신

　왕정복고 후에도 공의정체파들은 어떻게 해서든 요시노부를 신정권에 참여시킬 공작을 폈다. 요시노부도 정권에 대한 희망을 완전히 버리지 않고 있었다. 그러자 사이고는 구실을 만들어 일거에 도쿠가와 세력을 소탕하려 했다. 그러자 사쓰마, 죠슈번을 혐오하는 무사들과 바쿠후 지지파인 아이즈, 구와나의 번병들은 1868년 정월 요시노부를 설득해 교토로 진군했다. 양군의 싸움은 도바, 후시미에서 벌어졌으나 도쿠가와 세력의 어이없는 패배로 끝났다. 요시노부는 오사카성을 탈출해 배를 타고 에도로 도망쳐 돌아왔다. 승리한 사쓰마, 죠슈번은 요시노부 토벌과 바쿠후 영지 몰수를 공표했다. 전쟁의 귀추를 주시하고 있던 시코쿠의 여러 다이묘와 오사카 상인, 대지주 등도 일제히 신정부편에 섰다.

　아리스가와노미야 다루히토有栖川宮熾仁 친왕을 동정대도독東征大都督으로 하는 사쓰마, 죠슈, 도사 등 번병들은 토카이, 트산, 호쿠리쿠 등세 방면에서 진군해 에도를 에워쌌다. 그러자 요시노부는 싸움을 피하고자 가즈노미야에게 중재를 부탁했다.

　에도성 총공격을 앞두고 가쓰 야스요시勝安芳와 사이고 다카모리는 한자리에 앉았다. 사이고는 당장이라도 요시노부를 박살내고 싶었으나 영국 공사의 강력한 반대로 이루어지지 않았다.

　"항복해 오는 요시노부를 공격하는 것은 인도에 어긋나는 행동이다."

　영국 공사는 에도에서 전투가 벌어질 경우 요코하마의 므역에 차질이 생길 것을 우려했다.

요시노부가 항복한 후에도 시부사와 세이이치로澁澤成一郎와 아마노 하치로天野八郎 등 창의대彰義隊 2~3천 명은 우에노산에서 게릴라 활동을 벌여 에도는 매우 불안한 상태였다. 에도 대총독부도 힘을 발휘하지 못하자 간토 각지에서는 신정부에 반기를 드는 양상이 잇따랐다. 그러자 교토에서는 다야스田安龜之助에게 도쿠가와 가문을 승계하도록 하여 도쿠가와 세력을 무마하는 한편, 9월 15일에는 오무라 마스지로大村益次郎를 파견해 창의대를 소탕했다. 이 밖에 도호쿠 지방에서는 센다이, 아이즈, 쇼나이번이 정부군과 전투를 벌였으나 모두 비참한 최후를 맞았다. 에노모토 등은 홋카이도 하코다테에 홋카이도 정부를 조직했으나 1869년 5월에 항복했다. 이로써 1년 반 동안 이어온 내란은 완전 종식되었다.

1868년 3월 14일, 메이지 천황은 자신전紫宸殿에 군신들을 모아 놓고 신정의 기본 방침인 5개조 서약문을 천지신명에게 맹세했다.

제1조에는 '널리 회의를 열어 정치의 모든 중요 사항은 공론公論으로 결정한다'고 명시했다. 공론이란 여러 다이묘의 의견을 뜻하며, 제4조에는 '구래의 누습을 타파하고 천지의 공도公道에 따른다'라고 했다. 누습(나쁜 습관)이란 양이적攘夷的 사고방식이나 행동을 가리키는 말로 양이를 중지하고 외국과 우호를 증진해 천지의 공도, 즉 스스로 해외에 진출해 국제간 우호를 유지한다는 내용이다. 이를 바탕으로 외국의 선진 문명과 지식을 받아들여 일본을 진흥시킨다는 내용이 제5조에 나타나 있다.

이와 함께 국민에 대해서는 5개 금지령을 내렸다. 즉, 도당徒黨, 강소(强訴, 절차를 무시하고 떼지어 호소함), 도산逃散, 천주교 등을 금지한다는 내용으로 에도 시대의 것과 다른 것이 없었다.

1868년 윤4월에는 행정, 입법, 사법 등 삼권 분립과 의사 제도 도입, 관리 공선公選 등 중앙관제의 기본 형태를 밝힌 정체서政體書가 발표되었다. 그러나 모든 권력이 태정관太政官의 통제를 받게 되어 있었으므로 확실한 삼권 분립이라고는 할 수 없었다. 관리 공선도 공화 정치가 될 우려 때문에 단 1회 실시된 후 폐지되었다.

1868년 9월 천황이 에도성으로 돌아왔다. 에도의 이름도 서쪽의 교토에 대응해 도쿄東京로 고쳤다. 이렇게 해서 신정부의 정치 중심지는 교토에서 도쿄로 옮겨졌다.

신정부는 오우 지방의 반란을 진압한 후 모든 번의 군사력과 다이묘들의 판적(版籍, 영토와 영민)을 천황에게 봉환(奉還, 받들어 돌려줌)토록 하여 권위를 높이고자 했다. 그 시작으로 1869년 정월 사쓰마, 죠슈, 도사, 히젠의 네 다이묘가 판적 봉환을 청원하고 6월에 윤허가 내려졌다. 다이묘들은 번지사藩知事로 임명되어 지방 장관이 되었다. 그러나 이것만으로는 다이묘와 지방의 백성, 토지 등의 연고 관계를 완전히 끊을 수 없다고 판단한 신정부는 1869년 2월 사쓰마, 죠슈, 도사의 번병을 천황 친위병으로 편성해 도쿄로 불러들였다. 7월 14일 천황은 번을 폐지하고 현縣을 둔다는 폐번치현廢藩置縣 명령을 내렸다. 이 법령에 따라 도쿄, 교토, 오사카 등의 부府에는 지사를, 현에는 현령縣令을 두었다. 그리고 중앙 정부는 사이고, 기도, 이타가키, 오쿠마 등에 의해 차츰 기

왕정복고 쿠데타의 주역 사이고 다카모리

초가 다져졌다.

옛 질서는 빠른 속도로 무너져 갔다. 먼저 공경과 다이묘를 없애고 화족華族이라 불렀으며, 무사 신분은 사족士族과 졸족卒族만으로 구분했다. 그리고 농農, 공工, 상商 계급은 평민이라 칭했다. 화족과 평민의 결혼이 인정되고 직업 제한도 완화되었다.

신정부는 사민평등四民平等을 내세워 예다(穢多, 사민 계급의 가장 낮은 천인), 비인(非人, 형장의 잡역에 종사하던 천민)을 폐지해 평민으로 했으며, 창기娼妓 해방령을 내려 인신매매를 금지했다. 그러나 실질 조치가 취해지지 않았기 때문에 사민평등은 철저히 시행되지 못했다.

지금까지 무사들이 받았던 가록(家祿, 세습된 봉록)은 신정부가 지불했으나 1876년에 폐지되며 몇 해분을 공채公債로 지불했다. 옛 다이묘들은 엄청난 금액의 금록공채金祿公債를 받아 이자만으로도 호화 생활을 할 수 있었다. 정부 고관은 왕후 같은 생활을 할 정도의 수입이 보장되었으나 관리로 임용되지 못한 하급 사족의 생활은 초라했다.

'왕정복고는 진무천황 시대로 되돌아가 모든 것을 일신一新해 일본 고유의 신을 섬기는 일과 정치가 일치하는 이른바 제정일치祭政一致의 조직으로 돌아간다.'

신정부의 천명에 따라 지금까지 신의 신앙과 부처의 신앙이 뒤섞였던 것을 분리해 불교 요소를 신사에서 제거하라고 명령했다. 오랫동안 승려들에게 눌려 지내던 신관들은 크게 기뻐했다. 전국 각지에서는 불상이나 사원을 파괴하는 폐불 훼석廢佛毁釋 운동이 일어났다.

메이지 정부는 에도 바쿠후와 마찬가지로 천주교를 금지시켰다. 나가사키 우라카미에 있던 외국 기독교도를 박해하자 외국 공사들은 정부에 몰려와 항의했다. 1873년 때마침 이와쿠라 도모미岩倉具視 일행이

유럽 시찰 중인 이와쿠라 사절단

유럽 시찰 중에 있었기 때문에 정부에서는 외국의 비위를 거스를 수 없어 마지못해 천주교 금지령을 철회했다.

부국강병과 정한론

　부국강병은 신정부의 선전 문구였다. 정부는 유럽 제국에 뒤지지 않는 강력한 국가를 만들기 위해 여러 사업을 추진했다. 1871년 폐번치현 실시로 행정 구역이 변경됨에 따라 3부 35현으로 개편되었고, 정町과 촌村을 합쳐 소구小區로 하고, 소구 위에 대구大區를 두고, 각각 호장

군제 개편에 힘쓴 야마가타 아리토모

戶長과 구장區長을 두어 중앙 관리가 사무를 관장했다. 또 호적법도 제정했다.

야마가타 아리토모山縣有朋는 군제를 서양식으로 개편하기로 하고, 이에 앞서 도쿄에 집결시켰던 사쓰마, 죠슈, 도사 등의 번사 가운데 우수한 자를 선발해 근위병을 조직했다. 1873년 1월에는 징병령이 발표되자 징병 반대 반란이 전국에서 일어나기도 했다.

1873년 7월에는 지조를 개정해 '지조 결정의 기준이 되는 지가地價를 정하고, 3%를 지조로 징수한다. 농작물 작황에 관계없이 비율을 변경하지 않는다. 지조는 현금으로 납부하고 의무는 토지 소유자가 진다'라고 공표했다. 그 전제 조건으로 농민에게 작물을 자유롭게 선택할 수 있게 하고 지권地券을 발행해 지권 소지자가 토지 소유주임을 인정받게 했다.

전신電信은 1869년 도쿄와 요코하마 사이에 처음 부설되었고, 홋카이도 삿포로에서 나가사키까지 이용되었다. 전화도 1877년에 도입되었으며, 1890년 비로소 도쿄와 요코하마 사이에 사설 전화가 개설되었다. 우편은 1871년 도쿄와 오사카 사이에, 얼마 후 전국으로 확대되었다. 철도는 영국에서 차관을 들여와 1872년 9월 신바시와 요코하마 사이에 개통되었다. 해운은 메이지 초기 반관반민 형태와 미쓰이 선박 회사에 의해 시작되었으나 모두 실패하고 1875년 정부에서 미쓰비시

기선 회사를 지원하며 안정되었다.

정부는 세계와 어깨를 나란히 하고자 국민에게 교육을 실시해야 함을 절실히 깨닫고 1872년 8월 '마을마다 배우지 않는 집이 없고, 집집마다 배우지 않는 사람이 없도록 한다'라는 이상을 전국어 실시했다. 또 외국인 교사를 초대해 교육과 기술 지도를 받기도 했다. 클라크 박사도 홋카이도 개척사開拓使 초청으로 삿포로 농학교를 설립했다.

1873년 미국에서 귀국한 모리森有禮의 제의로 후쿠자와福澤諭吉, 니시西周, 나카무라中村敬宇, 가토加藤弘之 등은 메이로쿠사明六社를 창립하고 〈메이로쿠〉를 발간했다. 이 잡지는 낡은 사상을 송두리째 날려 버리고 서양 문화와 새로운 사상을 보급하는 데 앞장섰다. 신문은 국내외 상황과 정보를 알리는 데 필수 존재였다. 일본에서 최초로 발행된 신문은 1851년 나가사키에서 모토기本木昌造가 발명한 납활자를 사용한 〈요코하마 매일신문〉이었다. 그런데 신문은 정부에 비판적이었기 때문에 정부에서는 단속령을 내리기도 하고 정부 입장을 지지하는 신문을 발행하기도 했다.

1868년에는 서양식 호텔이 세워져 도쿄 사람을 놀라게 했으며 1874년에는 긴자에 벽돌로 된 2층 상가도 세워졌다. 1871년 단발령이 내려지자 상투를 자르고 기모노 대신 양복을 입는 것이 새로운 흐름이 되었다. 신발도 가죽 구두가 보급되고 지팡이 대용의 양산이 유행했다. 불교의 영향을 받아 육식을 금했던 사람들도 전골을 즐기며 시세時勢를 논했다.

이러한 변화에 발목을 잡은 것은 바쿠후 말기에 서양과 체결한 불평등 조약이었다. 정부는 1871년 이와쿠라를 전권대사, 기도, 오쿠보, 이토 등을 부사로 삼아 조약 개정을 각국에 전달하고 국교 조정과 선진

미국인 건축가가 설계해 세운 서양식 호텔

문물을 견문見聞하게 했다. 하지만 미국으로 건너간 사절단은 준비 부족과 조급한 개정이 반드시 유리한 것이 아니라는 점을 들어 조약 개정 임무를 다하지 못했다. 그러나 해외 시찰은 세계에 대한 인식을 깊게 하여 산업을 비롯해 각 방면에서 근대화를 촉진시키는 계기가 되었다.

사절단이 해외 시찰을 하는 동안 정부 실권은 사이고, 이타가키, 에토 신페이江藤新平, 고토 쇼지로, 소에지마 다네오미副島種臣 등이 장악했다. 사이고는 당시 조선을 침략하기 위한 정한론征韓論을 제창했다.

'조선이 일본에 무례한 행동을 했으니 마땅히 응징해야 한다.'

이는 신정부에 대한 불만을 조선 침략으로 돌리기 위함이었다.

당시 일본은 에도 시대에 쇼군이 교체될 때마다 조선에 사절을 보냈던 것처럼 메이지 정부 성립 후에도 왕정복고를 조선에 알렸으나 조선에서는 종주국에서만 사용할 수 있는 '황皇, 봉칙奉勅'을 사용하는 것이 부당하다며 국서 수리를 거부했다. 이 점을 들어 조선이 무례하다며,

정한론의 배경이 되었다.

사이고는 1873년 8월 태정대신 산조 사네토미二條實美에게 접근해 자신이 대사가 되어 조선에 건너갈 공작을 폈다. 이에 이와쿠라와 오쿠보는 정한을 근본적으로 반대하지는 않지만 전력이 충분해질 때까지 기다리자고 주장했다. 하지만 사이고는 지금 바로 할 것을 주장하며 굽히지 않았다. 이타가키, 고토, 에토, 소에지마 등도 사이고를 지지했다. 정국이 두 갈래로 갈라지자 최종 결정은 천황에게 넘어갔다.

10월에 이르러 오쿠보의 공작에 의해 결정이 번복됨으로써 정한파는 완전히 패하고 말았다. 이에 사이고는 즉시 정부에서 퇴진했고, 에토, 이타가키, 고토 등도 뒤따랐다. 이후 정부는 오쿠보가 실권을 장악해 독재 정치를 행했다. 특히 경찰 제도에 관심이 컸던 그는 내무성을 설립하고 친히 장관이 되어 경찰권을 장악했다. 이때부터 내무성은 국내 정치의 심장부가 되었다. 1874년에는 도쿄에 경시청이 설립되고 오쿠보 직속이자 사쓰마 출신인 가와지 토시요시川路利良가 대경시大警視로 발탁되었다. 경시청 경관은 사쓰마 사족들이 대부분 차지했으나 점차 도호쿠 출신 사족으로 교체됐다.

1874년 1월 이타가키, 고토, 에토, 소에지마 등은 오쿠보의 독재에 반대해 민선 의원民選議院 설립 의견서를 정부에 제출했다. 이 운동은 자유 민권의 제1보를 내디디는 것이 되었다.

1876년 폐도령(廢刀令. 칼을 차고 다니는 것) 폐지령이 발표되고, 사족들에 대한 가록家祿 지불도 중단되자 10월에 구마모토에서 신푸렌神風連이 반란을 일으켜 구마모토 사령관과 구마모토 현령을 살해했다. 같은 달 야마구치山口 하기萩에서도 마에바라 잇세이前原一誠가 반정부 폭동을 일으키는 등 사족들의 반감은 날로 고조되었다.

세이난 전쟁

　정치를 등진 사이고는 1873년 10월 가고시마에서 사족들의 자제 교육과 세력 향상을 위해 사립 학교를 설립했다. 그러자 가고시마현은 완전히 사이고의 왕국처럼 되어 중앙 정부의 정책도 무시당할 정도였다. 정부에서는 가고시마에 경관을 침투시켜 사이고의 움직임을 정탐하는 한편 육군에서는 가고시마 화약고에서 무기와 탄약 등을 오사카로 이동시켰다. 이 같은 조치는 사이고를 극도로 흥분시켰다.

　1877년 1월 말 사립 학교의 생도들이 화약고와 조선소를 습격해 무기와 탄약을 탈취했다. 사태가 이에 이르자 이제까지 군사를 일으킬 생각이 없었던 사이고는 어찌할 도리가 없었다. 그는 2월 15일 시노하

라 구니모토篠原國幹, 무라타 신하치村田新八, 기리노 도시아키桐野利秋 등
이 거느리는 1만 5천의 군사를 지휘하여 구마모토로 진격했다. 그러
는 동안 각지 사족들이 가세해 병력이 3만으로 증가했다.

급보를 접한 정부는 전력을 기울여 구마모토성을 사수할 것을 명했
다. 구마모토 사령관 다니 다테기谷干城가 성을 지키는 동안 토벌군이
합세하자 반란군은 점차 밀리며 가고시마로 퇴각했다. 9월 24일 반란
군 보루였던 시로산城山이 함락되고 가고시마에서 숭앙받던 사이고도
전사함으로써 규슈의 반정부 세력은 완전 소탕되었다. 이로써 오랫동
안 이어진 반정부 세력의 반란은 세이난 토벌을 끝으로 종식되어 신정
부는 안정을 찾게 되었다.

10

일본 제국주의의 등장

일본 제국주의의 등장

메이지 정부는 황실 재정을 튼튼히 하고 부국강병책을 추진하려고 국민에게 과중한 부담을 지웠을 뿐 아니라 추진 방법이 지나치게 전제적이고 독단적이었다. 이에 분개한 민중은 자유 민권 운동을 일으켰다. 이 운동은 국회 개설을 요구하는 운동에서 다시 민중의 생활 안정을 요구하는 운동으로 발전했다.

정부는 언론 비판과 실력 행사에 의한 반정부 공격을 저지하고자 제국 헌법을 제정하고, 정부가 의회를 움직일 수 있게 했다. 제국 헌법 제정의 주인공은 이와쿠라의 뒤를 이은 이토 히로부미였다. 이토 내각은 제국 헌법을 제정, 공포하고 제국 의회가 엶으로써 자유 민권 시대에 생긴 정당도 사라지게 했다.

청일 전쟁에서 승리한 일본은 아시아의 열강으로 부상했고, 자본주의도 궤도에 올라 서양 제국과 함께 해외 침략 야욕을 드러냈다.

조선과 만주에 대한 일본의 야욕이 남진 정책을 추진하는 러시아와 충돌해 마침내 러일 전쟁이 발발했다. 일본은 청일 전쟁 때처럼 기습 작전으로 기선을 제압해 러시아를 격파했다. 이제 일본은 러일 전쟁의 승리로 세계 이목을 집중시키는 강대국으로 부상했다.

제국 헌법과 제국 의회

메이지 정부 초기에 이와쿠라, 오쿠보, 기도 등 사쓰마, 죠슈 출신 정치가들의 독재로 신국가 건설에 기대가 높았던 사람들은 차츰 자유 민권을 부르짖게 되었다. 이들은 세이난 전투를 분수령으로 무력 투쟁보다는 민중과 공감대를 이루어 여론을 환기시키는 방법을 택했다. 이런 움직임은 1874년 1월 이타가키, 고토 등이 〈민선 의원 설립 건의서〉를 발표하며 애국공당愛國公黨을 조직한 날부터 시작되었다.

이타가키는 민선 의원 개설을 목표로 고치高知에 입지사立志社를 설립했다. 이 조직은 자유 민권에 입각한 일본 최초의 정치 결사였다. 1877년 입지사 대표 가타오카 켄이치片岡健吉는 천황에게 〈국회 개설 건의서〉를 제출했으나 담당 관리가 거부했다. 이 건의서에는 8개 항에 걸쳐 정부의 실정을 공박하고, 국회를 개설해 입헌 정체立憲政體의 토대를 구축하고, 지조를 경감해 농민 부담을 줄이고, 구미 제국과 불평등 조약을 개정해야 한다고 주장이 담겼다.

1878년 4월, 이타가키는 입지사 동지들과 애국사愛國社를 일으키고 전국 단체들과 통교했다. 정부에서는 5월에 오쿠보가 암살당하자 자유 민권론자들을 용의자로 보고 이들을 감시했다. 애국사 동지들은 국회 개설을 청원하고 10만 명 서명 운동을 벌였다. 그러면서 국회기성동맹으로 개칭했다. 1880년 11월에 열린 제2회 국회기성동맹대회에서는 대일본국회기성유지공회有志公會로 바꾸었다. 이때 유지들은 정당 창당이라는 새로운 방향으로 전진했다. 민권파는 일부 계층이 정권을 독점하는 번벌藩閥 독재를 없애고 국회와 헌법을 만들어 이로써 정

이타가키 다이스케와 오쿠마 시게노부

치를 하자고 주장했다. 한편 오쿠마 시게노부大隈重信도 1881년 3월 정치 의견서를 제출해 1882년에 헌법을 제정하고, 1883년에 국회를 개설해 영국처럼 정당 내각을 조직해야 한다는 진보적인 의견을 제시했다.

1881년, 드디어 일본 최초의 전국 정당인 자유당이 결성되었다. 프랑스 급진주의 영향을 받은 자유당은 이타가키를 총리로 하고 '첫째, 인민의 자유와 권리를 지켜 행복을 증진하고 사회를 개량한다. 둘째, 입헌 정체를 이룩한다. 셋째, 사상을 함께 하는 자와 협력한다'라는 강령을 내세웠다. 이와 함께 오쿠마는 1882년 4월 신흥 자본가와 지식인을 기반으로 한 입헌개진당立憲改進黨을 조직하며 점진적인 개혁을 제창했다.

자유 민권 운동이 자유당이나 입헌개진당을 중심으로 전개될 것을 염려한 메이지 정부는 여러 방법으로 이들을 탄압했다. 1882년 3월에는 후쿠치福地源一郎가 입헌제정당立憲帝政黨을 조직해 정부를 지지했다. 같은 해 4월에는 자유당 총리 이타가키가 자객의 습격을 받아 숨졌다.

　　자유당과 입헌개진당은 상호협력보다는 민권 운동의 주도권 다툼을 벌였다. 정부는 이에 편승해 양자 간의 알력을 조장하거나 드러내 놓고 탄압하기도 했다. 특히 1882년 후쿠시마 현령으로 부임한 미시마 미치쓰네三島通庸는 민권파 탄압을 공언했다.

　　"내가 현령으로 있는 동안은 방화범, 강도 그리고 자유당은 살려두지 않겠다."

　　미시마는 대대적인 도로 개설에 착수하며 현민에게 세금을 징수하거나 부역을 부과하려 했다. 그러자 자유당이 우세한 후쿠시마 현회는 미시마가 제출한 의안을 부결시켰다. 그러자 미시마는 공사를 강행하고 반대하는 자유당원과 농민 400여 명을 체포하고 지도자 6명은 내란 음모죄로 투옥했다.

　　1884년 9월 정부의 가혹한 처사에 분개한 16명의 자유당원은 이바라키현 마카베군 가바산加波山에 들어가 도치키 현령을 겸하고 있는 미시마와 정부 고관들을 도치키현 청사 낙성식에서 암살할 계획을 세웠다. 그러나 사전에 발각되어 전원이 체포되었고, 7명이 사형에 처해지고 나머지도 중형에 처해졌다. 이 사건을 가바산 사건이라고 한다.

　　당원들의 과격한 행동을 우려한 자유당 간부는 1884년 10월 자유당을 해당했다. 하지만 각지에서는 자유당원과 농민이 합세해 정부에 반기를 들었다. 11월에는 사이타마현 지치부에서 수천 명의 농민이 '세상을 공평히 해 인민을 도우라!'라고 외치며 관청과 경찰을 습격했다.

이 밖에 군마 사건, 이다 사건 등도 일어났다. 한편 입헌개진당도 총리 오쿠마와 고노河野敏鎌 등 주요 인물들이 퇴진해 이름만 남게 되었다.

메이지 정부의 외무상 이노우에는 1885년 5월부터 관세 조정 및 조약 개정안을 준비하고 있었다. 정부에서는 조약개정안을 비밀에 붙였으나 내용이 누설되며 국민 사이에서 망국에 이르는 길이라며 격렬한 반대 시위가 일어났다. 정부 내에서도 농상무대신 다니 다테기 등이 가세했다. 조약 개정안의 골자는 외국인에게 일본 내지를 개방하고 일본 재판소에 외국인 사법관을 두어 그들에게 외국인 재판을 위임한다는 것이었다.

조약 개정 반대 운동은 꺼져 가는 자유 민권 운동에 불을 질렀다. 자유당이 해당한 후 호시토루星亨는 개설될 국회에 대비해 정당을 조직하려던 고토와 손을 잡았다. 입헌개진당의 오자키 유키오尾崎行雄, 이누카이大養毅도 이에 가담해 1887년 10월 정해구락부丁亥俱樂部가 조직됐다. 정해구락부는 언론 자유, 지조 경감, 외교 만회 등 3대 사건 건백建白 운동을 전개했다. 이 운동은 조약 개정 반대에서 한걸음 더 나아가 이토 내각 총사퇴를 요구했다.

사태가 심각해지자 내무상 야마가타는 1887년 12월 25일 밤 경시총감 미시마 미치쓰네에게 경찰 비상소집령을 내리고 26일 오전 3시를 기해 보안 조례를 발표했다. 이에 앞서 경찰은 정부를 공격했던 570명의 민권론자를 도쿄에서 추방했다. 이때 추방당한 사람 가운데는 호시토루를 비롯해 나카에 초민中江兆民, 오자키 등도 있었다.

1882년 봄, 이토 히로부미는 유럽 헌법을 조사하고자 길을 떠났다. 특히 군주의 힘이 약한 영국식보다는 독일식 입헌제를 참고하려고 베를린으로 직행했다. 그곳에서 공법학자公法學者 그나이스트로부터 '의

이노우에 카오루와 이토 히로부미

회 권한을 약화시키고 제권帝權과 행정권을 강화하는 법'에 대해 설명을 들었다. 그리고 빈에 가서 슈타인에게 그나이스트와 같은 설명을 들었다. 다음 해 6월 귀국길에 오른 이토 일행은 상하이에서 이와쿠라의 사망 소식을 듣게 되었다. 이와쿠라의 사망은 이토가 정치 전면으로 부상한다는 의미였다.

　정부에서는 황실의 기초를 튼튼히 하고자 황실 재정 제도를 제정했다. 이 제도에 힘입어 메이지 천황이 물려받은 유산 10만 엔이 1875년에는 51만 7천 엔, 1878년에는 100만 엔, 1884년에는 무려 192만 엔으로 불어났다. 황실 재산은 대부분 토지, 산림 등으로 이제 황실은 일본 굴지의 대지주가 된 셈이었다. 토지 외에도 공채와 유가 증권도 많아 대주주이기도 했다. 이후 황실 재산은 정부 소유의 든행 주식 860만 엔을 황실 명의로 개서改書한 후부터 태평양 전쟁이 종결 때까지 약 3억

3천만 엔으로 불어났다.

유럽에서 귀국한 이토는 입헌제立憲制를 실시하려는 준비로 제도 개혁을 도모했다. 1884년 화족령을 제정해 사족 출신의 메이지 공신들을 화족에 포함시켰다. 화족에게는 공公, 후侯, 백伯, 자子, 남男 등 5등급의 작위를 수여하고 세습하게 했다. 또 이들을 중심으로 한 귀족원貴族院을 출범시켜 국민이 선출한 중의원衆議院을 견제하게 했다.

이어서 태정관제太政官制도 개정했다. 당시에는 태정대신, 좌대신, 우대신 등 3대신만 천황을 보좌하고, 태정대신에 오르는 데도 엄격한 신분 제한이 있었다. 또 실제 정치를 담당하는 참의는 3대신을 보좌할 뿐 실권이 없었다. 이토는 이 제도를 서양식 내각제로 전환하고자 태정대신 산조에게 천황의 인印과 국가의 인을 관리하고 항시 천황을 보좌하는 내대신이라는 한직을 주어 끌어내렸다. 이렇게 해서 1885년 12월 일본 역사상 처음으로 내각 제도가 발족했다.

이 제도에서는 대신들이 내각을 조직하고 국무 대신으로서 국무를 담당하며, 내각 총리대신은 내각을 주도하며, 외무, 내무, 대장, 육군, 해군, 사법, 문부, 농상무, 체신 등 성省을 두어 각 대신이 각 성의 사무를 담당한다. 이 밖에 황실 사무를 담당하는 궁내성宮內省을 두었다. 이것은 궁정을 정치에서 분리시키기 위함이었다.

이렇게 해서 하급 무사 출신에 불과했던 이토는 백작 작위와 함께 초대 내각 총리대신에 오르고 궁내대신을 겸하게 되었다. 그는 사쓰마 출신과 죠슈 출신들의 고른 등용을 고민했다. 이에 따라 초대 내각은 이토와 외무대신 이노우에가 주도하고 제2대 총리는 사쓰마파의 구로다, 제3대는 죠슈파의 야마가타, 제4대는 사쓰마파의 마쓰가타 등이 돌아가며 차지했다.

1890년 제국 의회에 참석한 메이지 천황

1889년 2월 11일에는 메이지 헌법이 국민 앞에 발표되었다. 그때까지 국민은 아무도 그 내용을 알지 못했다. 이토는 1886년부터 헌법 기초를 다졌고, 이노우에 고와시井上毅가 헌법과 황실 전범皇室典範을, 이토 미요지伊東巳代治가 의원법을, 가네코 겐타로金子堅太郎가 귀족원과 중의원 의원 선거법을 각각 담당하고, 이노우에 고와시가 주도했다. 1888년 4월 완성된 초안은 천황의 고문 기관인 추밀원樞密院 심의를 거쳐 1889년 2월 정식으로 확정되었다. 이 헌법에는 다른 나라에서 볼 수 없는 특색이 있다.

① 천황에게 광범위한 통치권을 부여한다. ② 선전宣戰, 강화, 조약 체결권 등을 천황에게 부여한다. ③ 헌법 개정 발의는 천황만이 할 수 있다. ④ 천황 직속인 참모 본부參謀本部와 군령부軍令部를 내각과 분리

시킨다.

　헌법이 공포되자 일본 전체가 축제 분위기에 휩싸였다. 인민의 권리를 찾고자 활약했던 민권론자 대부분은 자신들의 투쟁에 의해 입헌제가 성립된 것이라며 환영했다. 하지만 나카에 초민 등이 헌법을 비판하자 정부에서는 이들에게 감시의 눈을 번뜩였다. 민법은 프랑스 법학자 보아소나드에게 의뢰해 추진했으나 프랑스 민법의 영향을 받아 부부 중심으로 펼쳐져 부자父子 중심의 가정을 생각하는 법학자들의 강한 반발에 부딪혔다. 결국 독일 민법을 바탕으로 호주 권력이 강화된 민법이 1898년 공포되었다.

　1890년 10월 30일에는 교육칙어教育勅語가 공표되었다. 정부는 '항시 국권을 존중하고 국법을 준수하라'를 내세우며 국가주의를 주입시켰다. 문부성에서는 이를 전국 학교에 배포해 의식 때 반드시 칙어를 낭독하고 학생들에게 암기하도록 강요했다.

　1891년 1월 9일 제일 고등중학교에서 교육칙어 봉대식奉戴式이 거행되었다. 이 자리에서 최경례(最敬禮, 허리를 깊이 굽혀 절하는 가장 정중한 예)를 강요당한 영어 강사 우치무라 간조內村鑑三는 기독교도로서 이를 거절했다. 우치무라는 비국민非國民이라는 이유로 학교에서 쫓겨났고 그의 집은 투석 세례를 받았다. 이 사건을 우치무라의 불경 사건이라고 한다.

　한편 1872년 요코하마에 일본 최초의 교회인 일본 기독공회가 세워지고, 다음 해에는 기독교 금지가 해지되었다. 이 조치로 기독교가 공인된 것은 아니지만 1885년 정부의 유럽화 정책으로 차츰 세력을 넓히며 청년들에게 자유사상을 불어넣었다. 메이지 헌법은 신앙의 자유를 보장하고 있었으나 거기에는 제한이 있었다.

1890년 제1회 총선거가 실시되었다. 총인구의 1%에 해당하는 유권자가 300명의 의원을 선출했다. 제1의회에서는 야당인 입헌자유당 130명과 입헌개진당 40명, 여당인 이당吏黨은 대성희大成會 79명, 국민자유당 5명으로 야당이 압도적으로 우세했다. 이렇게 해서 제1회 제국 의회는 11월 29일 역사적인 막을 올리게 되었다.

청일 전쟁과 시모노세키 조약

아편 전쟁을 계기로 서양의 힘이 동양을 압도하고 있다는 사실이 여실히 증명된 이래 조선에서는 유교적 지배 체제에 대한 불만과 서양에서 노도처럼 밀려드는 사상적, 무력적 갈등 속에서 민중 의식 수준이 향상되고 있었다. 이러한 민중의 자각과 정치에 대한 불신이 뒤엉킨 가운데 천주교에 연원을 둔 동학東學이 최제우崔齊愚에 의해 창시되었다. 동학은 유교, 불교, 도교의 3교를 종합한 인내천人乃天 사상으로 전통적인 신분 제도 철폐와 인간 평등주의를 내세우고 있었다.

1894년 2월 동학 접주接主 전봉준全琫準이 거느리는 1천여 명의 동학 교도들이 전라도 고부에서 봉기해 호남을 장악하자 조선에서는 청나라에 원병을 요청하기에 이르렀다. 원병 요청을 받은 리훙장李鴻章은 과거 일본과 체결한 톈진 조약에 따라 청나라가 조선에 출병할 경우 일본 또한 출병할 권리가 있기 때문에 신중한 태도를 보였다. 하지만 일본은 조선이 청나라에 원병을 요청하기 하루 전인 6월 2일 이미 출병이 결정된 상태였다.

청일 전쟁을 그린 풍속화

　6월 4일 마침내 청군이 조선으로 출병하자 이 소식은 사흘 뒤 도쿄에 전해졌다. 임전 태세를 갖추고 있는 일본은 인천까지의 거리가 청나라보다 더 멀기 때문에 청군의 출병 통고를 받기 이틀 전인 6월 5일 병력을 출동시켰다. 정보전에서 청나라를 압도한 일본은 출병에서도 앞지르고 있었다.

　6월 6일 톈진을 출발한 청군 선발대 800명은 6월 8일 아산만에, 6월 5일 출발한 일본 선발대는 6월 9일 인천에 각각 도착했다. 청군은 후속 부대를 기다리며 아산만에 머물러 있었고 일본군 선발대는 도착 즉시 서울에 진입했다.

　일본군이 서울로 진입하자 조선은 당황하며 6월 11일 동학교도와 전주 화약金州和約을 맺었다. 전주 화약으로 내란이 종식되고 청일 양국의 출병 명분이 없어지자 난처해진 일본은 '당초 계획을 변경시킬 수 없다. 상륙 계획을 추진하라'라는 훈령을 내리며 흑심을 드러냈다. 이미 전쟁을 계획하고 있었던 것이다. 그러면서 오토리 공사에게 '어떤 수단을 써서든 개전開戰 구실을 만들라'라는 지령을 내렸다. 그러자 오토리 공사는 일본과 청나라가 대등한 입장에서 조선의 내정 개혁을 수행할 것을 제의했다. 만약 이를 거부할 경우 일본 단독으로 수행하겠다고 통고했다.

청나라는 '조선의 반란은 이미 진압되었으므로 톈진 조약에 따라 상호 철병해야 하며, 내정 개혁은 조선이 스스로 수행할 문제이므로 따로 협상할 필요가 없다'라고 단호하게 거절했다.

6월 21일 일본은 제국 의회를 열어 청나라와 개전을 공식으로 확인하고 외무상 무쓰陸奥는 주일 청국 공사에게 절교서絶交書를 전달했다. 7월 20일에는 베이징 주재 일본 대리 공사 고무라小村가 제2차 절교서를 전달함으로써 국교가 단절되었고 8월 1일 양국은 선전 포고를 내렸다.

양국의 관계가 험악해지자 영국의 임시 대리 공사가 중재에 나섰다. 일본은 청나라가 받아들일 수 없는 터무니없는 조건을 제시하고 회답 시한을 7월 24일로 못 박았다. 그러면서 조선에도 통고하며 회답 시한을 다시 7월 22일로 했다. 일본이 회답 날짜를 다르게 한 것은 7월 23일 새벽 조선 왕궁을 점령하고, 청군이 주둔한 아산까지 진군하는 데 필요한 48시간을 확보하기 위함이었다.

7월 23일 일본군은 조선 왕궁으로 난입하고, 동시에 청나라 총리 공관을 공격했으나 위안스카이袁世凱는 이미 귀국한 후였다.

리훙장

　일본군의 동태를 주시하던 리훙장은 일본과 일전을 각오했다. 이때 일본군은 이미 병력을 서울에 진주시킨 상태였다. 그는 병력을 평양에 집중시켜 남북으로 대치하려 했다. 하지만 아산의 예즈차오葉志超는 평양에 대군을 집결시키고 아산에도 증원군을 배치해 협공을 주장했다. 결국 작전 계획이 변경되어 아산에 증원군이 파견되며 이들을 순양함 두 척이 호위했다.

　7월 24일 풍도 앞바다를 초계하던 일본 함정이 청나라 군함을 발견했으나 포격하지 않았다. 이는 일본이 7월 24일로 회답 시한을 통보했기 때문이었다. 날이 밝아 25일이 되자 일본 군함은 포문을 열고 공격을 개시했다. 청나라 순양함 두 척 가운데 제원濟遠호는 포격을 가하며 뤼순으로 도망쳤고, 광을廣乙호는 화약고가 폭발하는 피해를 입었다. 그 주변에는 증원군을 태운 고승高陞호가 있었다. 일본군은 고승호 외관이 영국 함정과 비슷했기 때문에 자세히 확인한 후 격침시켰다. 이것이 이른바 풍도 해전으로 일본군이 대승을 거두었다.

　한편 아산의 예즈차오는 병력을 둘로 나누어 일부는 성환에 배치하고 나머지는 공주에 배치했다. 그러나 성환 전투에서 대패하며 비참한 북행 끝에 평양 본진과 합류할 수 있었다.

　평양에 집결한 청군 장수들은 의견을 대립하며 응전 태세를 갖추지 못하고 있었다. 일본군은 틈을 주지 않고 9월 5일~16일까지 공격을 계속 퍼부었다. 그런데도 청군 진영에서는 여전히 의견을 모으지 못하고 평양 전투에서도 대패하고 말았다.

이어 일본 해군은 9월 17일 서해에서 초용超勇호, 치원致遠호, 경원經遠호 등을 공격해 침몰시켰다. 일본 해군이 집요하기 노린 진원鎭遠호와 정원定遠호 등 두 거함은 200여 발의 포탄을 맞고서도 침몰하지 않았다. 이 해전은 일본 함대가 철수함으로써 끝을 맺었다.

일본 육군 제2군은 10월 하순 랴오둥에 상륙해 11월 6일 진저우를 점령하고 22일에는 뤼순을 점령했다. 제1군은 압록강을 건너 10월 29일 봉황성을 점령함으로써 전쟁의 무대는 조선에서 청나라로 옮겨졌다. 이때에 이르러 일본도 능력의 한계를 느끼며 더 이상 전선을 확대하지 않는 쪽으로 기울었다.

11월 6일 미국 국무 장관이 청일 양국에 조정 의사를 밝힌 데 이어 세계열강에 의해 강화 분위기가 무르익자 이토 수상은 강화에 유리한 작전을 구상했다. 그는 청나라 함대의 주력함인 정원호와 진원호가 남아 있는 이상 청나라 해군이 완전히 멸망했다고 볼 수 없으므로 이번 기회에 이들을 완전 섬멸해 청나라를 궁지에 몰아넣는다면 강화를 더욱 유리하게 이끌 수 있을 것이라 생각했다.

1895년 1월 23일 일본 연합 함대 사령관 이토伊東 중장은 웨이하이의 청나라 함대 사령관 딩루창丁汝昌에게 항복 권고문을 보냈다. 1월 30일 일본 함대가 마침내 무차별 포격을 가해 남방 포대를 함락시키자 다음 날에는 북포대를 수비하던 청군 병사들이 싸우는 도중에 도주하는 사건이 발생했다. 북포대에는 다량의 탄약이 있었기 때문에 그대로 둘 경우 고스란히 일본군의 전리품이 될 판이었다. 청군은 부득이 북포대에 포격을 가해 폭파했다.

이와 함께 일본군은 야습을 감행해 청군의 주력함 정원호를 공격했다. 정원호는 이제 기능을 완전히 상실한 채 거대한 잔해만 남았다. 청군 수뇌들은 정원호를 침몰시켰다. 다음 날에는 내원과 위원 두 함정도 격침되어 청나라 함대의 기능은 마비될 위기에 이르렀다.

패배의 어두운 그림자가 덮인 가운데 딩루창은 음독자살했다. 그 후 백기를 내건 진원함은 이토에게 항복 문서를 전달했다.

웨이하이에서 청나라 함대가 궤멸당한 다음 날인 2월 13일 청나라는 리훙장을 전권대신으로 삼아 일본에 파견했다. 청나라 대표 일행은 3월 20일 시모노세키에 도착해 춘범루春帆樓에서 교섭에 들어갔다. 청나라는 리훙장, 리징방李經方, 우팅팡伍廷芳이 참석했고 일본은 이토와 무쓰 외상이 참석했다.

리훙장은 회의 벽두에서 휴전을 제의했으나 이토가 가혹한 조건을

청나라와 일본의 시모노세키 조약 조인식

제시하자 제의를 철회했다. 그리고 춘범루에서 나와 숙소인 인조지(引接寺)로 향하고 있을 때 불의의 충격을 받았다. 이 소식을 들은 일본 대표들은 급히 인조지로 달려가 리홍장을 위문했다. 그러자 리홍장은 짐짓 태연한 태도로 "이런 일이 벌어질 것은 일찍부터 예상하고 있었소!"라고 말했다.

일본은 강화 교섭이 결렬될 경우 열강의 간섭이 노골화될 것을 염려해 4월 1일 정식으로 조약안을 제시했다. 몇 차례의 수정을 거친 뒤 4월 17일 전문 11조로 된 시모노세키 조약에 양측이 조인했다.

삼국 간섭과 의화단 사건

1895년 4월 23일 러시아, 독일, 프랑스 삼국은 일본의 랴오둥반도 점유를 정식으로 반대하고 나섰다. 도쿄 주재 삼국 공사는 일본 외무성을 방문하고 본국 정부의 훈령을 전달하는 형식으로 간섭에 나섰다. 삼국 정부의 훈령은 대동소이했으나 주도권을 장악하고 있던 러시아의 훈령은 다음과 같았다.

'러시아 정부는 일본이 청나라에 요구한 강화 조건을 살핀 바 랴오둥반도를 일본이 영유하는 것은 청나라 수도 베이징을 위협할 염려가 있을 뿐 아니라 조선 독립을 유명무실하게 하여 장래 극동 평화에 장애가 될 것으로 사료됩니다. 따라서 러시아 정부는 일본과 우의를 다지기 위해 랴오둥반도의 영유를 포기할 것을 권고하는 바입니다.'

이토는 현재 일본 군사력으로는 삼국 간섭을 무시하는 것이 사실상 불가능하다고 판단하고, 열국 회의를 소집해 랴오둥반도의 문제를 처리하자는 결정을 내렸다. 이때 무쓰 외상은 요양 중이었다. 이토가 무쓰 외상에게 상황을 설명하자 그는 깊은 상념 끝에 반대했다.

'열국 회의를 개최할 경우 삼국 이상이 참여할 것이므로 랴오둥반도 이외의 문제가 거론될 가능성이 높다. 그리 된다면 시모노세키 조약 전체를 부정하는 여론이 나올 가능성도 있다. 바꾸어 말하면 삼국 이상의 새로운 강대국의 간섭을 불러들일 수 있으며, 회의에는 시간이 많이 소요될 것이므로 그동안 어떤 불의의 사태가 발생할지 예상할 수 없다. 예를 들어 청나라는 시모노세키 조약을 전면 백지화할 수도 있다.'

일본은 이 시점에서 삼국 간섭을 거부할 능력이 없었다. 특히 러시아는 무력도 불사하겠다는 움직임을 보이고 있었기 때문에 굴복할 수밖에 없었다.

무쓰 외상은 각국 공사를 통해 노력을 기울였으나 사태를 호전시키지는 못했다. 결국 4월 29일의 어전 회의에서 삼국의 권고를 받아들여 랴오둥반도를 반환하기로 결정했다.

1899년 열강의 각축장이 된 청나라에 의화단義和團 사건이 발생했다. 의화단은 원나라 때부터 맥을 이어오던 백련교白蓮教 계통의 비밀결사로, 이들은 스스로 하늘에서 내려온 신병神兵이라 칭해 권법拳法과 봉술棒術을 익히고 주문을 외우면 총탄도 피할 수 있다고 공언했다. 의화단은 산둥 지방에서 청나라 기독교 신자들을 습격하고 외국인에 테러를 가하는 배외排外운동으로 확산되었다. 이들은 부청멸양(扶清滅洋, 청나라를 일으키고 양인洋人을 멸망시킴)을 내걸고 1899년 6월에는 톈진까지 점령해 급기야 열강들의 주재관도 파괴했다.

그러자 베이징의 영국, 프랑스, 미국, 독일 공사들은 청나라 정부에 의화단 난동을 진압할 것과 그것이 불가능할 경우 자국 군대를 파견한다는 성명을 발표했다. 청나라는 폭동을 진압하고자 군대를 파견했으나 도리어 격파당했다. 정부군을 격파한 의화단은 철교, 철도, 전선 등 양(洋)과 관계있는 시설을 닥치는 대로 때려 부셨다. 의화단을 지켜보고 있던 청나라 정부는 배외 운동에 역으로 이용하려 들었다. 그러나 이것은 결과적으로 큰 실책을 낳았다.

중국 의화단원의 모습

1900년 6월 의화단은 마침내 베이징으로 들어왔다. 산둥성에서 처음 봉기했을 때는 폭도였으나 이제는 부청멸양의 애국 단체로 변신해 큰 호응을 받았다.

의화단이 베이징에 입성하자 각국 공사들은 공사관을 보호하고자 긴급 조치를 취했다. 영국 극동 함대 사령관 에드워드는 2천 명의 연합군을 편성해 6월 10일 톈진에서 베이징을 향해 진군했으나 쉽게 입성하지 못했다. 이에 연합군은 톈진 포대를 점령하고 계속 베이징을 향해 진격했다. 청나라 정부는 6월 21일 각국에 선전포고를 하고 의화단에게 각국 공사관과 톈진의 조계(租界)를 공격하도록 명했다.

청나라 정부의 움직임에 가장 기민하게 대응한 것은 일본이었다. 일본은 파병 거리가 가깝다는 지리적 이점으로 대규모 병력을 파견해 연

의화단의 톈진성 공격을 그린 목판화

합국 내에서 발언권을 강화하려 했다. 당시 영국은 보어 전쟁 때문에, 미국은 필리핀의 반란 때문에 출병이 곤란했다.

1900년 7월 6일 일본은 연합군 1만 8천 가운데 1만이라는 최대 병력을 파견했다. 그러자 의화단은 6월 21일 각국 공사관이 집결되어 있는 둥자오민샹東交民巷을 포위하고 집중 공격을 가했으나 8월 14일까지도 점령하지 못했다.

연합군은 7월에 톈진을 함락하고, 8월 17일에는 베이징에 입성했다. 연합군이 베이징에 입성하기 전 청나라의 실권자 서태후西太后는 이미 탈출해 있었다. 베이징은 주인 없는 죽음의 도시가 되어 연합군의 약탈장으로 변했고 의화단은 사방으로 흩어져 얼마 후 완전 진압됐다.

1900년 12월 강화 조약안이 제시되었으나 연합국은 상호 이해관계가 엇갈려 결국 1901년 9월 1일에 이르러서야 12개조 강화 조약이 조인되었다. 의화단 사건은 어렵게 명맥을 이어 오던 청나라에 결정타를 날리며 쇠망을 촉진시켰고, 외국 군대의 주둔을 허용함으로써 반식민지가 되고 말았다.

러일 전쟁과 한일 합병

의화단 사건이 일단락되며 강화 교섭이 진행될 때 러시아는 만주에서 철병을 거부하며 별도의 협정을 요구했다. 그러자 영국, 미국, 독일, 일본 등이 러시아에 강력히 항의하여 단계적 철병이 이루어지는 듯했다. 하지만 러시아는 제1단계 철병만을 이행할 뿐 제2단계 들어서는 다른 조건을 내세워 만주 펑톈과 잉커우에 병력을 증파했다. 또한 제1단계에서 철수한 병력을 압록강 방면에 집결시키고 조선 영토인 용암포에 병영을 설치한 후 조선 정부에 조차租借를 요구했다. 뿐만 아니라 태평양 함대를 뤼순에 집결시켜 서해에서 군사 훈련을 실시하는가 하면 조선 마산포를 태평양 함대의 석탄 공급 기지로 조차함으로써 조선과 만주를 노리는 일본을 자극했다.

이즈음 동양에 많은 시장을 확보한 영국은 러시아 세력이 만주와 조선으로 확장되는 것을 우려했다. 그러면서 청일 전쟁과 의화단 사건을 통해 세계에 실력을 충분히 보여 준 일본에 동맹을 제안했다.

영국의 제안에 일본 정부의 의견은 두 가지로 갈렸다. 이토의 의견은 다음과 같았다.

러일 전쟁을 알리는 포스터

'러시아와 싸워 승리할 자신이 없으니 우호를 맺어 러시아의 만주 점령을 인정하는 대신 일본의 조선 점령을 인정받는다. 그러면서 영국과 경제 경쟁에서 승리하는 편이 낫다.'

하지만 가쓰라桂 수상의 생각은 달랐다.

'러시아가 만주를 점령하면 조선이 위협받게 될 것이므로 통상의 이익을 지키려면 무력에 호소하는 한이 있더라도 러시아를 만주에서 몰아내야 한다.'

1902년 마침내 일본과 영국은 전쟁이 일어날 경우 상호 협력을 약속하며 동맹을 체결했다. 일본은 영일 동맹으로 다른 열강의 간섭을 사전에 봉쇄하는 데 성공했다. 이로써 일본은 백만 응원군을 얻게 되었다.

일본은 러시아와 일전을 결심하고 1904년 2월 6일 러시아에 국교 단절을 선언했다. 이어 8일에는 육군이 인천에 상륙했고, 9일에는 해군이 뤼순의 러시아 함대를 기습해 군함 2척을 격침시켰다. 10일에는 양국이 동시에 선전 포고를 하기에 이르렀다. 일본은 청일 전쟁 때와 똑같이 선전 포고에 앞서 기습 작전을 벌여 전쟁을 유발했다.

일본 육군의 목표는 랴오둥반도와 랴오양 그리고 펑톈이었다. 제1군은 조선 국경을 넘어 단둥, 펑청으로, 제2군은 랴오둥반도에 상륙해 다롄, 랴오양으로, 제3군은 장가툰에 상륙해 뤼순을 공략했다. 그 결과 제1군은 9월 4일 랴오양을, 제2군은 5월 27일 다롄을 점령했다. 하지만 제3군은 뤼순을 쉽게 함락시키지 못했다.

러시아는 기습을 받아 다소 고전했으나 대군을 보유한 열강답게 전열을 가다듬어 1904년 8월 크로포트킨이 25만 대군을 거느리고 랴오양을 공략했다. 일본은 제1군, 제2군, 제4군의 합동으로 어렵게 막아냈다. 1905년 1월 2일에는 노기 마레스케乃木希典의 제3군이 무려 8개월간 공략한 끝에 러시아의 뤼순 사령관 스테셀을 굴복시켰다. 그리고 1905년 3월 10일 육상전의 분수령인 펑톈 전투가 오야마 이와오大山巖에 의해 승리로 끝을 맺었다.

한편 해전에서는 1905년 5월 27일 대한 해협에서 도고 헤이하치로東鄕平八郎가 러시아 발틱 함대 38척 중 33척을 격침시키거나 나포해 전쟁의 향방을 결정지었다.

전쟁에 우세를 보이는 것과는 반대로 당시 일본은 군비가 바닥이 나며 더 이상 버틸 수 없는 지경이었다. 러시아도 전횡을 일삼는 황제에게 오랫동안 고통을 받아오던 민중이 혁명을 일으켰고, 노동자들의 파업은 전국으로 확산되어 더 이상 전쟁 수행이 불가능했다. 양국은 내심 전쟁 종결을 희망하고 있었다.

일본은 대한 해협 해전 승리를 계기로 미국에 강화 중재를 의뢰했다. 6월에 미국이 러시아에 강화의 뜻을 전하자 러시아가 받아들여 휴

HARPER'S WEEKLY

"GOOD OFFICES"

러시아와 일본이 평화 협상에 응하도록 루 스벨트가 중재하는 모습을 담은 풍자화

전이 성립되었다. 8월에는 미국 포츠 머스에서 강화 회담이 진행되었다. 회 담에서 일본은 승전국임을 자처했으 나 러시아는 패배를 인정하지 않았다. 러시아는 '한 치의 땅도, 1루블도 지 불할 수 없다'라는 강경한 태도를 고 수해 결렬될 위기에 이르렀으나 사할 린 남반부를 일본에 할양하기로 하고 9월 5일 포츠머스 조약을 조인했다.

이 조약은 일본이 전승국으로서 러 시아에게 받은 것이 아니라 중국에게 탈취한 것이었다. 또 조선에 대한 일 본의 독점 지배권을 얻어냄으로써 외 국의 어떠한 간섭도 받지 않고 조선

을 식민지로 만들 수 있게 되었다.

포츠머스 조약 결과에 대해 일본 국내 여론은 매우 비판적이었다. 국력의 대부분을 쏟아 부은 대가가 고작 이것이냐는 것이었다. 게다가 인플레이션으로 1906년에는 물가가 20% 이상 치솟았을 뿐만 아니라 도호쿠 지방에는 기근이 엄습했다.

강화에 대한 불만과 기근으로 인해 민중의 노여움은 마침내 폭발해 1905년 9월 고노河野廣中를 중심으로 강화 반대 국민 대회가 개최되었 다. 민중은 전쟁의 노고에 아무런 보답이 없다고 생각했다. 회의가 끝 나자 경찰들의 탄압에 분개한 군중은 폭도로 변해 도쿄 시내 파출소 80% 이상을 습격했다.

러일 전쟁의 종결과 함께 가쓰라의 제1차 장기내각長期內閣은 강화 문제로 만신창이가 되며 수상과 내각이 총사퇴하고 사이온지 긴모치 西園寺公望를 수상으로 하는 제1차 사이온지 내각이 성립했다. 이것이 1906년 1월이었다. 이후 1913년까지 사이온지와 가쓰라가 번갈아 가며 내각을 조직하는데, 이것을 가쓰라-사이온지의 교번 정권交番政權 시대라고 부른다.

러일 전쟁이 한창이던 1904년 2월 23일 일본은 한국과 한일 의정서 韓日議定書를 체결했다. 강압적으로 체결된 조약은 일본이 한국 황실과 영토의 안전을 보장하는 대신 한국이 다른 나라의 침략을 받거나 내란 등으로 위험에 빠지면 일본은 한국의 필요한 지점을 언제든지 사용할 수 있다는 내용이었다.

포츠머스 조약에 의해 한국에서 정치, 군사, 경제상의 이익을 보장 받게 된 일본은 친일 단체를 조직해 보호 조약의 필요성을 여론화하는 한편, 보호 조약 체결을 위해 이토를 한국에 파견했다. 이토는 사전에 정해진 각본에 따라 군대로 궁궐을 포위하고 대한 제국 황제와 중신들을 위협해 보호 조약 조인을 강요했다. 드디어 이토는 박제순朴齊純, 이지용李址鎔, 이근택李根澤, 이완용李完用, 권중현權重顯 등 이른바 을사오적 乙巳五賊의 찬성을 얻어 1905년 11월 17일 을사늑약을 체결했다.

이로써 대한 제국은 독립 국가 지위를 상실하고 일본의 보호국이 되었다. 다음 날 이 소식을 들은 한국 국민들은 울분을 참지 못하고 궐기했으나 일본군의 무력 앞에 힘을 쓰지 못했다. 1906년 일본은 서울에 통감부를 설치하고 초대통감에 이토를 임명했다.

대한 제국의 고종 황제는 한국의 억울한 사정을 호소하고자 1907년 6월 네덜란드 헤이그에서 열리는 만국 평화 회의에 밀사를 파견해 을

을사오적 박제순, 이완용, 이근택, 이지용, 권중현

사늑약 무효를 정식 의제로 상정하고자 했다. 그러나 일본 대표 고무라 주타로小村壽太郞의 사전 방해 공작으로 실패했다.

고종 황제는 7월 19일 조서를 내려 황태자의 섭정을 발표했다. 이때 이토는 섭정을 양위로 조작해 고종을 퇴위시켰다. 고종 황제가 퇴위하자 일본은 다시 한일 신협약韓日新協約을 맺어 통감이 한국 내정을 간섭하고 각부에는 일본인 차관을 두어 차관 정치次官政治를 강행하는 한편 한국군 해산을 명했다.

군대 해산 후 경찰권과 사법권마저 빼앗긴 한국은 완전히 허수아비가 되었다. 일본은 이제 아무 거리낌 없이 식민지 계획을 추진할 수 있게 되었다. 한국의 민족 반역자들은 일본에 한일 합방 청원서를 제출하는가 하면 통감부를 출입하면서 이권을 챙기는 데 여념이 없었다.

1909년 3월 초대 통감 이토가 물러나고 데라우치 마사타케寺內正毅가 제2대 통감이 되었다. 이토는 때마침 만주 문제를 둘러싸고 일본과 러시아가 갈등을 빚자 하얼빈에서 러시아 대표 코코프체프와 회담하기로 했다.

이 사실이 알려지자 안중근安重根은 우덕순과 함께 을사늑약의 원흉 이토를 사살하기에 이르렀다. 그는 권총을 꺼내어 이토의 가슴에 정확히 명중시키고 당당하게 앞으로 걸어 나가 "대한 독립 만세"를 외쳤다.

이토 피습 사건이 일본에 전해지자 일본은 경악을 금치 못했다. 그해 12월 4일 이토의 장례가 일본에서 치러졌고, 이듬해 12월 안중근은 뤼순 감옥에서 사형에 처해졌다.

1910년 8월 22일 이완용과 데라우치 통감 사이에 한일 합병 조약이 조인되고 그다음 날 외국에 이를 통고했다. 한국 내에는 일주일간 발표하지 않다가 8월 29일에 이를 정식으로 발표했다. 이로써 한국 황제는 일체의 통치권을 일본 천황에게 완전히 양도하기에 이르렀다.

1910년 8월 29일 한일 합병이 공포되자 일본은 서울에 총독부를 설치하고 초대 총독에 데라우치 마사타케를 임명했다. 총독은 일본 정부의 통제를 받지 않고 오직 천황의 지시만 받았으며 입법, 사법, 행정 및 군대에 관한 모든 권한을 갖는 독립 왕국의 왕 같은 존재였다.

데라우치는 관용을 모르는 무단 정치가로 이름이 높았다. 그는 한국인의 정치 집회는 물론, 단순한 집회마저도 엄금했으며, 항일 언론을 폐쇄하거나 총독부 기관지인 〈매일신보〉에 흡수시켰다. 또한 한국을 일본의 식량 공급지, 원료 공급지, 상품 시장으로 만들고자 화폐와 금융 제도를 통제했으며 동양 척식 회사를 앞세워 토지를 약탈했다. 그리고 항일 독립운동가들을 불령선인不逞鮮人이라 칭해 정당한 재판 절차를 거치지도 않고 가혹한 고문과 형벌을 가했다.

일본의 탄압 정책에 대항하는 한국 민중의 항거와 의거는 끊임없이 계속되었다. 그중 가장 광범위한 대규모 봉기는 1919년 일어난 3·1 운동이었다. 일본의 무단 정치에 일체의 자유를 빼앗긴 한국 민중은 민족주의자와 학생들의 사전 계획에 따라 전국 각지에서 독립 선언서를 발표하고 평화적인 독립 시위를 벌였다. 서울, 평양, 선천, 안주, 진남포, 원산 등지에서 헌병과 경찰만으로는 제지가 어려운 상태에 빠지자 군대까지 출동시켜 맨손뿐인 민중에게 무차별 무력 탄압을 가해 많은 사상자가 발생했다.

3·1 운동은 일본의 무력 탄압에 의해 소기의 목적을 달성할 수는 없었지만 한국 민족의 독립 의식을 널리 알리는 계기가 되었다. 뿐만 아니라 일본으로 하여금 한국민의 단결과 저력을 재인식시켜 지금까지 실시하던 무단 정책에서 문화 정책으로 전환하는 계기가 되었다.

일본의 산업 혁명과 메이지 시대 문화

청일 전쟁과 러일 전쟁에서 잇따라 승리하자 일본의 국제 지위는 급속히 상승했다. 1894년에는 법권法權 회복, 1911년에는 세권稅權 회복을 위한 조약 개정에 성공함으로써 세계열강과 대등한 입장에 섰다.

메이지 유신 초기에는 세계열강을 따라잡으려고 부국강병책을 세워 상공업을 진흥시켰다. 당시 공업은 공장제 수공업으로 전환될 무렵으로 근대 자본주의 국가가 되려면 대규모 기계 공업 육성이 불가피했다. 정부는 막대한 자금을 투자해 외국에서 기계를 들여와 관영 공장을 설립함으로써 기술을 급속히 성장시켰다. 이렇게 해서 메이지 정부에 의해 산업 혁명이 시작되었으며 실제 효과는 청일 전쟁과 러일 전쟁 시

근대 도쿄의 풍경

기에 나타났다.

　제철업은 청일 전쟁 이후 군비 확장에 열을 올리면서 급속히 발전했다. 당시 중공업에서 가장 큰 비중을 차지한 것은 병기공창兵器工廠이었다. 정부는 군부의 제철소 설립 요구에 따라 1901년 야하타八幡 제철소를 설립해 무기와 함정 생산에 박차를 가해 중공업을 크게 신장시켰다. 이 밖에 제사업製絲業은 1894년 기계 제사 생산고가 90만 관에 달해 수공업의 69만 관을 압도했다. 1903년에는 그 차가 거의 2배에 달했다. 제지업은 1871년부터 급속히 발전하다가 1889년 펄프를 원료로 종이를 만드는 오지王子제지가 설립되었다. 펄프 공장은 그때까지 볏짚이나 넝마로 일본 양지洋紙를 생산하던 면모를 크게 혁신했다. 제당업은 1895년 일본제당과 일본정제당이, 청일 전쟁 후에는 대만

메이지 시대의 산업

제당이 설립되어 기초를 확립했다.

청일 전쟁 후에는 경공업이 확고한 기반을 구축했고, 러일 전쟁 후에는 중공업이 확립됨으로써 일본의 산업 혁명은 성공을 거두었다.

산업 혁명을 바탕으로 날로 번창해 가는 일본 사회의 모습은 긍정적이지만은 않았다. 1887년을 전후로 농촌의 어린 여성들이 도시로 몰려와 방적, 제사 공장 여공이 되었다. 1886년 11만 명이었던 노동자는 청일 전쟁 후 43만 명으로 증가했고, 그 가운데 60%가 여성 노동자, 그 절반이 20세 미만의 어린 여성이었다.

여공들은 1일 17~18시간 노동에 시달렸지만 일당은 8~10전에 불과했다. 그마저도 식대 8전을 공제하면 2~3전뿐이었다. 기숙사도 형편없어 다다미 1장에 한 사람이 잘 정도로 협소했다. 지칠대로 지친 여공들은 파업을 일으켰으나 대우는 좀처럼 개선되지 않았다. 광산도 비슷했다. 미쓰이, 미이케 탄광에서는 하루 평균 2~3명의 사망자가 발생할 정도로 열악했다. 이들에 비하면 중공업 노동자들의 대우는 아주 좋았다. 1903년경 미쓰비시 조선소 직공의 임금은 40전 이상이었다. 이는 숙련공을 구하기가 어려웠기 때문이었다. 직공이 되려면 오랜 도제徒弟 기간이 필요했고, 도제 기간 중에는 무보수나 극히 낮은 임금을 받는 것이 관례였다. 이처럼 부국강병의 미명 아래 국가주의에 내몰린 국민들은 가쁜 숨을 겨우 내쉴 뿐이었다.

일본 정부는 부국강병과 함께 일본 문화의 근대화도 중요한 과제로 삼았다. 외국에 뒤지지 않는 지식과 교양을 쌓으려고 적극적으로 서양 학문과 문화에 접근했다. 그러면서 오랫동안 육성해 오던 문화에 대한 반성도 깊어졌다.

메이지 초기에는 에도 시대부터 이어 오던 희작 문학(戱作文學, 통속문학) 범주를 벗어나지 못했다. 그러다가 1870년에 접어들며 자유 민권에 대한 요구가 커지면서 번안 소설과 정치 소설 등이 등장했다. 이들의 등장으로 문학을 심심풀이로만 생각하던 낡은 사고의 틀이 깨지며 식자층까지 독자가 확대되었다.

청일 전쟁의 승리로 일본 국민의 긍지는 크게 앙양되었다. 고취된 국민의 긍지는 자국을 소중히 여기는 일본주의로 발전했다. 일본주의는 다카야마, 이노우에 등에 의해 제창되었다. 그들은 〈태양太陽〉을 통해 일본주의를 제창하여 청년의 공감을 받았다. 이 일본주의가 부국강병과 외국에 대한 침략을 지지했음은 말할 나위도 없다.

청일 전쟁 후에 일본의 자본주의가 성장했다. 1897년 시마자키 도손島崎藤村은 이 시대를 사는 청년의 기상을 시집으로 발표했다. 이를 계기로 봉건주의에 반대하고 자신의 감정을 솔직히 표현하는 낭만주의 운동이 일어났다.

이와 함께 러일 전쟁 후 모파상의 영향을 받은 자연주의 문학이 싹을 틔웠다. 자연주의 문학은 문장의 아름다움이나 기교에 사로잡히지 않고 인간의 참모습을 적나라하게 묘사하는 것이 특징이었다. 도손의

나쓰메 소세키

《파계破戒》는 가난한 마을을 둘러싼 사회 문제를 소설 형식으로 멋지게 정리한 것으로 세간의 반응을 불러일으켰다. 도손에 이어 다야마 가타이田山花袋, 도쿠다 슈세이德田秋聲 등 훌륭한 자연주의 작가가 출현했다.

자연주의 문학에 속하지 않은 것은 문학이 아니라는 인식이 확산될 무렵, 나쓰메 소세키夏目漱石는 자연주의에 역행하는 독자적인 예술을 창조했다. 그의 초기 작품은 풍자적이고 화려하며 공상적인 것이었으나 차츰 현실을 반영했고, 나중에는 부정적이었던 자연주의로 접근하는 경향을 보였다. 그는 현실을 그대로 긍정하는 것이 아니라 강한 정의관을 가지고 어떻게 하면 인간의 이기심을 초극超克할 수 있는가로 일관함으로써 이후의 사상과 문예에 커다란 영향을 끼쳤다. 그는 《나는 고양이로소이다》, 《도련님》, 《풀베개草枕》, 《우미인초虞美人草》, 《명암明暗》 등을 남겼다.

모리 오가이森鷗外도 소세키와 함께 근대 일본 문학의 큰 지주였다. 그는 외국 문학에 밝아 외국의 문학, 사상, 예술 이론 등을 소개하고 많은 번역 작품으로 일본 문학에 자극을 주었다.

이시카와 다쿠보쿠石川啄木는 자연주의의 단점을 간파하고 문학은 국민의 자유와 진보를 위해 사회적인 문제와 직결되지 않으면 안 된다고 주장했다.

메이지 시대의 신문

　문학과 함께 세상의 지표인 신문도 크게 발전했다. 청일 전쟁 후 신
문은 일본의 경제 발전과 더불어 자본주의 성격을 띠며 기업화됐다.
메이지 말년에 이르러서는 국내 통신망과 판매망 확보, 해외 특파원
파견, 인쇄 시설 확충 등을 위해 많은 자본이 필요했다. 이러한 경쟁
속에서 〈도쿄 아사히 신문〉, 〈오사카 아사히 신문〉, 〈시사신보〉, 〈오사
카 마이니치 신문〉이 더욱 발전했다.

　뉴스 경쟁 시대에 접어들면서 각 신문사의 기자도 늘어났다. 당시
신문 기자는 자신의 확고한 주장으로 세상을 바꾸고 소수의 독자를 만
족시키며 청빈하게 사느냐, 그렇지 않으면 황금만능 시대의 조류에 휩
쓸려 기자의 위엄이나 독립을 모두 버린 채 신문 영업의 기계 구실을
하느냐는 기로에 서게 되었다.

　1886년 소학교령에 의해 교과서 검정 제도가 실시되자 각 부와 현
에서는 심사위원을 두어 교과서를 선정했다. 당시 고과서는 민간에서

출판되어 경쟁이 치열했다. 1904년 4월 당시 문부 대신 기쿠치는 '소학교 교과용 도서는 문부성이 저작권을 가진다'라고 소학교령을 개정해 교과서 국정을 확정했다. 때마침 만주를 둘러싸고 러시아와 전쟁 일보 직전의 상태에 있었기 때문에 교육을 국가주의로 관철시키는 작업이 추진되었다.

일본의 국정 교과서는 태평양 전쟁 종결 때까지 군국주의적 색채가 농후했다. 그중에서도 국사 교과서는 정부 시책에 맞도록 사실을 왜곡해 서술했다. 특히 천황의 조상이 다카마노하라高天原에 있던 신이며, 그 자손이 오야시마大八洲에 내려와 일본을 다스렸다는 등 천황의 권위를 지나치게 신성시하고 보다 강한 군국주의를 주입시키는 내용으로 일관했다.

메이지 시대 학문의 특색은 서양 과학을 대폭 받아들여 이를 전문 과학으로 연구함과 아울러 일반 국민에게도 전수하는 것을 원칙으로 한 점이다. 서양의 학문 이론을 배우려면 처음에는 외국인 교수에 의존할 수밖에 없었다.

학문 분야에서 큰 혁신을 가져온 것은 자연 과학 분야였다. 의학에는 독일 의학을 일본에 이식한 장본인이며 인혈사상충人血絲狀蟲과 털진드기병 연구로 유명한 독일인 베르츠가 있었다. 화학에는 무기 화학의 기초를 창시한 영국의 데이비스, 물리학에도 영국의 유잉과 미국의 멘덴홀이 있었다. 또 동물학에는 오모리大森의 조개 무덤을 발견한 미국의 모스, 지질학에는 독일의 나우만 등이 각각 전문 분야에서 일본 자연 과학의 토대를 구축했다.

그러다가 1897년경부터는 외국인 교수의 수도 차츰 감소했다. 대학 연구실도 어느새 외국인 교수 대신 일본인 과학자가 담당할 수 있게 되었다. 이때 이르러 일본의 과학도 세계의 주목을 받을 정도로 연구가 활발했다. 의학에서는 페스트균 연구와 파상풍균 배양 등으로 유명한 기타자토 시바사부로北里柴三郎를 비롯해 황열병黃熱病 병원체를 발견한 노구치 히데요野口英世, 아드레날린과 디아스타제를 만든 다카미네 조키치高峰讓吉 등이 있었다. 특히 노구치 히데요는 미국과 유럽 등지에서 혈청학을 공부하고 록펠러 연구원으로 활동했다. 물리학에서는 나가오카 한타로長岡半太郎가 원자 모형을 연구하고, 기무라 히사시木村榮는 지구의 위도 관측을 혁신한 'Z'항項을 발견했으며, 오모리 후사키치大森房吉는 정밀 지진계를 제작하는 등 눈부신 활약을 보였다.

11

일본 제국주의와 양차 세계대전

일본 제국주의와 양차 세계대전

청일 전쟁과 러일 전쟁에서 승리하며 세계열강 대열에 오른 일본은 아시아에서 야욕을 드러내기 시작했다. 그러자 아시아 각국에서는 국내 정치 개혁과 민족 운동이 불타오르게 되었다.

제1차 세계대전이 일어나자 일본은 직접 참가하지 않고 산둥반도를 공략해 독일이 소유하던 권익을 그대로 승계했다. 1915년에는 위안스카이에게 21개조 요구 조항을 제시함으로써 세계를 깜짝 놀라게 했다.

제1차 세계대전 당시 일본 경제는 세계 각국과 무역이 호조를 띠면서 호황을 누렸으나 물가 상승과 쌀 파동이 일어나는 등 민중 생활은 좋지 못해 사회주의가 대두되었다. 일본 정부는 민중 운동이나 사회주의를 강력히 봉쇄하면서 조선에 대한 지배를 더욱 강화하는 한편, 중국에 대한 이권을 확대해 나갔다. 그러자 조선에서는 3·1 독립운동이 일어나고 중국에서는 5·4 운동이 일어나는 등 배일, 항일 운동이 극렬해졌다.

이후 일본까지 세계 경제 공황의 여파가 미쳐 실업자가 증가하고 국민 생활이 불안정한 가운데 육군 장교들의 쿠데타 음모가 있었다.

중국 침략이 사실화되자 군부는 정부를 압도하면서 만주 사변을 일으켰다. 만주 침략에 이어 중국과 전쟁이 계속되는 동안 유럽에서는 제2차 세계대전이 일어났다. 일본은 대동아 공영권 건설이라는 망상에 사로잡혀 태평양 전쟁을 일으켰으나 패망으로 막을 내렸다.

헌정 수호의 움직임

러일 전쟁 결과 일본은 조선과 만주에 세력을 뻗칠 수 있게 되었으나 이에 부수되는 군비 확충 때문에 더 많은 돈이 필요했다. 1911년 구성된 제2차 사이온지 내각은 재정 회복에 주력한다는 방침을 세우고 각 성省에 예산 감축을 지시했다. 하지만 육군에서는 지난해 이루어진 한일 병합으로 2개 사단을 증설해야 한다며 예산 증액을 요청했다. 사이온지 내각이 이를 거절하자 육군 대신 우에하라 유사쿠上原勇作는 분개하며 천황에게 직접 사표를 제출했다. 사이온지 내각은 후임을 육군에 요청했으나 육군은 이를 거부했다. 내각을 조직할 수 없게 되자 사이온지 내각은 1912년 12월 총사퇴했다.

이를 지켜보고 있던 국민은 입헌제를 존중하는 정도正道를 확립하고 번벌원로藩閥元老와 육군의 횡포를 다스려야 한다며 도처에서 일어났다. 당시 사이온지가 사표를 제출하자 궁중에서는 원로 회의를 열어 유임을 종용했으나 사이온지는 거절했다. 그러자 테라우치 마사타케가 후임의 물망에 올랐다. 하지만 육군 문제로 붕괴한 내각에 곧바로 육군 출신인 데라우치를 올릴 수는 없었다. 결국 수상은 가쓰라 타로桂太郎로 낙착됐다.

가쓰라는 내대신内大臣으로 다이쇼大正 천황을 모시고 정치에는 관여하고 싶지 않다는 입장을 발표했다. 이에 대해 세간에서는 이 역시 술수를 쓰는 것이라며 비난했다. 일찍부터 가쓰라는 간교한 인물이라는 평판이 있었기 때문에 비난이 거셌다.

메이지 시대 말기부터 일기 시작한 헌정 수호 운동은 신문이 선도하

가쓰라 타로

며 전국으로 확산되었다. 1913년 1월에서 2월에 걸쳐 국회는 호헌파와 가쓰라파로 갈라져 대립했다. 정부는 호헌파를 봉쇄하고자 의회를 자주 정회하는 한편, 반대파인 정우회政友會 총재 사이온지와 간부 하라原敬에게 타협을 제의했다. 이때에도 가쓰라는 천황에게 사이온지가 정부에 적극 협력하라는 명령을 내리게 하는 등 여러 가지 방법과 수단을 동원했다.

그러자 6천 명에 이르는 데모대가 내각 퇴진을 요구하며 의회를 완전히 포위했고 경찰관 2,500명과 기마 군경이 삼엄한 경계를 펼쳤다. 가쓰라는 이렇게 된 바에야 의회를 해산시킬 수밖에 없다고 생각했으나 중의원 의장 오오카大岡育造가 반대했다.

"만약 그런 짓을 한다면 혁명이나 내란이 일어날 것이오. 그리된다면 당신은 어떻게 하겠소?"

가쓰라 수상도 더 이상 버티지 못하고 마침내 1913년 2월 11일 내각 총사퇴를 발표했다. 이 사건을 다이쇼 정변이라고 한다. 이 여파는 지방으로 확대되어 16일 오사카, 13일과 14일 고베, 16일 히로시마에서 각각 소요가 일어났다. 특히 17, 18, 19일 연 3일에 걸쳐 일어난 교토 소요는 민중의 힘이 얼마나 가공할 만한 것인지 보여 주었다.

가쓰라 내각의 뒤를 이어 해군 대장 야마모토山本權兵衛가 내각을 조직했다. 정우회의 하라도 내무 대신으로 입각했다. 야마모토 내각은 긴축 재정을 추진하는 한편, 해군 확장과 육군 2개 사단을 증설하려 했다. 즉 민중의 생활에는 힘쓰지 않았다. 그러자 1913~1914년 국민 대회가 잇따라 개최되며 정부를 맹렬히 공격했다. 정우회와 대립하고 있는 가토加藤高明의 입헌동지회가 이 운동의 주체가 되어 각지에서 정부를 비난하는 연설회를 가졌다. 때마침 해군에서 뇌물 사건이 폭로됨으로써 야마모토 내각은 치명타를 입었다. 1914년 도쿄의 각 신문에는 이 사건을 1면 톱기사로 다루었다.

'지멘스 회사의 전 도쿄 주재원이었던 리히터의 회사 서류 절취 사건에 대한 재판이 베를린에서 열렸다. 법정에 선 리히터는 회사가 일본 해군 수뇌에게 뇌물을 주었다고 진술했다.'

입헌동지회의 시마다 사부로島田三郎는 해군이 지멘스 회사뿐 아니라 여러 곳에서 뇌물을 받았다고 폭로했다. 그는 회의장에서 해군 원로 야마모토 수상과 사이토 해군 대신을 신랄하게 비판했으며 전국의 상공업자, 반정우회파反政友會派 등도 공격했다. 국민들은 도쿄 히비야 공원에서 국민 대회를 열었다. 그러자 경찰과 헌병이 출동해 이들을 강제 해산시킴으로써 더욱 자극했다. 결국 해군을 확장하려던 예산안은 귀족원에서 부결되고 야마모토 수상은 3월 24일 총사퇴하기에 이르렀다.

뇌물 사건으로 야마모토 수상이 물러나자 정계 원로 이노우에는 육군, 해군, 번벌 출신이 아닌 참신한 인물로 추대하자는 의견을 냈다. 이에 대해 마쓰가타 마사요시松方正義, 야마가타, 오야마 등도 찬성했다. 이러한 인물로 귀족원에서는 기요우라 게이코淸浦奎吾를 추천했으나 해군의 강력한 반대로 실패하고 대신 오쿠마 시게노부가 중용됐다. 그는 민중에게 인기가 높았다. 이노우에는 오쿠마에게 부국강병을 도모하기 위한 정책이 도리어 빈국강병貧國強兵이 되어 국민 생활을 위협하는 일이 있어서는 안 된다고 충고했다.

　오쿠마 수상은 1914년 4월 가토를 참모로 하는 내각을 출범시켰다. 오쿠마 내각이 출범한 지 3개월 후 유럽에서 제1차 세계대전이 발발했다. 오쿠마는 이를 계기로 육군을 증설하려 했으나 의회의 반대에 부딪히자 의회를 해산했다. 그리고 정우회 소속 의원들을 대거 퇴진시키고 가토가 이끄는 동지회를 증원시켜 육군 증설 예산안을 통과시켰다.

제1차 세계대전과 일본 경제

　1914년 6월 보스니아 수도 사라예보에서 오스트리아-헝가리 제국의 황태자 부처가 세르비아 청년이 쏜 총탄에 맞아 살해되었다. 당시 세르비아와 보스니아는 모두 오스트리아-헝가리 제국의 압박을 받고 있었기 때문에 슬라브계 민족은 그에 적대감을 품고 있었다. 오랜 시간 누적된 적대 감정이 암살 사건으로 표출된 것이다.

　오스트리아-헝가리 제국은 이 사건의 책임이 전적으로 세르비아에 있다고 보고, 세르비아에 선전 포고했다. 전쟁은 오스트리아-헝가리 제국과 세르비아로 족할 것이었으나 19세기 말부터 두 진영으로 나누어졌던 유럽은 이 사건을 계기로 상대를 제압하려고 했다. 어느 진영에 속한 나라든 상대 진영 국가에 위협을 가할 것이 뻔했다. 이러한 압

제1차 세계대전의 도화선이 된 사라예보 사건

박은 양측 모두를 결속시키고 결국은 유럽의 모든 국가가 전쟁의 소용
돌이에 빠지게 했다.

　오스트리아–헝가리 제국이 세르비아에 선전 포고를 하자 동맹국인
독일과 러시아가 전쟁을 벌였다. 그러자 러시아의 동맹국인 프랑스에
독일이 선전 포고를 했다. 이에 영국도 독일에 선전 포고함으로써 유
럽은 전쟁터로 변했다. 평화를 사랑하는 민중과 노동자들은 끈질기게
전쟁 반대 운동을 벌였으나 오히려 매국노 딱지만 붙여졌을 뿐 전쟁은
더욱 치열해졌다.

일찍이 무리한 군비 확충을 반대했던 이노우에 가오루는 유럽에서 벌어진 전쟁이 고맙기만 했다. 그는 이 기회에 국가 재정을 튼튼히 하면서 영국, 프랑스, 러시아 등과 유대를 긴밀히 하고 중국에 대한 권익을 더욱 확대하려 했다. 일본은 영일 동맹을 구실로 독일에 선전 포고를 하고, 삼국 간섭 때 독일에게 받았던 수모도 갚고 싶었다. 의회에서는 정부의 일방적인 참전에 반대 의사를 밝혔고, 신문에도 평화를 주장하는 논설이 게재되었다.

하지만 1914년 9월 2일 일본은 1개 여단을 산둥반도 북쪽 룽커우에 상륙시켰다. 중국은 제1차 세계대전 발발 즈음해 중립을 선언하고 교조만 부근을 넘는 작전은 삼가 줄 것을 일본과 독일에 요구했다. 그러나 일본은 이를 묵살한 채 교조만에서 지난에 이르는 지역을 점령하고, 독일이 장악한 중국 내 권익을 요구했다. 한편 해군은 남태평양의 독일령들을 점령하고, 인도 동쪽에서 독일 세력을 일소하고, 지중해에 병력을 파견했다.

한편 유럽에서는 1914년 8월 4일 벨기에를 침범한 독일은 프랑스를 항복시키려고 서부 전선에 군사력을 집중했다. 9월 초가 되자 파리로부터 약 65㎞ 떨어진 마른강에 이르렀다. 이에 맞서 프랑스는 영국의 지원을 받아 파리를 사수할 강력한 방어벽을 구축해 전쟁은 교착 상태에 빠졌다.

1917년에 이르자 연합군은 잇따른 패전으로 불리한 상태에 빠졌다. 게다가 러시아가 혁명으로 연합 대열에서 이탈하는 등 불운이 연이어 발생했다. 이제 독일이 승리를 거머쥐는 듯했다.

1917년 4월, 그때까지 중립을 지키고 있던 미국이 독일에 선전 포고함으로써 연합국은 새로운 국면을 맞았다. 미국이 참전한 원인은 독일의 잠수함 작전 때문이었다. 독일은 영국으로 수송되는 모든 물자를 단절시키겠다는 전략으로 영국으로 향하는 모든 선박에 대해 국적을 불문하고 격침시켰다. 공해 상에서 자유로운 항해 권리를 빼앗긴 미국은 격분했고 때맞추어 영국은 멕시코 주재 독일 대사에게 보내는 암호문을 미국에게 넘겼다.

'독일과 미국이 전쟁을 시작할 경우 멕시코는 독일 편에 서서 미국을 견제한다. 그 대가로 멕시코는 텍사스, 뉴멕시코, 애리조나 등을 얻게 될 것이다.'

1917년 4월 6일 미국의 윌슨이 의회에 요청한 독일에 대한 선전 포고가 결의됐다.

'미국은 세계의 민주 국가를 보호하고자 참전한다.'

미국의 참전으로 독일군은 사기가 떨어져 점차 전쟁 종결을 희망했다. 이런 가운데 1918년 윌슨은 종전 후 국제 관계의 기본 형태를 천명했다. 14개 조항이라고 일컬어지는 윌슨의 구상은 민족 자결주의, 국제 관계에서의 민주주의 공고화, 국제 연맹 창설 등이었다.

독일의 패배가 명백해지자 독일군 사령관 루덴도르프는 독일 영토가 전쟁터가 되기 전에 휴전하기를 원했다. 그리고 패전 책임을 독일 황제와 군부가 아닌 급조한 민간 정부가 지고 입헌 군주제를 추진하려 했다. 그러자

윌슨 대통령

21개조를 요구하는 일본의 고압적인 태도를 풍자한 당시 미국 만화

독일 국민들은 혁명을 일으켜 황제 빌헬름 2세를 퇴위시키고 민주 공화국을 세웠다. 1918년 11월 11일 혁명 정부는 잔혹한 전쟁이 안긴 패전을 책임지며 다가온 평화를 소중히 맞이했다.

1919년 1월 연합국 대표들은 파리에 모여 평화 조약 체결을 위한 협의에 들어갔다. 이 협의에서는 미국, 영국, 프랑스, 이탈리아, 일본 등 5개국의 의견이 강력히 반영되었다. 1919년 6월 28일 독일이 서명한 베르사유 조약은 패전국에게 가혹한 부담을 주는 것이었음은 재론의 여지가 없었다.

졸지에 전승국의 일원이 된 일본은 적은 희생으로 큰 이익을 보게 되었다. 일본은 이 호기를 이용해 세계가 경악할 21개 조항을 중국에 요구했다. 일본으로서는 불난 집을 도둑질하는 절호의 기회였고, 세계는 온갖 비난을 멈추지 않았다.

당시 중국은 1911년 삼민주의三民主義에 의한 쑨원孫文의 신해혁명이 일어났다. 빈사 상태에 이른 청나라는 혁명을 진압하려고 위안스카이를 기용했으나 오히려 그는 1912년 선통제를 퇴위시키고 대총통에 올랐다. 그리하여 중국은 쑨원의 혁명이 일시 좌절된 상태로 제1차 세계대전을 맞이하고 있었다.

일본이 요구한 21개조는 대부분 경제적인 것이었다. 이것은 제1차 세계대전의 수혜국인 일본의 독점 자본 확립과 자본의 해외 수출을 확보하기 위한 국책으로, 러일 전쟁에서 승리한 일본 제국주의 정책의 진행임을 웅변해 주는 것이었다.

일본은 위안스카이와 4개월 동안 교섭한 끝에 수정안에 조인했다. 전문 16개조로 된 수정안은 대체로 일본의 요구가 관철된 것이었다. 중국 국민은 이날을 대치욕의 날이라 하여 국치일로 정하고 영원히 잊지 않겠다고 다짐했으며 반일 감정은 격화되어 5·4운동의 도화선이 되었다.

조약 체결 후 일본 정부는 위안스카이 정부를 지원할 것인지, 청 왕조를 지원할 것인지, 그렇지 않으면 혁명파를 지원할 것인지 의견이 분분했다. 어느 것이나 모두 중국을 혼란 상태에 빠뜨려 중국에서 이익을 최대한 획득한다는 점에서 일치했다. 이를 위해 만주와 몽골의 독립을 추진해야 한다는 주장이 육군에서 제기되었다.

일본은 베르사유 회담에서 독일이 산둥성에서 소유한 권리를 승계하고자 했다. 이에 대해 중국은 물론, 미국도 반대했으나 이를 예상한 일본은 제1차 세계대전 참전에 앞서 영국, 프랑스, 러시아, 이탈리아로

베르사유 조약을 체결한 전승국 대표들

부터 비밀 약속을 받아 고스란히 소유하게 되었다.

　어쨌든 일본은 베르사유 조약을 계기로 세계 5대 강국으로 부상했다. 미국은 러일 전쟁 후부터 일본의 호전성을 의심하기 시작했으며, 제1차 세계대전 후에는 일본 제국주의에 대해 경계 태세를 강화했다.

　제1차 세계대전 종결과 함께 일본은 아시아에서 미국, 영국과 대립했다. 미국 내에서는 일찍부터 일본인 이민 배척 운동이 일어났고, 러일 전쟁을 고비로 더욱 격화되어 1921~1924년에 일본인의 이민 입국이 금지되는 법이 제정되었다.

　전쟁이 끝나자 미국은 영국과 협의해 프랑스, 이탈리아, 기타 제국이 함께 모여 군비 축소 회의를 1921~1922년에 걸쳐 워싱턴에서 개최했다. 그 결과 미국, 영국, 일본 등이 보유할 수 있는 주력함의 비율을 각각 5 : 5 : 3으로 결정했다. 이와 함께 일본, 영국, 미국, 프랑스, 이탈리아, 중국, 벨기에, 네덜란드, 포르투갈 등 9개국이 조약을 체결하고 산둥반도에 대한 일본의 이권을 중국에 반환해야 한다고 결정했다. 베르사유 조약에서 인정한 일본의 이권이 이 9개국 조약에서 번복되었다. 열강들이 중국 입장을 존중한 것이 아니라 중국에 대해 야욕을 제각각 갖고 있었기 때문에 일본에 제동을 건 것이다.

　하라 내각을 이은 가토 내각은 워싱턴 군축 조약에 따라 새로 건조 중인 함정을 포함한 구식 군함을 파괴했다. 육군은 1922~1925년에 10만 명의 병력과 2만 9천 필의 군마를 감축했다. 그러나 실제 군비가 축소된 것이라고 할 수는 없었다. 왜냐하면 군인과 군마는 감축했지만 기계화된 무기와 항공기, 전차 등을 제조하는 데 힘을 쏟았기 때문이다.

경제 공황과 만주 사변

　1926년 12월 25일 다이쇼 천황이 죽자 섭정 히로히토가 천황으로 즉위했다. 이 무렵 일본 경제는 침체에 빠져 물가는 계속 하락하고 있었다. 이런 현상이 봉급생활자에게는 좋았으나 농민과 상인의 생활은 어려워졌고, 영세 상공업자 중에는 파산하는 자가 속출했다.

　이 때문에 은행도 대출금이 회수되지 않아 경영이 어려웠다. 그런데 1927년 3월 당시 와카쓰키若槻 내각의 재무장관 가타오카 나오하루片岡直溫가 의회에서 이 사실을 밝힘으로써 뜻하지 않은 혼란이 발생했다. 그의 발언에 놀란 예금주들이 일제히 몰려가 예금을 전액 인출한 것이다. 게다가 중소은행 예금주들도 이를 따르자 은행은 궁지에 몰렸다. 일본은행이 다액의 지폐를 대출해 줌으로써 사태를 일단 수습했다.

하지만 대만은행의 경우 고베의 스즈키 상점鈴木商店에 거액을 대출해 주었는데, 대만은행에 돈을 빌려준 다른 은행이 돈을 회수하자 스즈키 상점은 파산하고 대만은행도 휴업하기에 이르렀다. 대만은행 사태는 다른 은행에도 영향을 끼쳤다. 정부에서는 일본은행에 대만은행 구제 조치를 취하도록 칙령을 내리려 했으나 추밀원에서 의회 의결을 거치지 않으면 위헌이라며 인정하지 않았다. 이로써 일본은 금융 공황에 빠지고 말았다.

와카쓰키 내각은 금융 공황의 책임을 지고 정권을 육군 대장 다나카 기이치田中義一가 총재로 있는 정우회로 넘겼다. 다나카 내각은 각 은행에게 3주간 지불 유예를 명하고 임시 국회를 열어 일본은행에서 중소 은행에 대출을 지원하도록 하여 수습했다. 그러나 자본금이 적은 은행에 예금을 기피하는 경향이 두드러졌고, 중소 은행이나 지방 은행은 경영난이 계속되어 합병이 추진되었다. 그 결과 미쓰이, 미쓰비시, 스미토모, 야스다安田, 다이이치第一 등 5대 은행이 지주로 군림하게 되었다.

다나카 내각을 이어 입헌민정당立憲民政黨의 하마구치 오사치濱口雄幸가 내각을 조직하고 시데하라 기주로幣原喜重郎가 외무상이 되었다. 하마구치 내각은 출범 당시부터 긴축 재정을 중점적으로 추진했다. 또 노동을 강화하고, 숙련 노동자의 근무 시간을 연장하고, 금 본위제를 부활해 외국 시장에서 거래를 촉진시키려 했다.

그러나 때마침 뉴욕에서 일기 시작한 주식 대공황의 물결은 삽시간에 퍼져 1929~1933년까지 세계 경제 공황으로 이어졌다. 특히 독일

대공황으로 일자리를 구하려고 몰려든 사람들

에서는 금융 대공황이 일어나 산업이 침체되고 노동자의 절반 이상이 실업하는 사태가 벌어졌다. 영국과 다른 나라들은 이 같은 경제 위기에 직면하자 일제히 금 본위제를 정지시켰다. 이에 모처럼 금 수출을 촉진하려 했던 일본 정부는 당황했다. 게다가 국내 물가는 자꾸 떨어지고 생사 수출 부진과 쌀값마저 떨어져 도시와 농촌 생활은 더욱 어려워졌다.

일본 국내가 금융 공황으로 혼란을 겪을 즈음 1928년 6월 장쭤린 폭사 사건이 발생했다. 1927년에 다나카 육군 대장이 내각을 조직해 외무대신을 겸함으로써 일본의 외교는 적극 외교로 방향을 전환했다.

다나카 내각과 일본 군부는 경제 부흥을 위해 중국 시장을 노리고 덤벼들기 시작했다. 이 무렵 중국 국민당은 민족 운동을 주도해 1921년 광둥에서 쑨원을 대총통으로 하는 국민 정부를 수립했다. 당시 중국은 각지에서 군벌들이 세력을 장악하고 있었다. 때문에 국민 정부는 장제스를 총사령관으로 해 공산당과 손을 잡고 북방 군벌 토벌에 나섰다.

국민 정부군의 북벌이 시작되자 일본은 산둥성의 거류민을 보호한다는 명목으로 병력을 파견했다. 당시 장제스는 일본과 화해 정책을 취하고 거류민 보호에 힘을 기울이고 있었기 때문에 엄연한 도발 행위임이 분명했다.

장제스가 일본군과 충돌을 피하고자 우회 작전을 펼치며 베이징에 입성하기 직전, 예기치 않은 장쭤린張作霖 폭사 사건이 발생했다. 장쭤린은 만주와 중국 북부를 근거한 군벌이었다. 그는 장제스의 국민 정부군이 북상하자 베이징, 톈진을 사수할 결의를 다지고 있었다. 이때 다나카 내각은 장쭤린의 패배를 예상하고, 만약 장쭤린이 패배해 동북 3성(지린성, 헤이룽장성, 랴오닝성)으로 도망칠 경우 이를 추격하는 국민 정부군이 이 지역으로 몰려들 것을 염려했다. 이에 일본 공사 요시자와芳澤에게 '장쭤린을 설득해 봉천으로 돌아가게 하라'라는 훈령을 내렸다.

6월 5일 오전 5시 장쭤린이 탄 열차가 만철선滿鐵線 교차 지점에 도착하는 순간 굉음과 함께 열차가 폭발하면서 장쭤린이 폭사했다. 이 사건은 다나카 내각과 일본 군부의 공작이었다. 다나카 내각은 중국을 쑨원의 뒤를 이은 장제스에게 맡기고 만주를 중국과 분리해 장쭤린을 조종하여 지배권을 확보하려 했다. 그러나 장쭤린이 호락호락하지 않자 그를 제거하고 장쉐량을 조종해 국민 정부군과 결별하게 할 계획이었으나 이 또한 실패로 돌아갔다.

한편 장쭤린 폭사 소식을 듣고 베이징에서 펑톈으로 급히 달려온 장쉐량張學良이 뒤를 이었다. 그는 아버지를 폭살한 원흉이 일본 군부라는 점을 알고 분노했으며 대세가 이미 장제스에게 기울고 있다는 점도 충분히 간파하고 있었다. 그가 1928년 12월 국민 정부군에 합류해 동북 방면 총사령이 되자 일본 군부의 계획은 물거품이 되었다.

장쮜린 폭사 사건은 일본 국내에서는 극비에 붙여져 만주에서 모종의 중대 사건이 발생했다고만 보도됐다. 다나카 수상은 이 사건의 진상 발표와 관련자에 대한 엄중한 처벌을 얼버무림으로써 천황으로부터 신임을 잃고 내각이 총사직했다.

이 무렵 중국에서는 민족 운동이 전국을 휘몰아쳐 만주와 몽골에서 일본을 위협할 정도였다. 1931년 와카쓰키 내각이 들어섰을 때 만주로 이민한 조선인이 만보산萬寶山에서 중국인과 충돌하는 사건이 발생했다. 이 사건 이면에는 일본의 음모가 있었다. 또 일본군 밀정 나카무라中村 대위가 승려로 변장하고 만주 흥안령을 여행하던 중 중국군에게 피살되었다. 일본군은 이 두 사건을 대대적으로 선전해 중국에 대한 일본 국민의 적개심을 고취시켰다.

1931년 9월 18일 오후 10시경 펑톈 북쪽 유조구에서 만주 철도의 선로가 폭파되었다. 일본군은 중국군 소행이라며 즉각 군사 행동을 개시했다. 이 사건의 진상은 당시 펑톈에 있었던 모리지마森島 영사의 저서를 통해 밝혀졌다.

당시 현지 외무성 관리들은 관동군의 불온한 행동을 저지하고자 온갖 수단을 강구했으나 아무런 효과를 거두지 못한 채 유조구 폭파 사건의 급보를 접했다. 정부에서는 사건을 확대하지 말 것을 경령했으나 관동군은 정당방위를 내세우며 중국군을 파죽지세로 밀어 붙여 19일 새벽 펑톈성, 동대영, 펑톈 비행장 등을 장악하고, 랴오닝성과 지린성도 제압했다. 다음 해 2월 5일에는 하얼빈을 점령함으로써 만주 대부

런던 조약, 워싱턴 조약을 깨고 중국을 침공한 일본을 묘사한 당시 카툰

분을 점령했다.

정부는 더 이상 전선의 확대를 바라지 않았으나 관동군을 누를 힘이 없었다. 관동군은 마침내 11월 만주 전역을 점령했다. 기고만장한 관동군 혁신파들은 아라키 사다오荒木貞夫 중장을 수상으로 하는 군부 정권을 수립할 계획을 세웠으나 실행에 옮기지는 못했다.

한편 국민 정부는 일본군의 공격에 무저항주의를 취함과 동시에 이를 국제 연맹에 호소했다. 이와 같은 무저항주의에 중국 민중은 분노하며 항일 운동을 전개했다. 특히 난징, 상하이, 베이징, 톈진 등지의 학생들은 장제스에게 항일을 청원했으나 무저항주의를 전환시키지는 못했다.

일본군은 1932년 1월 상하이에서 일본인 승려가 습격당한 것을 구실로 해군 육전대가 상하이에서 전쟁을 도발했다. 상하이는 배일 운동의 중심지로, 일본군의 만주 점령에 항의하는 항일 운동이 고조되고 있었다. 일본군은 국민 정부로 하여금 일본의 만주 침공을 인정하게 하는 한편, 열강들의 이목을 돌리려고 이 사건을 일으켰다.

그러나 일본군은 상하이 일원을 수비하던 국민 정부군 19로군과 상하이 시민들에 의해 막대한 손해를 입었다. 뜻하지 않게 수많은 사상자를 낸 일본군은 각 전선에 맹공을 가해 19로군을 격퇴시키고, 미국, 영국, 프랑스, 이탈리아 등 4개국 공사의 조정으로 1932년 5월 5일 송호 정전 협정을 체결했다.

그 사이 관동군은 만주 각 지방 군벌 및 봉건 지주를 중심으로 치안 유지회를 조직해 나갔다. 그 결과 1932년 3월 1일 일본은 청나라 마지막 황제인 선통제 부의溥儀를 집정으로 하는 만주국을 세웠다. 그 해 9월에는 일만의정서日滿議定書를 체결하고 만주국을 승인했다. 이어 1934년 3월 부의가 만주국 황제가 됨으로써 만주국은 일본 식민지나 다름없는 존재가 되었다.

만주 사변 당시 국민 정부가 국제 연맹 이사회에 제소한 문제가 안건으로 상정되었으나 중일 양국의 직접 교섭 주장 때문에 영국의 리튼 경卿을 단장으로 하는 조사단을 현지에 파견하기로 결의했다. 리튼 조사단은 1932년 5월 4일 제1차 보고서를 발표하고, 그해 10월 1일에 정식 보고서를 이사회에 제출했다. 일본은 리튼 조사단의 현지 조사가 진행되는 동안 만주국을 승인하기에 이르렀다. 그리고 1933년에는 내몽골 동부까지 점령해 만주국 영토로 삼았다.

국제 연맹 총회는 리튼 보고서에 의거해 만주에서 일본군의 행동을 침략 행위로 인정하고 만주를 열강의 '공동 관리'에 의한 자치 지역으로 할 것과 일본군 철수 안을 가결했다. 일본 대표 마쓰오카 요스케松岡

洋右는 이 결의에 따를 수 없다고 퇴장했으며, 1933년 3월 27일 일본은 국제 연맹을 탈퇴했다.

제2차 세계대전과 일본 제국주의의 패망

일본이 국제 연맹을 탈퇴하자 나치 독일 또한 1933년 제네바 군비 축소 회담 내용을 거부하고 탈퇴했다. 이탈리아의 무솔리니는 국제 연맹이 일본과 나치 독일에 미온적인 태도를 보이자 1935년 10월 에티오피아를 침공했다. 그러자 국제 연맹은 이탈리아를 침략국으로 규정하고 보복 조치를 강구했다. 그러나 독일과 미국이 국제 연맹의 결의에 응하지 않아 이탈리아는 결국 에티오피아를 합병했다.

무솔리니를 풍자하는 포춘 지 카툰

이탈리아는 1936년 스페인 내란 문제로 독일과 더욱 긴밀한 관계를 맺으며 파시스트 국가로서 1936년 10월 베를린-로마 추축樞軸을 성립시켰고, 일본은 독일과 방공 협정防共協定을 체결해 독일, 이탈리아, 일본의 추축 체제가 성립되었다.

독일은 군비를 증강해 1938년 오스트리아, 1939년 체코슬로바키아를 합병하고 폴란드를 노렸다. 히틀러는 소

폴란드를 침공한 독일

비에트 러시아와 불가침 조약을 맺은 후 1939년 9월 폴란드를 침공해
나누어 가졌다. 이에 영국과 프랑스는 크게 당황하며 자국에 손해가
없는 한 전쟁을 회피하려 했지만 폴란드 침공이 이루어지자 더 이상
참지 않았다.

　세계가 전쟁의 소용돌이에 휘말리자 일본도 전쟁에 젖어 들기 시작
했다. 일본은 '비상시非常時'라는 표어를 내걸고 군수 산업을 대폭 확장
함으로써 1932년 군사비 예산이 전년보다 50%나 증액되었다. 그 결
과 경기가 회복되어 외국보다 일찍 경제 공황에서 벗어났다.

　한편 공산당은 끊임없이 일본의 침략 전쟁을 신랄하게 비판했으나
당원들이 하나둘씩 체포되어 참형에 처해지자 조직은 전멸 상태에 이
르렀다. 신문들은 본래의 사명을 저버리고 흥미 본위로 지면을 장식해
판매 부수를 확장하는 일에만 급급했다.

만주를 식민지로 만든 일본 육군은 다시 화베이에 손을 뻗쳤다. 이와 때를 같이하여 군부에서 쿠데타를 일으켜 국내 개혁을 추진할 음모를 꾸몄다. 1936년 2월 26일, 22명의 청년 장교들이 반란을 일으키고 수상 관저, 의사당, 육군성 등을 점령했다. 육군 대신은 처음에 과감한 조치를 취하지 않았으나 해군과 천황 그리고 정계와 재계의 비난이 빗발치자 비로소 진압에 나서 진압했다. 이 사건을 2·26사건이라 한다. 이 사건을 통해 군부가 일본의 지배자 위치에 있다는 사실을 분명히 함으로써 일본을 파시즘의 길로 끌고 갔다.

파시즘에 젖은 일본은 중국 진출과 함께 1936년 8월 히로타 고우키廣田弘毅 내각 때 아시아 남방 진출 계획도 채택했다. 그리고 전국을 전시 체제로 전환하고 화베이를 중국에서 분리시켜 일본 세력권에 흡수하기로 결정했다. 1936년 11월에는 소련을 견제하고자 독일과 방공 협정을 체결하고 다음 해에는 이탈리아와도 체결했다.

1937년 7월 7일, 베이징 교외의 노구교蘆溝橋에서 중국군과 일본군 사이에 충돌이 일어났다. 일본군은 이를 구실로 선전 포고도 없이 만주 주둔 병력을 동원해 중일 전쟁을 일으켰다. 일본군은 전투 개시 1개월 만에 베이징과 톈진 이북을 점령하고 11월 초에는 상하이를 무너뜨리고 13일에 난징을 함락했다. 그러고는 약 2개월간 난징 대학살을 감행해 약 30만 명의 중국인을 학살했다.

1937년 말까지 일본군은 화베이의 산시, 산둥, 허베이, 차하르, 쑤이위안을, 화중에서는 양쯔강 연안을 따라 난징에 이르는 광대한 지역을 확보했다. 1938년 5월에는 화베이에서 남하한 북지나 방면군北支那 方面軍과 상하이에서 북상한 중지나 방면군支支那方面軍이 시저우를, 10일에는 우한武漢과 광저우廣州도 함락했다.

난징 대학살을 자행한 일본군

　1939년에 이르러 전선이 교착 상태에 빠지자 미국과 영국이 국민
정부에 원조 물자를 보내며 국제전 양상을 띠게 되었다. 1940년 3월
우한이 함락된 후 국민당 지도자 왕징웨이汪兆銘는 장제스의 반대를 무
릅쓰고 난징에 새 정부를 수립했다. 그는 처음에 많은 기대를 하며 일
본과 교섭에 나섰으나 자신을 친일 정권의 도구로 이용하려는 태도에
분노했다.

　한편 유럽에서는 기선을 제압한 독일이 노르웨이에서 벨기에, 네덜
란드까지 밀고 내려와 프랑스의 마지노 요새마저 무너뜨리며 1940년
6월 파리에 입성했다. 프랑스의 드골은 영국으로 망명하고 국민에게
항전을 호소했으나 페탱은 비시 정부를 세워 나치에 협력했다. 당시
유럽은 나치에 장악되었고 영국만이 유일하게 벗어나 있었다.

영국은 독일 공군의 무차별 폭격 작전으로 곤경에 처해 있었다. 1941년 3월, 미국은 나치가 유럽을 정복한 후에 자신들을 노릴 것이라 생각하고 민주주의를 수호한다는 대의명분을 내세워 독일에 선전 포고했다. 미국의 참전은 영국에게 희망을 주었을 뿐 아니라 나치에게 정복된 유럽 국가들에게도 자신감을 가지게 했다.

한편 수단과 방법을 가리지 않는 히틀러의 야욕은 소련과 불가침 조약을 일방적으로 파기함으로써 다시 한번 입증되었다. 히틀러는 소련이 아시아에서 일본과 중립조약을 맺고 군사력을 유럽에 집중시키자 우크라이나의 곡창 지대와 캅카스의 유전을 목표로 소련을 침공했다. 독일군은 레닌그라드, 모스크바, 우크라이나 등을 함락하며 소련의 항복이 목전에 다가온 것으로 여겼다. 하지만 겨울이 다가오자 독일군은 나폴레옹의 망령을 떠올리기 시작했다. 독일은 전쟁 규모를 축소하고 월동 준비에 들어갔으나 소련군은 영국과 미국에게 독일을 견제해 줄 것을 요청하고 대대적인 보복전을 전개했다.

일본에서 제작된 삼국 동맹 포스터

중일 전쟁이 장기화됨에 따라 극심한 물자 부족에 봉착한 일본은 독일, 이탈리아와 삼국 동맹을 체결하며 북부 인도차이나로 진격해 중국으로 흘러드는 물자를 차단하고 동시에 남방 진격을 위한 근거지로 마련하고자 했다.

일본 군부는 이 작전이 얼마나 위험한지 알고 있었다. 만약 인도차이나로 진출

한다면 이 지역에 식민지를 두고 있
는 미국, 영국, 네덜란드, 프랑스 등과
적이 될 것이 뻔했다. 하지만 중일 전
쟁에 지친 일본은 이를 각오했다. 제
2차 고노에近衛 내각은 이를 위해 도
조 히데키東條英機를 육군 대신, 요시
다 젠고吉田善吾를 해군 대신에 기용하
고 1941년 4월 일소日蘇 중립 조약을
체결한 뒤 인도차이나로 진군했다.

고노에 후미마로

　일찍부터 중국 침략을 비난해 오던
미국은 일본의 삼국 동맹 체결과 인
도차이나 침공에 크게 분노했다. 미국
은 미일 통상 조약을 파기해 일본에 석유 유입을 막고 적대 관계가 되
었음을 분명히 했다. 이 조치는 일본에게 치명적이었다. 발등에 떨어
진 불을 끄려고 일본은 네덜란드령 동인도차이나에 손을 뻗치는 한편,
미국과 대화도 모색했다.

　미국과의 교섭에 난항이 거듭되는 가운데 9월 6일 역사적인 어전
회의가 열렸다. 이 회의에서 '자주와 방위를 위해 미국, 영국과 전쟁을
불사한다'라는 기본 원칙을 확인하고, 10월 상순까지 외교 교섭을 통
해 요구가 받아들여지지 않을 경우 즉시 개전한다는 결의를 다졌다.

　상황이 심상치 않음에도 고노에 수상은 교섭을 단념하지 않았다. 그
는 미국이 앞서 제시한 4원칙(① 모든 나라의 영토 보전과 주권 존중, ② 타국의 내
정 간섭 배제, ③ 기회균등주의 지지, ④ 태평양 지역의 현상 유지)을 전면 받아들이겠
다는 의사를 밝혔으나 미국은 중국에서 철병할 것을 요구했다. 그러자

태평양 전쟁을 일으킨 전범 도조 히데키 내각

육군 대신 도조 히데키는 '인간이란 경우에 따라서 사생결단을 할 필요가 있다'라며 고노에 수상을 공격했고, 해군은 수상에게 일임한다는 애매한 태도로 일관했다. 궁지에 몰린 고노에 수상은 마침내 10월 16일 물러나고 도조 내각이 성립했다.

도조 내각은 미국에 마지막 제안을 했다.

"미국은 석유 수출 금지를 해제하고, 네덜란드령 동인도차이나에 석유 공급이 재개될 수 있도록 할 것, 중국과는 외교로 해결할 수 있도록 협조해 준다면 인도차이나에서 철군하겠다."

이에 대해 미국은 주장을 굽히지 않았다.

"일본은 1931년 이전으로 되돌아갈 것, 즉 인도차이나, 중국, 만주에서 철수할 것, 장제스 정부를 인정할 것. 이를 받아들이지 않을 경우 어떠한 조건도 받아들이지 않겠다."

일본의 진주만 공격

　협상으로 해결할 수 없음을 확인한 일본은 1941년 12월 8일 연합 함대 소속 기동대가 진주만을 기습 공격해 전과를 올렸다. 일본은 청 일 전쟁, 러일 전쟁에서 기습 공격으로 전쟁을 시작한 것처럼 태평양 전쟁에서도 기습으로 포문을 열었다.

　일본은 이 전쟁을 대동아 전쟁大東亞戰爭이라고 불렀다. 삼국 동맹에 따라 독일과 이탈리아도 미국과 전쟁 상태에 들어갔다. 이로써 미국, 영국, 프랑스, 소련의 연합국과 독일, 이탈리아, 일본의 추축국이 전면 전에 돌입했다. 1938년 국가 총동원법이 공포된 이리 일본 경제는 전 시 체제로 전환되었다. 군수 산업을 중심으로 모든 산업은 생산력 확충에 전력을 기울였으나 전쟁이 지속될수록 생산력 저하 현상이 나타났다. 일본의 군수 산업은 서구 열강에 비해 기술적으로 뒤처져 있었으며, 특히 중소기업의 기술력은 더욱 낙후된 상태였다. 군수산업 집중 강화에도 1944년 중반에는 생산력이 급속도로 떨어졌다.

태평양 전쟁 발발과 함께 국가 재정은 놀라우리만큼 팽창해 1941~1945년 일반 회계는 1억 3천여만 엔에서 214억 9천여만 엔으로, 특별 회계는 270억 1천여만 엔에서 783억 6천여만 엔으로 증가했다. 지출 증대는 인플레이션으로 이어져 물가는 앙등하고 물자는 결핍되어 국민 생활은 크게 위협을 받았다.

태평양 전쟁 발발 후 일본군은 거침없이 진격해 싱가포르, 필리핀을 점령한 데 이어 남태평양까지 거침없이 나아갔다. 그리고 대동아 공영권(大東亞共榮圈, 서쪽 미얀마에서 동쪽 하와이에 이르는 지역을 부르는 말로 일본의 침략을 합리화하려는 정치 표어)을 부르짖기 시작했다. 파죽지세로 공격을 계속한 일본군은 전승에 들뜬 나머지 작전 범위를 지나치게 확대함으로써 도처에서 고립되고 말았다.

1942년에 접어들며 반격을 개시한 미국은 6월 5일 미드웨이 해전에서 일본 해군에 치명타를 가하며 역전했다. 1944년 11월에는 사이판을 근거로 미국 폭격기가 도쿄를 비롯한 일본 본토에 밤낮을 가리지 않고 폭탄을 퍼부어 댔다. 주요 도시는 대부분 불타고, 군수품 제조공장도 하나둘씩 파괴되었으며, 생활용품 결핍으로 국민 생활은 더욱 곤경에 빠졌다.

미국은 유럽에서도 거침없었다. 1944년 6월 아이젠하워가 프랑스 노르망디에 상륙해 8월 파리를 수복한 후 라인강을 넘어 독일 영토로 진입했다. 소련도 동부 전선에서 나치를 압박해 1945년 4월 드디어 엘

베강에서 미군과 소련군은 역사적인 악수를 교환했다. 4월 말에는 무솔리니가 이탈리아 유격대에 체포되었고, 5월 1일에는 소련군이 베를린에 입성했다. 히틀러는 소련군이 입성하기 전날 자살했다고 전해진다. 5월 7일이 되자 독일군이 연합국에 무조건 항복하면서 유럽에서 전쟁이 끝났다.

일본의 패망은 이보다 조금 늦었다. 사이판 함락과 정부 내 불화를 이유로 1944년 7월 도조 수상의 퇴임을 결정한 중신들은 연합국에 강화 제의를 회의했다. 그러나 육군에서는 전쟁을 계속 수행할 것을 강력히 주장했다. 특히 신임 수상 고이소 구니아키小磯國昭는 최후의 일본인이 끝까지 항전할 것임을 선언함으로써 강화 구상은 무산되었다.

1945년 4월 오키나와가 함락되자 명예로운 평화를 주장했던 스즈키 간타로가 신임 수상으로 임명되었다. 같은 해 6월 초에는 최고 전쟁지도회의에서 '이 시점에 미국에 큰 타격을 가한다면 미국도 항복 요구를 철회할지 모른다'라는 기대 어린 결정이 내려졌다. 6월 말에는 소련에 접촉해 강화 중재를 요청했으나 얄타 회담에서 대일전對日戰을 약속한 스탈린은 냉담했다.

1945년 7월 미국 트루먼, 영국 처칠, 소련 스탈린은 독일 포츠담에서 회담을 갖고 일본에게 '무조건 항복'을 권고했다. 스즈키 내각이 이를 거부하고 육군도 패배를 인정할 수 없다며 항전 의지를 보이자 미국이 즉각 군사 행동을 보였다.

미국은 인류 역사를 뒤바꿀 신무기인 원자 폭탄을 1945년 8월 6일 히로시마에, 9일 나가사키에 투하했다. 그 결과 7만 8천여 명이 살상됐고 도시는 모두 파괴되었다. 이 일은 인류사의 비극을 경계하는 사건이었다.

일본 패망을 확인하는 항복 조인서에 사인하는 맥아더 장군

　1945년 8월 8일 소련은 일본에 선전포고하고 만주로 들어왔다. 그러자 일본은 '천황에 의한 지배 체제를 유지해 줄 것'을 미국에 요구했다. 이에 대해 미국은 '천황은 연합국이 통제할 것이며 천황제 지속 여부는 일본 국민이 결정할 것'이라고 회답했다. 마침내 1945년 8월 15일 천황은 내각에 '무조건 항복'을 지시하며 제2차 세계대전의 종지부를 찍었다.

　제2차 세계대전의 인명 손실은 5천만 명에 달해 인류 역사상 가장 많은 전쟁 사망자 수를 기록했다. 태평양 전쟁으로 아시아에서는 인명 피해만 중국이 1천만 명 이상, 베트남이 200만 명, 필리핀이 100만 명,

기타 수백만 명에 달했다. 그리고 한국이나 중국에서 강제로 일본에 징용되어 탄광이나 공장에서 일한 사람의 수도 100만 명을 넘었다. 일본은 1937년부터 태평양 전쟁이 종결될 때까지 전사자와 병사자가 약 233만 명, 외국에서 돌아오지 못했거나 행방불명으로 추정되는 자가 6만 3천 명, 기타 부상자는 헤아릴 수 없었다. 공습이나 전재戰災로 무려 80만 명 이상의 국민이 죽거나 다쳤다.

12

다시 일어서는 일본

다시 일어서는 일본

패망한 일본은 다시는 전쟁을 일으키지 않는다는 평화주의에 입각한 헌법을 제정하고 민주주의를 위한 새로운 걸음을 내딛었다.

제2차 세계대전 이후 세계는 미국과 소련을 중심으로 민주 진영과 공산 진영으로 나뉘어 냉전이 시작되었다. 그 가운데 일본은 1951년 미국을 중심으로 하는 연합국과 강화를 체결하며 다시 독립을 확보하고 국제 연합에 가입해 국제 사회에 복귀했다. 그리고 가장 오랫동안 전쟁을 벌였으며 가장 많은 피해를 준 중국과도 관계를 개선했다.

일본은 전쟁으로 국토가 황폐해져 끼니를 잇지 못해 굶어 죽는 자가 속출했다. 그러나 근면과 끈기로 열심히 일해 눈부신 속도로 경제를 성장시켰으며 국민 생활도 점차 나아졌다.

일본인의 근면함과 한국 전쟁 특수로 일본은 고도성장을 이어 가며 세계 경제 대국으로 부상했다. 그러면서 미국과 유대를 긴밀히 하여 미일 안보 조약을 맺고 군사력도 증강했다. 그러자 아시아의 여러 국가는 평화주의 헌법을 내세우며 군사력을 증강하는 일본의 이중적인 태도를 비난했다.

이제 일본은 유엔 깃발 아래 협력하며 세계와 평화를 유지해 나가야 할 것이다. 일본 정부는 물론, 국민 각자가 과거를 깊이 반성하고 미래에 대한 신중한 실천을 매진하는 것이 주어진 과제이자 의무이다.

미 군정과 국민의 자각

전쟁이 안겨 준 참상은 말할 수 없을 정도였다. 턱없이 부족한 물자로 국민 생활은 몹시 곤궁했다. 주택은 모두 파괴되어 방공호에서 생활해야 했고 끼니조차 잇지 못하는 사람들이 헤아릴 수 없이 많았다. 식량 배급은 하루에 쌀 315그램으로 정해져 있었으나 쌀은 보기 힘들었고 대부분 감자나 콩이었다. 그것도 몇 달씩 늦게 지급되어 도쿄나 요코하마에서는 아사자가 속출했다.

게다가 전선에서 돌아온 병사와 해외에서 귀환한 사람들로 실업자가 나날이 늘어나 1946년 초에는 700만 명을 넘었다. 물가는 계속 치솟아 1945년 말 554억 엔이었던 통화 발행고가 1950년 말에는 8배인 4,220억 엔에 달했다.

패망한 일본은 연합군 최고 사령관 맥아더가 거느리는 연합군에 점령당해 총사령부의 감독하에 놓였다. 연합군이라지만 실제로는 미군이 중심을 이루었기 때문에 점령군의 정책은 주로 미국 방침이었다.

점령 초기 미국은 군국주의 세력을 제거하고 민주주의와 자유를 회복하는 데 주력했다. 우선 1948년 11월에는 도조 수상 등 전쟁 범죄자들을 체포하고, 전쟁 기간에 부당하게 투옥되었던 사람들은 모두 석방했다. 그리고 헌병, 특별 고등 경찰, 치안 유지법 등 국민 자유를 억압하던 제도와 법령도 모두 폐지했다.

1945년 10월 맥아더는 전쟁 전 협조 외교를 추진했던 시데하라 내각을 탄생시키고, ① 부인 참정권과 부인 해방 남녀 동등권, ② 노동자 단결권과 단체 행동 보장, ③ 강압적 제도 폐지, ④ 교육 자유화, ⑤ 경

더글러스 맥아더와 히로히토 천황

제기구 민주화 등 5대 개혁을 요구했다. 이것은 일본 민중이 오랫동안 염원해 오던 것으로 메이지 시대의 자유 민권 운동이나 다이쇼 시대에 펼쳐졌던 자유로운 사고를 발현한 것이었다.

메이지 시대 이후 정치인들은 천황을 절대적인 존재로 삼고 천황에 대한 충성심을 국민에게 강요해 국민의 자유와 정신을 억압했다. 천황을 앞세운 정치인들이 제멋대로 정치를 휘둘러 국민을 전쟁의 소용돌이로 몰아넣었다. 패망은 사람들이 이 같은 정치 방식을 깊이 반성하는 계기가 되었다.

일본 국민의 자각과 함께 천황 중심에서 국민 중심의 평화 민주 국가로 탈바꿈하려면 국가의 기본 원칙인 헌법 개정이 불가피했다. 하지만 정부는 메이지 헌법을 약간 수정하는 것으로도 충분하다고 생각했다. 그것은 여전히 천황 중심의 헌법으로 민주 헌법과는 거리가 있었다. 참다못한 연합군 총사령관은 헌법안을 작성해 1946년 2월 일본 정부에 제시했다. 일본 정부가 난색을 표하자 최고 사령관은 "당신들보다 국민에게 뜻을 묻는 것이 어떻소."라고 말했다. 결국 일본 정부는 최고 사령부 헌법안을 약간 수정해서 정부안으로 공포했다.

헌법안이 발표되자 국민들은 환영했다. 정부안은 새로 선출된 중의원, 귀족원에서 심의와 수정을 거쳐 1946년 11월 3일 공포되어 다음 해 5월 3일부터 시행되었다.

신헌법은 국가의 주인이 국민이라는 점, 국민의 자유와 권리가 충분히 존중되고 보장되어야 한다는 점, 전쟁을 포기하고 군비를 갖추지 않는다는 점 등을 주요 원칙으로 삼았다. 천황에게는 일체의 정치 권한이 없고 국회가 국권의 최고 기관임을 명시했다.

신헌법 제정에 따라 여러 법률도 개정되었다. 1948년에 개정된 민법에서는 호주에게 특별 권한을 인정했던 옛 가족법을 폐지하고 개인 존중과 부부 동등을 원칙으로 하는 가족 관계법이 제정되었다. 지방 자치 단체장인 지사, 시장, 촌장 등을 공선公選하는 지방 자치 제도가 실시되었다.

경제에서도 민주화를 도모하고자 농지 개혁과 재벌 해체가 추진되었다. 농지 개혁은 지주와 소작인이라는 봉건 관계에서 벗어나 일하는 농민에게 농경지를 수여하는 경자유전 원칙이 실시되었다. 또 소수의 재벌이 산업 전체 내지는 국가의 정치, 경제를 지배하는 것을 막고자 이들이 다른 회사를 지배하는 것을 막고 재벌들을 분할하는 방향으로 추진되었다. 1947년에는 독점 금지법이 제정되어 기업들이 가격 담합이나 생산 수량 조정을 금했다.

교육 제도 개혁도 이어져 1947년에는 교육 기본법이 제정되어 개인을 존중하고 진리와 평화를 사랑하는 인간 육성을 교육의 근본 목적으로 명시했다. 학교 제도는 소학교 6년, 중학교 3년, 고등학교 3년, 대학교 4년으로 하고 중학교까지 의무 교육으로 정했다.

샌프란시스코 강화 회의와 신안보 조약

제2차 세계대전 중 상호 협력했던 연합국은 전후에도 세계 평화를 확립한다는 목표 아래 1945년 10월 국제 연합을 발족시켰다. 그러나 자본주의 국가의 중심인 미국과 공산주의 국가의 대표인 소련이 격렬하게 대립하며 냉전冷戰이 시작되었다.

유럽에서는 동유럽 여러 나라가 공산화됨으로써 유럽 한복판에 '철의 장막'을 쳐 놓은 것처럼 미소 양 진영이 서로 대립했다. 아시아에서는 민족 해방 운동이 전개되어 식민지들이 속속 독립했다. 중국에서는 국민당과 공산당 사이에 내전이 벌어져 1949년 10월 마오쩌둥을 주석으로 하는 공산 정권이 수립되고 국민당은 대만으로 쫓겨났다. 그러자 미국은 일본을 아시아의 반공 보루反共保壘로 만들려고 경제 재건을 서두르고 '극동의 공장' 역할을 기대했다.

1950년 6월 25일, 공산 진영인 북한이 남한을 공격해 한국 전쟁이 발발하자 미국은 즉시 유엔 안전 보장 이사회를 열어 유엔군 파견을 결정했다. 한국군과 유엔군이 압록강까지 진격했을 무렵 중공군이 북

미일 강화조약에 사인하는 각료들

한을 도와 인해 전술로 밀고 내려왔다. 미국 대통령 트루먼은 중공군의 남하를 막기 위해 원자 폭탄 사용을 고려했으나 서방 세계의 반대에 부딪혀 취소했다. 한국 전쟁은 일진일퇴를 되풀이하다가 1953년 7월 휴전이 성립되었다.

일본은 미군 기지로서 한국 전쟁 3년 동안에 23억 7천만 달러의 매상을 올려 경제를 부흥시키는 큰 발판을 마련할 수 있었다.

태평양 전쟁을 마무리하는 조약 체결을 놓고 연합국 간 의견이 분분했다. 특히 미국은 중공 정권 수립과 한국 전쟁으로 일본을 아군으로 끌어들이고자 강화를 서둘렀다. 일본 또한 점령 상태에 놓여 있는 것보다는 독립을 희망했다. 1951년 9월, 미국 샌프란시스코에서 48개국이 강화 조약을 조인했다. 같은 날 미국과 일본은 안보 조약도 조인했다.

강화 회의는 처음부터 여러 문제점을 안고 있었다. 우선 가장 오랫동안 전쟁 상대국으로서 가장 많은 피해를 입은 중국은 회의에 초청되지도 않았고, 인도, 미얀마 등 아시아 주요 국가는 조약안에 반대해 출석을 거부했다. 이후 대만은 1952년 4월 조약을 체결했고, 미얀마는 5월, 인도는 6월에 각각 강화가 성립됐다.

미일 안보 조약은 연합군 점령하에 체결된 것이었기 때문에 일본에게는 불평등 조약임이 분명했다. 이에 의하면 일본 주둔 미군은 극동의 평화와 안전, 일본 국내의 내란 진압 및 외부 침략으로부터 일본의 안전을 지키기 위해 군사력을 사용할 수 있으며, 그 사용 여부를 미군이 결정했다. 그리고 일본을 기지로 삼아 자유로운 행동도 할 수 있었다.

1960년 1월 기시 노부스케 내각은 미일 안보 조약 개정에 착수해 '미일 상호 협력 및 안전 보장 조약'을 맺으며 양국이 대등한 상태에서 조인했다. 하지만 일본 국민들은 국회를 포위하고 강하게 반대했다. 전쟁 포기를 헌법에서 규정했음에도 군비를 증강하고 미국과 군사 유대를 강화하는 것은 미국의 전투 행위에 휘말릴 가능성이 농후하다는 이유였다. 결국 이 조약은 중의원에서 500명의 경관을 투입시킨 가운데 여당의 단독 가결로 이루어졌다. 즉 참의원 의결 없이 자연 성립이라는 형식을 취했으나 국민의 반대 앞에 기시 내각은 붕괴되었다.

경제 성장과 현대 생활

　기시 내각의 뒤를 이은 이케다 하야오池田勇人 내각은 안보 조약 체결로 야기된 국민의 정치 불만을 해소시키고자 '관용과 인내'로써 국민의 소득 증대와 고도성장을 목표로 하는 정책을 추진했다.

　고도성장 정책은 대기업을 주축으로 중화학 공업을 강력히 추진하는 것으로서 공적 자금을 산업에 전용해 기술 혁신과 설비 개선을 추진하고 생산 확대를 도모하는 것이다. 그 결과 광공업 생산은 1960~1970년까지 4배 증가했고, 에너지원이 석유로 전환되면서 석유 화학 기술이 크게 발달했다. 조선 수주량은 세계 제1위로 부상했다. 자동차 생산도 미국에 이어서 2위를 차지했고, 국민 총생산도 자본주의 국가에서 2위를 차지했다. 수출은 10년 동안 5배나 늘어났다. 1964년에는 도쿄 올림픽도 개최했고, 도카이도 신칸센東海道新幹線이 개통되어 국가

아시아 최초로 개최된 도쿄 올림픽

▶ 활기찬 도쿄 시내

에 활기를 불어넣었다.

고도성장 정책에 의한 경기 상승으로 국민의 생활 수준이 향상되고 생활 의식에도 커다란 변화를 맞았다. 특히 생활 방식이 차츰 서양화되어 대부분의 사람들이 양복을 입게 되었다. 가정에서는 부부가 가족의 중심이 되고, 한 세대당 가족 수도 점점 줄어들어 핵가족이라는 말이 생겨났다. 여성의 사회 진출도 두드러져 맞벌이 부부가 늘어났다.

매스컴의 발달도 두드러졌다. 신문은 타블로이드판에서 지면이 점점 늘어나 1953년에 이르자 일간지는 조간 8면, 석간 4면으로 풍부한 정보를 전달했다. 1951년에는 NHK 외에 민간 라디오 방송이 시작되었다. 텔레비전 방송은 1953년부터 시작되어 국민 교양과 오락에 많은 영향을 끼쳤다.

그러나 고도성장의 여파는 물가 상승을 가져와 1961년 이후 연평균

6%를 넘는 물가 상승이 이어졌다. 산업 규모가 급속히 확대되고 노동력이 대기업으로 흡수되면서 중소기업이나 농업에서 인력 부족 현상이 두드러졌다. 특히 농촌에서는 젊은이들이 도시로 진출하면서 농촌 인구가 감소하고 차츰 여성화 내지는 노령화되는 현상이 두드러졌다. 1인당 소득도 제조업의 3분의 1에 불과해 겸업하는 농가가 출현했다.

하지만 일본은 이러한 국내외적 어려움을 극복하며 세계 최정상 국가로 우뚝 섰다. 이제 일본은 자유 경제와 민주주의로 눈부신 성장을 보인 여력을 아시아의 선린 우호와 세계 평화 건설에 공헌해야 할 것이다.

일본의 역대 천황과 쇼군

| 역대 천황 |

- **기원전후**

1대	진무 천황	(神武天皇, 재위 기원전 660~기원전 585년)
2대	스이제이 천황	(綏靖天皇, 재위 기원전 581~기원전 549년)
3대	안네이 천황	(安寧天皇, 재위 기원전 549~기원전 511년)
4대	이토쿠 천황	(懿德天皇, 재위 기원전 510~기원전 477년)
5대	고쇼 천황	(孝昭天皇, 재위 기원전 475~기원전 393년)
6대	고안 천황	(孝安天皇, 재위 기원전 392~기원전 291년)
7대	고레이 천황	(孝靈天皇, 재위 기원전 290~기원전 215년)
8대	고겐 천황	(孝元天皇, 재위 기원전 214~기원전 158년)
9대	가이카 천황	(開化天皇, 재위 기원전 158~기원전 98년)
10대	스진 천황	(崇神天皇, 재위 기원전 97~기원전 30년)
11대	스이닌 천황	(垂仁天皇, 재위 기원전 29~기원후 70년)
12대	게이코 천황	(景行天皇, 재위 71~130년)
13대	세이무 천황	(成務天皇, 재위 131~190년)
14대	주아이 천황	(仲哀天皇, 재위 192~200년)

15대	오진 천황	(応神天皇, 재위 270~310년)
16대	닌토쿠 천황	(仁德天皇, 재위 313~399년)
17대	리추 천황	(履中天皇, 재위 400~405년)
18대	한제이 천황	(反正天皇, 재위 406~410년)
19대	인교 천황	(允恭天皇, 재위 412~453년)
20대	안코 천황	(安康天皇, 재위 453~456년)
21대	유랴쿠 천황	(雄略天皇, 재위 456~479년)
22대	세이네이 천황	(清寧天皇, 재위 480~484년)
23대	겐조 천황	(顯宗天皇, 재위 485~487년)
24대	닌켄 천황	(仁賢天皇, 재위 488~498년)
25대	부레쓰 천황	(武烈天皇, 재위 498~506년)
26대	게이타이 천황	(繼體天皇, 재위 507~531년)
27대	안칸 천황	(安閑天皇, 재위 531~535년)
28대	센카 천황	(宣化天皇, 재위 535~539년)

■ 아스카 시대

29대	긴메이 천황	(欽明天皇, 재위 539~571년)
30대	비다쓰 천황	(敏達天皇, 재위 572~585년)
31대	요메이 천황	(用明天皇, 재위 585~587년)
32대	스슌 천황	(崇峻天皇, 재위 587~592년)
33대	스이코 천황	(推古天皇, 재위 592~628년)
34대	조메이 천황	(舒明天皇, 재위 629~641년)
35대	고교쿠 천황	(皇極天皇, 재위 642~645년)
36대	고토쿠 천황	(孝德天皇, 재위 645~654년)
37대	사이메이 천황	(齊明天皇, 재위 655~661년)
38대	덴치 천황	(天智天皇, 재위 661~671년)
39대	고분 천황	(弘文天皇, 재위 671~672년)
40대	덴무 천황	(天武天皇, 재위 673~686년)
41대	지토 천황	(持統天皇, 재위 686~697년)
42대	몬무 천황	(文武天皇, 재위 697~707년)
43대	겐메이 천황	(元明天皇, 재위 707~715년)

44대　겐쇼 천황　　　(元正天皇, 재위 715~724년)

45대　쇼무 천황　　　(聖武天皇, 재위 724~749년)

46대　고켄 천황　　　(孝謙天皇, 재위 749~758년)

47대　준닌 천황　　　(淳仁天皇, 재위 758~764년)

48대　쇼토쿠 천황　　(稱德天皇, 재위 764~770년)

49대　고닌 천황　　　(光仁天皇, 재위 770~781년)

▪ 헤이안 시대

50대　　간무 천황　　　　(桓武天皇, 재위 781~806년)

51대　　헤이제이 천황　　(平城天皇, 재위 806~809년)

52대　　사가 천황　　　　(嵯峨天皇, 재위 809~823년)

53대　　준나 천황　　　　(淳和天皇, 재위 823~833년)

54대　　닌묘 천황　　　　(仁明天皇, 재위 833~850년)

55대　　몬토쿠 천황　　　(文德天皇, 재위 850~858년)

56대　　세이와 천황　　　(淸和天皇, 재위 858~876년)

57대　　요제이 천황　　　(陽成天皇, 재위 876~884년)

58대　　고코 천황　　　　(光孝天皇, 재위 884~887년)

59대　　우다 천황　　　　(宇多天皇, 재위 887~897년)

60대　　다이고 천황　　　(醍醐天皇, 재위 897~930년)

61대　　스자쿠 천황　　　(朱雀天皇, 재위 930~946년)

62대　　무라카미 천황　　(村上天皇, 재위 946~967년)

63대　　레이제이 천황　　(冷泉天皇, 재위 967~969년)

64대　　엔유 천황　　　　(圓融天皇, 재위 969~984년)

65대　　가잔 천황　　　　(花山天皇, 재위 984~986년)

66대　　이치조 천황　　　(一條天皇, 재위 986~1011년)

67대　　산조 천황　　　　(三條天皇, 재위 1011~1016년)

68대　　고이치조 천황　　(後一條天皇, 재위 1016~1036년)

69대　　고스자쿠 천황　　(後朱雀天皇, 재위 1036~1045)

70대　　고레이제이 천황　(後冷泉天皇, 재위 1045~1068년)

71대　　고산조 천황　　　(後三條天皇, 재위 1068~1072년)

72대　　시라카와 천황　　(白河天皇, 재위 1072~1086년)

73대　　호리카와 천황　　(堀河天皇, 재위 1086~1107년)

74대	도바 천황	(鳥羽天皇, 재위 1107~1123년)
75대	스토쿠 천황	(崇德天皇, 재위 1123~1141년)
76대	고노에 천황	(近衞天皇, 재위 1141~1155년)
77대	고시라카와 천황	(後白河天皇, 재위 1155~1158년)
78대	니조 천황	(二條天皇, 재위 1158~1165년)
79대	로쿠조 천황	(六條天皇, 재위 1165~1168년)
80대	다카쿠라 천황	(高倉天皇, 재위 1168~1180년)
81대	안토쿠 천황	(安德天皇, 재위 1180~1185년)
82대	고토바 천황	(後鳥羽天皇, 재위 1183~1198년) *안토쿠 천황과 재위 기간이 일부 겹침.

▪ **가마쿠라 시대**

83대	쓰치미카도 천황	(土御門天皇, 재위 1198~1210년)
84대	준토쿠 천황	(順德天皇, 재위 1210~1221년)
85대	주쿄 천황	(仲恭天皇, 재위 1221년)
86대	고호리카와 천황	(後堀河天皇, 재위 1221~1232년)
87대	시조 천황	(四條天皇, 재위 1232~1242년)
88대	고사가 천황	(後嵯峨天皇, 재위 1242~1246년)
89대	고후카쿠사 천황	(後深草天皇, 재위 1246~1259년)
90대	가메야마 천황	(龜山天皇, 재위 1259~1274년)
91대	고우다 천황	(後宇多天皇, 재위 1274~1287년)
92대	후시미 천황	(伏見天皇, 재위 1287~1298년)
93대	고후시미 천황	(後伏見天皇, 재위 1298~1301년)
94대	고니조 천황	(後二條天皇, 재위 1301~1308년)
95대	하나조노 천황	(花園天皇, 재위 1308~1318년)
96대	고다이고 천황	(後醍醐天皇, 재위 1318~1339년) *남조 1대 천황

▪ **남북조 시대**

북조

북조 1대	고곤 천황	(光嚴天皇, 재위 1331~1333년)
북조 2대	고묘 천황	(光明天皇, 재위 1336~1348년)
북조 3대	스코 천황	(崇光天皇, 재위 1348~1351년)
북조 4대	고코곤 천황	(後光嚴天皇, 재위 1352~1371년)

북조 5대 고엔유 천황   (後圓融天皇, 재위 1371~1382년)
북조 6대 고코마쓰 천황   (後小松天皇, 재위 1382(1392)~1412년) *100대 천황

남조

97대   고무라카미 천황   (後村上天皇, 재위 1339~1368년) *남조 2대 천황
98대   조케이 천황   (長慶天皇, 재위 1368~1383년) *남조 3대 천황
99대   고카메야마 천황   (後龜山天皇, 재위 1383~1392년) *남조 4대 천황

▪ 무로마치 시대

100대 고코마쓰 천황   (後小松天皇, 재위 1382(1392)~1412년) *북조6대 천황
101대 쇼코 천황   (稱光天皇, 재위 1412~1428년)
102대 고하나조노 천황   (後花園天皇, 재위 1428~1464년)
103대 고쓰치미카도 천황   (後土御門天皇, 재위 1464~1500년)
104대 고카시와바라 천황   (後柏原天皇, 재위 1500~1526년)
105대 고나라 천황   (後奈良天皇, 재위 1526~1557년)
106대 오기마치 천황   (正親町天皇, 재위 1557~1586년)
107대 고요제이 천황   (後陽成天皇, 재위 1586~1611년)

▪ 에도 시대

108대 고미즈노오 천황   (後水尾天皇, 재위 1611~1629년)
109대 메이쇼 천황   (明正天皇, 재위 1629~1643년)
110대 고코묘 천황   (後光明天皇, 재위 1643~1654년)
111대 고사이 천황   (後西天皇, 재위 1654~1663년)
112대 레이겐 천황   (靈元天皇, 재위 1663~1687년)
113대 히가시야마 천황   (東山天皇, 재위 1687~1709년)
114대 나카미카도 천황   (中御門天皇, 재위 1709~1735년)
115대 사쿠라마치 천황   (櫻町天皇, 재위 1735~1747년)
116대 모모조노 천황   (桃園天皇, 재위 1747~1762년)
117대 고사쿠라마치 천황   (後櫻町天皇, 재위 1762~1770년)
118대 고모모조노 천황   (後桃園天皇, 재위 1770~1779년)
119대 고카쿠 천황   (光格天皇, 재위 1779~1817년)
120대 닌코 천황   (仁孝天皇, 재위 1817~1846년)
121대 고메이 천황   (孝明天皇, 재위 1846~1866년)

122대   메이지 천황   (明治天皇, 재위 1867~1912년)

123대   다이쇼 천황   (大正天皇, 재위 1912~1926년)

124대   쇼와 천황   (昭和天皇, 재위 1926~1989년)

125대   헤이세이 천황   (平成天皇, 재위 1989~현재)

| 역대 쇼군 |

▪ 가마쿠라 바쿠후

미나모토노 요리토모가 가마쿠라(현재의 가나가와현 가마쿠라시)에 설치했다. 1192년부터 1333년까지 약 150년간 존속했으며, 이 시기를 가마쿠라 시대라고 부른다.

1대   미나모토노 요리토모   (源頼朝, 재위 1192~1199년)

2대   미나모토노 요리이에   (源家, 재위 1202~1203년) *미나모토노 요리토모의 아들

3대   미나모토노 사네토모   (源実朝, 재위 1203~1219년) *미나모토 요리이에의 동생

4대   후지와라 요리쓰네   (藤原頼経, 재위 1226~1244년) *후지와라씨 쇼군

5대   후지와라 요리쓰구   (藤原頼嗣, 재위 1244~1252년) *후지와라씨 쇼군

6대   무네카타 친왕   (宗尊親王, 재위 1252~1266년) *황족 쇼군

7대   고레야스 친왕   (惟康親王, 재위 1266~1289년) *황족 쇼군

8대   히사아키 친왕   (久明親王, 재위 1289~1308년) *황족 쇼군

9대   모리쿠니 친왕   (守邦親王, 재위 1308~1333년) *황족 쇼군

▪ 무로마치 바쿠후

아시카가 다카우지가 세운 바쿠후 정권. 1336년부터 1573년까지 존속했다. 이 시대를 무로마치 시대라 하며, 아시카가 시대라고도 부른다.

1대   아시카가 다카우지   (足利尊氏, 재위 1338~1358년)

2대   아시카가 요시아키라   (足利義詮, 재위 1359~1368년)

3대   아시카가 요시미쓰   (足利義満, 재위 1368~1394년)

4대   아시카가 요시모치   (足利義持, 재위 1395~1423년)

5대   아시카가 요시카즈   (足利義量, 재위 1423~1425년)

6대   아시카가 요시노리   (足利義教, 재위 1429~1441년)

7대	아시카가 요시카쓰	(足利義勝, 재위 1442~1443년)
8대	아시카가 요시마사	(足利義政, 재위 1449~1473년)
9대	아시카가 요시히사	(足利義尚, 재위 1474~1489년)
10대	아시카가 요시타네	(足利義稙, 재위 1490~1493년, 1508~1521년)
11대	아시카가 요시즈미	(足利義澄, 재위 1495~1508년)
12대	아시카가 요시하루	(足利義晴, 재위 1522~1547년)
13대	아시카가 요시테루	(足利義輝, 재위 1547~1565년)
14대	아시카가 요시히데	(足利義栄, 재위 1568년)
15대	아시카가 요시아키	(足利義昭, 재위 1568~1573년)

▪ 에도 바쿠후

에도(江戶, 지금의 도쿄)에 세워진 바쿠후로, 도쿠가와 이에야스가 창설해 도쿠가와 바쿠후(德川幕府)라고도 한다. 약 264년간 존속했으며, 15대 쇼군 요시노부가 천황에게 정권을 이양하는 대정봉환으로 막을 내렸다.

1대	도쿠가와 이에야스	(德川家康, 재위 1603~1605년)
2대	도쿠가와 히데타다	(德川秀忠, 재위 1605~1623년)
3대	도쿠가와 이에미쓰	(德川家光, 재위 1623~1651년)
4대	도쿠가와 이에쓰나	(德川家綱, 재위 1651~1680년)
5대	도쿠가와 쓰나요시	(德川綱吉, 재위 1680~1709년)
6대	도쿠가와 이에노부	(德川家宣, 재위 1709~1712년)
7대	도쿠가와 이에쓰구	(德川家継, 재위 1713~1716년)
8대	도쿠가와 요시무네	(德川吉宗, 재위 1716~1745년)
9대	도쿠가와 이에시게	(德川家重, 재위 1745~1760년)
10대	도쿠가와 이에하루	(德川家治, 재위 1760~1786년)
11대	도쿠가와 이에나리	(德川家斉, 재위 1787~1837년)
12대	도쿠가와 이에요시	(德川家慶, 재위 1837~1853년)
13대	도쿠가와 이에사다	(德川家定, 재위 1853~1858년)
14대	도쿠가와 이에모치	(德川家茂, 재위 1858~1866년)
15대	도쿠가와 요시노부	(德川慶喜, 재위 1867~1868년)